如果巴西下雨，就買星巴克股票

If It's Raining in Brazil,
Buy Starbucks

美國知名經濟學家、哈佛博士
彼得·納瓦羅 Peter Navarro————著

牛紅軍————譯

高寶書版集團

致謝

本書在寫作過程中，得到了 Rafat Abbasi、Nick Bok、Art Jeppe、Merlin Rothfeld、Pedro Sottile、John Stocco、Ed Urbano 等人的大力幫助。

在文章框架構思中，Keith Loh 給予了指導和幫助。Gregor Jovanovich 幾次審稿，不辭辛勞。eGoose 的 Pej Hamidi 提出了很多寶貴意見。

最後，特別感謝 McGraw-Hill 的 Gary Burke，以及精力充沛的兩位編輯 Stephen Isaacs 和 Jeffrey Krames。有 Jeff、Gary 和 Stephen 的無私協助，本書才得以付梓。

錯誤在所難免，當然文責自負。

目錄
Contents

第三篇　巨波投資實操演練

譯者序

　　《如果巴西下雨，就買星巴克股票》是一本關於證券投資的開創性著作，它首次向大家介紹了在股市中穩操勝券的巨波投資法。作者彼得‧納瓦羅曾獲哈佛大學經濟學博士學位，在加州大學爾灣分校擔任商業與經濟學教授。在這本著作中，他詳細地闡述了在資本市場進行投資的巨波投資邏輯。資本市場變幻無窮，能夠抓住影響市場波動的巨波事件，並利用巨波邏輯分析其對市場的影響，是一個成功投資者抓住市場獲利機會的先決條件。這本著作在美國一經發行，就獲得吉姆‧羅傑斯、大衛‧那薩（David S.Nassar）、奧利弗‧維列斯（Oliver L.Velez）等投資領域著名專家和投資高手的好評。

　　正是這些世界頂級投資高手對本書的高度評價，加上風趣、幽默、令人產生無限遐想的書名，讓我對本書產生了無比的好奇心。當我一口氣讀完這本英文著作後，書中幽默的語言、風趣的故事、清晰的投資邏輯、扎實的理論基礎，還有豐富的投資資訊，給我留下了深刻的印象，也對自己的投資選股大有幫助。不論你是否具備專業的經濟學知識，也不論你是否曾經有過股票投資的經驗，書中縝密的投資思維使你學會規避風險，善於捕捉投資機會。更重要的是，如果你利用這種思想去深入研究市場，你將會從探究市場的過程中獲得無限的樂趣。

　　范仲淹曾經說過「君子不獨樂」，雖然我不敢以「君子」自居，但我

總喜歡把好東西與朋友一起分享，去感受「眾樂」的快樂。

在翻譯的過程中，雖然幾經修改，字斟句酌，想做到準確無誤，並保持作者幽默、風趣的語言風格，但因能力所限，尚有諸多不妥之處，懇請讀者批評指正。

是為序。

牛紅軍

序

2000 年 3 月 10 日，那斯達克股指突破 5000 點，創下 5132 點的歷史新高。但是，就在這個高點，強大的宏觀經濟力量正在將瘋狂的牛市勒住。

第一道襲來的巨波（macrowave）來自政府監管部門。4 月 2 日這個週末，微軟公司的律師和美國司法部進行了最後一次談判，試圖就政府對軟體巨頭提出的反托拉斯訴訟達成和解。雙方互不相讓，談判最終破裂。週一那斯達克一開盤，不僅微軟股價暴跌，就連那斯達克股指也大跌 349 點，創歷年來最大跌幅紀錄。

緊隨比爾‧蓋茲造成的大禍之後，掀起的第二道巨波是通貨膨脹。4 月 14 日，美國勞工部統計資料顯示，消費者物價指數（CPI）出人意料地飆升。駭人的宏觀經濟新聞引發股市普遍恐慌，那斯達克指數暴跌 355 點。

隨著那斯達克股指的暴跌，美聯準主席格林斯潘登場，開始揮舞抑制經濟過熱的大棒。事後看來，這是造成股市暴跌的又一次重擊。5 月 16 日，格林斯潘執掌的美聯準提高貼現率 50 個基點。這不僅是 11 個月來的第六次加息，而且也是上調幅度最大的一次。那些已經發生巨大帳面虧損的交易員和投資者仍抱一絲希望，期待那斯達克能夠擺脫恐慌，迅速重回高點。然而美聯準的加息，無異於利箭穿心。

短短三個月不到，那斯達克指數跌掉 2000 多點。高達 40% 的跌幅，不僅抹掉了千百萬投資者數十億美元的帳面利潤，而且更使成千上萬曾經

看好那斯達克而殺進股市，如今被套牢的投資者血本無歸。在那斯達克慘跌的過程中，人們的心碎了，家沒了，夢想也破滅了。最冷的股市寒冬籠罩著一代投資者，互聯網公司創造的巨大財富與這些投資者無緣。

很不幸，最糟糕的巨波還沒結束。何時結束，遙遙無期。隨後的六個月，市場不顧一切地屢次企圖收復失地──成千上萬同樣渴望美好生活的交易員和投資者也在盡力而為。然而跌得慘不忍睹的那斯達克指數每次試圖上攻，就會遭遇一道巨波劈頭蓋臉將其壓下。

首先，油價暴漲。這重重地打擊了運輸和科技類股票。其次，歐元嚴重貶值和美元的過度走強，不僅重創了美國的出口工業，造成貿易逆差，而且引發了國際貨幣危機。最後，就在格林斯潘調高利率，嚴重傷害幾乎每一支知名股票的時候，有史以來最醜陋的總統大選爭議使美國陷入動盪。誰會成為美國總統？布希還是高爾？法律和政治的不確定風險，對經濟和股市都是利空消息。

最後的結果出乎格林斯潘的意料，經濟不是軟著陸，而是陷入了深深的衰退。那斯達克指數被腰斬，資訊公路上新經濟股票屍橫遍野，一大群新一代的投資者和交易員痛不欲生。

這次巨變給我們上了生動的一課：任何交易員或投資者，如果忽視宏觀經濟對世界金融市場的影響，輸掉的金錢一定會比別人多，甚至會賠掉所有的本金。

本書的目的是幫助你成為巨波投資者（macrowave investor）。巨波投資者不但能在宏觀經濟列車呼嘯前行時看到它，更會一躍而上，搭乘順風車，一路獲利──不管列車開往哪個方向。

前言

　　美國聯邦準備理事會提高利率、消費者信心下降、巴爾幹半島爆發戰爭、巴西遭遇嚴重乾旱使咖啡減產、鹿特丹油價飆升、國會通過醫療法案嚴格控制處方藥品的價格、美國貿易赤字再創新高……這些宏觀經濟事件，即使其中一些遠離美國本土數千公里，也會影響美國股票市場。雖然其影響方式千差萬別，但仍然具有系統性和可預測性。無論你的投資風格如何，如果你能瞭解一些宏觀經濟事件對股票市場的影響邏輯，你就會成為一個更好的投資者。這就是根據巨波進行投資（macrowave investing）的魅力，也是本書要詳細討論的內容。為了使你明白我的意思，下面列舉幾名微觀投資者（microinvestor）的真實案例，不過姓名純屬虛構。

　　● 吉姆・弗里特是一個當沖客（day trader），而且績效很好。他採取動量交易策略 [1] 頻繁倒手，獲取小額差價利潤。也就是說，他基於某股票向上或向下的動量趨勢，大量買進或賣空該股票。他持有該股的時間絕對不會超過幾分鐘，當股價上漲或下跌 1/16 點或略多時就平倉獲利。吉姆投入

1　所謂的動量交易策略（momentum strategy）是指早期收益率較高的股票接下來的表現仍然會超過早期收益率低的股票，而反向投資策略（contrarian strategy）就是買進過去表現差的股票而賣出過去表現好的股票來進行套利的投資方法。1993 年，美國學者 Jegadeeshkg 與 Titman 在對資產股票組合的中間收益進行研究時發現，以 3 ～ 12 個月為間隔所構造的股票組合的中間收益呈連續性，即中間價格具有向某一方向連續的動量效應。一些研究顯示，如選擇低本益比（P/E）的股票；選擇股票市值與帳面價值比值低、歷史收益率低的股票，往往可以得到比預期收益率高很多的收益，而且這種收益是一種「長期異常收益」。──譯者註。

股市 50000 美元，通常每週獲利大約 2500 美元。但是，昨天他的沃爾瑪股票損失 20000 美元，是因為電腦出現小故障，與股市的網路中斷幾分鐘。就在那幾分鐘內，世界大型企業聯合會（the Conference Board）公佈的資料顯示，消費者信心出人意料地突然大降。隨即 CNBC 電視臺播報了該新聞，之後，整個零售類別的股票紛紛暈厥。就在這時，吉姆重新連通網路，沃爾瑪的股價已經下跌，他一個月的利潤損失殆盡。

● 珍・愛麗頓是一位波段交易者（swing trader），通常買進或賣空股票，五日內平倉。她的策略是，利用技術分析，尋找成交量較大，價格波動適中的股票做波段，低價時買進，高價時賣出。去年一年，珍利用這一策略每週獲利 500 美元。對她來講，作為銷售主管，每月薪酬固定，股票交易收入無疑是很好的收入補貼。然而，就在上週，政府發佈消費者物價指數（CPI）後，她的一筆交易損失了 8000 美元。CPI 是反映通貨膨脹的關鍵指標，它突然上行，整個股票市場立刻下滑，簡也被套牢。

● 艾德・博克曾是一名海軍士官，後為一名石油工程師，現已退休。他是一名相當保守的買進持有型投資者（buy and hold investor）。在他的投資組合中，絕大部分是石油行業的藍籌績優股，如雪佛龍和埃克森美孚。去年 5 月，僅在三週時間內，每桶石油價格從 26 美元穩步上升至 39 美元，艾德的石油股也隨之大漲，短時間內他就獲得帳面利潤 40000 美元。然而，5 月，石油輸出國組織的企業開會並對外發佈了生產配額，石油價格回落。到 7 月，石油價格下跌到每桶 20 美元，石油股票也受其拖累，艾德 40000 美元的帳面利潤也變成了 10000 美元的帳面損失——其投資組合的價值上

下波動約 50000 美元。

顯然，這三種類型投資者的投資策略與投資風格截然不同。然而，他們也存在相同之處，皆因忽視巨波對股票市場的強大影響而蒙受巨額損失。

吉姆的電腦出問題，實屬不幸。吉姆和其他優秀的當沖客一樣，當然知道電腦隨時都有可能掛掉。然而，即使事先知道也無濟於事。如果他能夠像巨波投資者那樣行事，公佈主要經濟資料（如消費者信心指數）的那天，他就能輕而易舉避免買進零售行業的股票。

就珍而言，作為技術型交易者，最糟糕的事情就是忽視宏觀經濟信號，諸如潛在的通貨膨脹可能導致高失業率。這樣的經濟震盪可能突然導致所有股票走勢支離破碎。至少在此時，技術分析毫無意義。

當然，艾德先生一直以來為所應為，做得很對——至少對他而言是如此。他是一個長線投資者，喜歡買進並持有基本面好的藍籌績優股，不擔心股價波動和帳面損益變化。但如果一名投資者在其投資組合中重倉持有某一行業的股票，而不分散投資，就像艾德重倉持有石油股，這就離傻子不遠了，因為他忽視了宏觀波動會顯著影響該行業。的確，在這個例子中，只要愛德一直關注世界石油市場的價格走勢，他將獲利 40000 美元，而不是虧損 10000 美元。

這幾個例子的重要意義和本書的最終目的在於說明：不管你是什麼類型的投資者，學會評價宏觀事件對股票市場的系統性影響，有助於做出正確的交易和投資決策。而且，這種分析宏觀波動的視角以兩種有效且能夠盈利的方式幫你決策。

首先，利用宏觀波動分析法，讓你更好地預測股價趨勢，並進行交易。

股市今天會上漲還是下跌？下週如何？甚至明年如何？掌握這些重要的資訊，你就絕不會逆勢進行交易或投資。簡就是犯了這種錯誤，並為之付出了昂貴的代價。

其次，宏觀波動分析法助你成功交易的第二種方式同樣值得學習。正如我們所見一樣，即使在不斷上漲的牛市中，一些行業如電腦和電力行業，可能也比化工或汽車等其他行業漲得更快。而熊市中，一些行業，如房地產業和科技行業，比所謂的防守型行業[2]（如食品和藥品行業）跌得更快更多。防守型行業在熊市能給你提供更為安全的投資避風港。

本書的巨波分析法將會教你，在獲悉某些特定類型的宏觀經濟資訊時，如何識別哪些行業可以進入、哪些行業必須遠離。就此而言，宏觀分析視角就是一個有效的交易指南針。前面提到的吉姆‧弗里特和艾德‧博克原本可以利用這一指南針實現盈利。

本書的章節內容安排如下：

第一篇，包括四章，為進行巨波投資構築堅實的分析基礎。

第1章，我們將系統、認真地分析導致宏觀經濟波動的各種力量。導致宏觀經濟波動的各種事件，從通貨膨脹、失業、經濟發展減速到地震、戰爭和國際貨幣危機，都會導致美國乃至全球金融市場跌宕起伏。

第2章，我們將走進宏觀經濟學基礎理論的課堂，學習有趣且有用的宏觀經濟歷史，為投資操盤備戰。備戰課程包括凱因斯理論、貨幣主義、供給學派理論以及新興古典經濟學——該流派基於頗富爭議的理性預期假

---

2 防守型行業一般是指產品需求相對穩定，不受經濟週期衰退影響的行業，因此，與週期性行業相反，防守型行業的經營和業績波動基本不受宏觀經濟漲落影響，不會隨經濟週期大起大落。醫藥、食品、公用事業是典型的防守型行業，這些行業提供的多是居民生活必需的商品或服務，不會因為整體經濟和收入的冷暖而顯著減少或增加，因此這類行業通常波動平緩，被視為安全或保守的投資領域，特別是在經濟走軟時，是理想的避風港。——譯者註。

設。本章很重要，因為國會、白宮、美聯準的宏觀經濟政策往往與某一特定時期某一流派恰巧流行且為政府重用有關。

然後，在第 3 和第 4 章，我們的重要任務是仔細研究宏觀經濟政策的主要工具，即財政政策與貨幣政策。在這兩章結束時，我們將完成第一篇的內容，讓你瞭解宏觀經濟政策的運行機理及其對全球金融市場的廣泛影響。例如，當格林斯潘主席在美聯準打聲噴嚏，歐洲往往會患上感冒——由主要向歐洲出口的美國公司的股票傳染而來。為什麼這樣？我們將會揭示其中的緣由。同樣，當 OPEC 石油組織提高油價或日本經濟緩慢下降時，美國經濟很可能會因此步履蹣跚，進而引發股票市場下跌。為什麼？我們也需要知道背後的道理。

第二篇，我們將觸及巨波投資的具體細節。本篇從第 5 章開始，在第 5 章將討論巨波投資的主要原理，並說明如何熟練運用這些原理發現獲利機會。在第 6 和第 7 章，從巨波投資者的視角研究市場。在這些重點章節，透過研究發現，巨波投資者在觀察市場時，不僅要瞭解公司，如雪佛龍和沃爾瑪，而且更要看公司所在的行業，如能源、電腦和零售行業。這是因為，股票市場的大走勢往往由行業決定，而不是由公司決定。毫不誇張地講，利用各個行業間的系統性差異獲利是巨波投資法的核心所在。

在第 8 和第 9 章，進而關注的重要話題是，如何保護你的投資和如何管理你的投資風險。在第 10 章，重申這本書的重要主題之一，即：任何類型的投資者或交易員都可從巨波投資法中獲益。這章將舉例說明如何將巨波投資的方法應用於各種不同的投資或交易策略。

第 11 章將給巨波投資者列出一份交易法則清單。就像一個好的飛行員

在每次航班起飛前必須有條不紊地檢查一份長長的操作規程一樣，巨波投資者在每次交易之前，也需要檢查我們列出的這份交易法則。至此，第二篇結束。

第三篇是本書的最後一部分，在這篇中最重要的任務是：巨波投資實戰。在第三篇的每一章，我們都集中討論一種特定的宏觀經濟力量，如通貨膨脹、衰退或生產效率。這些章節在結構安排上都相同。

首先要瞭解有哪些重要的經濟指標需要追蹤，如消費者物價指數和就業報告，這些重要指標都在何時定期發佈。然後我們轉而研究每一種宏觀經濟力量如何影響股市的各個行業。正是從這個分析中，你作為充滿智慧的巨波投資者，極有可能從中獲利。

例如，在第 15 章觀察通貨膨脹。那些對利率敏感的行業，如銀行業、證券業、零售業會對通貨膨脹的消息做出強烈的反應，而防守型行業如公共事業、能源業和消費品行業的反應就很弱。利用這種資訊，在有通貨膨脹利好消息時，購進那些具有強烈反應行業的股票；或者在壞消息時，賣空它們。當然，如果要規避風險，你只需轉投防守型行業的股票即可。

記住，第三篇的每一章都是一個模組。也就是說，每一章都可以獨立存在，實際上，你可以根據需要按任意順序閱讀。正因為如此，一旦讀完本書，你會發現這是一本非常有用的工具書，可藏於書架，以備查閱。當你不知道最近的宏觀經濟資訊將如何影響金融市場時，你可以取下本書，查閱相關內容。

最後，讓我給你一點提醒。由於在第一篇我們闡述的是宏觀經濟學基礎，或許這對你極具挑戰性。但是，記住，一旦你讀到第二、第三篇，將會如順水行舟，毫無障礙。你為閱讀第一篇的重要概念而付出的所有努力

都會讓你苦盡甘來，收穫頗豐。這是我對你的承諾，一個基於我多年完善本書思想經驗的承諾。因此，記住這些，讓我們憑藉巨波投資的魔力一起開始巨波投資吧！

第一篇

基礎理論

第 1 章

漣漪與巨波

　　雖然星巴克有傑出的管理團隊且其前景樂觀，但它的股票在剛剛過去的幾個月內下跌超過 8 個點。就在此時，敏銳的巨波投資者注意到了《華爾街日報》的最後有一小篇報導：久旱之後的甘露終於遏制了巴西（世界上最大的咖啡豆生產國）致命的大旱。

　　根據這一報導，敏銳果敢的巨波投資者購買了幾千股星巴克股票。她堅信這場降雨將會使巴西咖啡豆豐收，價格大幅下降，隨之，星巴克的利潤將增加，股價將上漲。

　　隨後的一週內，星巴克的股價繼續下行，再跌 2%，但該巨波投資者持倉待漲，不驚不慌。最終，該檔股票反轉，快速上漲，三天之內，上漲了 10%。她賣掉了星巴克股票，淨賺 8000 美元。

　　每一次，一波新的經濟巨波到來之前，其影響都是由影響美國和全球金融市場的微小波動引起，從微小波動到經濟大型波動的變化具有系統性和可預見性。而那些突發的宏觀經濟事件，其影響將從微小波動變成不可預測的經濟海嘯。

· · ·

上面提到的星巴克股票就是小波影響的很好例證。巴西降雨會使咖啡

豆的批發價格下降，零售商（如星巴克）的毛利就會增加，進而股價就會上漲。而不可預測的金融海嘯的例子或許就像 20 世紀九〇年代末的亞洲金融危機，其引發源自泰銖的崩潰。這場危機不僅使美國的道瓊和那斯達克指數震顫搖擺，而且還波及全球股票市場——從日本日經指數、香港恆生指數到倫敦富時指數、法蘭克福 DAX 指數、孟買 SENSEX 指數無一倖免。

　　本章將向你介紹任何經濟體都會發生的宏觀經濟巨波。這些巨波包括通貨膨脹、經濟衰退、經濟過剩以及戰爭、乾旱、政府規制變化等。同時，在本章，我還會教你如何使用一種強大的工具——巨波理論，讓你駕駛著你的投資組合之船，暢遊於波濤洶湧的宏觀經濟大海之中。

巨波理論的強大功能

　　巨波理論是關於市場變化規律的理論工具。為了更好地理解市場變化的內在聯繫及其規律，請首先考慮以下問題：如果通貨膨脹加劇，利率會怎樣變化？如果利率提高，美元會升值還是貶值？如果美元升值，進出口量及其貿易赤字又會怎麼變化？如果貿易赤字增加，對哪些行業和公司的股票形成利好，可以買入建倉？又對哪些行業和公司的股票形成利空，應該避免購進或賣出？這些問題正是敏銳的巨波投資者在宏觀經濟事件發生時需要考慮和回答的例行問題。思考這些問題的基本工具就是巨波理論。

　　比如，巨波投資者知道，如果通貨膨脹增加，聯邦儲備委員會很可能會加息。如果利率上升，高利率將會吸引更多的國外投資者並增加對美元的需求，導致美元升值。巨波理論背後的邏輯鏈表明了事件之間的內在聯繫，即外國投資者為了到美國投資，必須首先兌換美元，對美元需求的增

加會提高美元報價。

現在考慮，美元升值又會如何影響貿易赤字？巨波投資者知道貿易赤字會增加。原因在於美元升值使得出口商品價格上升而進口商品價格相對便宜。因此美國公司的出口減少，美國消費者會更多地消費進口商品，貿易赤字迅速增加。

這樣的變化，又將如何影響股市？對哪些股票有利？對哪些股票不利？當然，隨著出口的下降，像農業、醫藥、鋼鐵等高度依賴出口的部門其利潤很可能下降，因此，紐柯鋼鐵、默克製藥將受到不利影響，巨波投資者將不會買進或者會選擇賣空這些股票。另一方面，那些高度依賴向美國市場出口的公司如巴斯夫、寶馬、愛立信的股票將從美元升值中受益，投資者可選擇購買這樣的股票。

當然，巨波理論工具更廣泛的意義在於：它很好地描述了主要宏觀經濟變數，如通膨率、失業率和利率等因素之間內在的邏輯關係。巨波理論工具使用這種內在關係分析某一宏觀經濟事件，如通貨膨脹的消息——可能引起的一系列經濟後果，直至對某只特定股票價格的影響為止。這種分析起始於某一事件，結束於股票價格，形成一個事件分析鏈。利用這種分析，巨波投資者形成對市場趨勢的預期、市場類別選擇的看法、股票價格本身變動的判斷等。這正是巨波投資者交易決策的核心和靈魂。

前面關於星巴克咖啡的巨波投資操作示例，僅僅是巨波理論工具相當簡單的一個應用。下面再舉幾個巨波操作的例子，以饗讀者。

● 美國司法部發佈計畫，意欲打破微軟公司的壟斷。當短線投資者迅速拋售，微軟股價急跌之時，巨波投資者立即意識到這一消息對昇陽公司

和甲骨文公司的股票利好，因為這兩家公司是微軟公司的主要競爭對手。基於這樣的判斷，巨波投資者悄悄地各買入幾千股這兩家公司的股票。幾週之後，將其售出，淨賺 12000 美元。

● 美國聯合航空公司宣佈併購全美航空公司，欲使自己成為世界上最大的空運公司。當那些短期股票投機者紛紛搶買全美航空公司股票的時候，巨波投資者悄然購買西北航空公司的股票。他們知道不久西北航空將成為美聯航的主要競爭對手—美國航空或達美航空的併購目標。正如所料，合併消息公佈時三天後，巨波投資者出售了西北航空的股票，獲利 10%。

● 巨波投資者知道政府機構將於明天公佈最新的 CPI 指數。溫和的 CPI 指數對市場的影響甚微。然而，一旦 CPI 指數表明通貨膨脹突現端倪，市場就會因擔心美聯準調高利率而急速下降。這對巨波投資者而言似乎是一個絕佳的操作機會—下檔風險小，上檔獲利空間卻很大的一個機會。因此，就在交易所臨近閉市之前，巨波投資者賣空 2000 份 QQQ 股票—跟隨那斯達克股指的一檔股票。第二天早晨 8 點半，CPI 數據不出預料，令人恐懼， 那斯達克指數暴跌。至中午時分，巨波投資者在獲利 10 個點時平倉一半。美聯準提高利率 50 個基點三個星期之後，QQQ 股票又降 15 個點，巨波投資者再行平倉另一半 QQQ， 總共獲利 35000 美元。之後去茂宜島度假一週，心中默想：「謝謝您，格林斯潘先生！」

　　我希望這些巨波投資操作的例子已經點明了宏觀經濟事件對股市的影響。接下來，我將簡要逐一說明影響巨波投資的宏觀經濟因素，這些因素將無時無刻需要你在交易策略和投資戰略決策時予以考慮。表 1-1 列出了這些宏觀波動因素及其相應的主要經濟指標或獲取這些資訊的來源。

表 1-1　主要宏觀經濟因素及其指標

宏觀波動因素	主要指標
通貨膨脹之虎	・消費者物價指數（CPI）
	・生產者價格指數（PPI）
	・雇傭成本指數（ECI）
經濟衰退之熊	・就業報告
	・消費者信心指數
	・個人收入與信用
	・零售額
經濟增長之神與經濟週期	・國內生產總值 (GDP)
	・轎車與卡車銷售額
	・生產能力利用率
	・新屋開工數及營建支出數
	・標準普爾的 DRI 預測
生產率之天使	・生產效率與成本
預算赤字之龍	・美國財政部預算報告
貿易赤字陷阱	・商品貿易餘額
	・進口物價和出口物價
政府的監管、稅收與反托拉斯	・《巴倫週刊》
	・《商業週刊》
	・CNBC
	・CNN
	・《富比士》
	・《財富》
	・《投資者商業日報》（Investor's Business Daily）
危險與機遇並存	・彭博 (Bloomberg)
	・《經濟學家》
	・《金融時報》

（續前表）

宏觀波動因素	主要指標
科技創新之鞭	· 《積極投資者》（Active Trader）
	· Changewave.com 網站
	· 《個人投資者》（Individual Investor）
	· 《紅鯡魚》（Red Herring)

通貨膨脹之虎

　　美國道瓊工業指數和那斯達克綜合指數創下單日最大跌幅，
結束了一週的瘋狂……股價狂跌由日前美國勞工部早間的通貨膨
脹報告引發……通膨報告加劇了人們的恐懼心理，擔心美聯準在
5 月即將到來的例會上將大幅提高利率，會遠遠高於人們預期的
25 個基點。

　　　　　　　　　　　——《世界新聞摘要》（World News Digest）

　　通貨膨脹是令整個華爾街最為驚恐的一隻猛虎。當這隻兇暴殘忍的老
虎出來覓食時，股市之熊也隨之出來，而股市之牛將會躲虎遁身。多麼可
怕的猛虎啊！我們如何知道它在何時會爬進經濟山谷尋找獵物？

　　從理論上講，通貨膨脹是指商品價格一年一年地持續上漲。衡量通貨
膨脹的典型指標通常有消費者物價指數（CPI）、生產者價格指數（PPI）、
雇傭成本指數（ECI）等。為了能圍捕通貨膨脹這隻猛虎，你必須首先認識
到這種危險的猛獸至少有三種。一種是需求拉動型通貨膨脹之虎，通常伴
隨經濟繁榮、貨幣發行超過所生產物品的需求而出現。儘管在通貨膨脹時，

一切事情都極為棘手，但這種類型的老虎或許是最易馴服的。第二種是成本推動型通貨膨脹之虎，通常因供給問題引起，比如石油價格飆升或乾旱引起的食品價格上漲。這種老虎來勢兇猛，影響巨大，經常導致美聯準束手無策。第三種是薪資性通貨膨脹之虎。儘管這隻老虎步履蹣跚，行動遲緩，但它可能最為危險。該類型的通貨膨脹兼有需求拉動和成本推動雙重誘因。

如果不能迅速而準確地區分這三種老虎，你極易錯誤地解釋諸如 CPI、PPI 等經濟指標的真正含義。其結果很可能是通貨膨脹老虎將吞食你的商業資本，打著很響的飽嗝，連聲謝謝也不說逍遙而去。這可能是因為一個很簡單原因：在面對令人恐懼的通貨膨脹時，美聯準和華爾街的行動會因為對通貨膨脹類型判斷的不同而不同。

比如，如果是需求拉動引起的通貨膨脹，美聯準很可能迅速提高利率，然而，當能源和食品價格引起的成本推動型通貨膨脹發生時，美聯準就會非常謹慎。如果做出錯誤的判斷，你將厄運當頭，在劫難逃。

經濟衰退之熊

在大選之年，最為敏感的經濟指標——全美失業率——在 6 月分急劇上升。在就業報告發佈幾分鐘之後，美聯準為了刺激不斷衰退的經濟，即刻做出反應，採取降低利率的措施……鑒於經濟衰退，今天紐約交易所股票價格下跌……

——《紐約時報》

　　作為威脅經濟發展趨勢的力量，經濟衰退之熊僅次於通貨膨脹之虎，位居第二。而且，隨著經濟衰退的加深，那些努力使憤怒的失業選民重新就業的政客心存顧慮，更為關注失業，而不是通貨膨脹。

　　就反映經濟衰退的各種信號而言，巨波投資者最好的選擇是上文開篇故事中提及的就業報告。該報告由美國勞工部每月發佈，不僅反映全美國各部門、各行業、各地區、各人口統計組的失業情況，而且公佈一切其他有價值的資訊，比如平均每週工作時間、每小時薪資等。

　　除了就業報告，還有一些其他反映經濟衰退的指標，比如有關汽車銷售量和房屋建造開工量的月度報告。當經濟開始衰退時，這些報告跟蹤反映以上兩個經濟指標。當消費者開始擔心經濟前景時，他們首先要做的是推遲或者取消購買汽車、房子等高價商品，所以，經濟衰退首先反映在汽車銷售和房產銷售這些指標上。

　　並非所有的行業都受同等的影響。例如，週期性行業（諸如汽車業、房產業、航空業）比起那些非週期性行業或防守型行業（如食品業、製藥業、醫療行業）要更容易受經濟衰退的週期性影響。其原因很簡單，因為即使在經濟衰退時，人們也必須吃飯、買藥、看病，但是他們卻可以推遲買車、買房和度假。

經濟增長之神

　　美國商務部公佈的第二季度的 GDP 僅僅增長了 0.5%……大部分宏觀經濟指標反映欠佳……

　　　　　　　　　　　　——《時代瑣事報》（The Time Picayune）

　　華爾街非常注重經濟增長指標，其原因在於，從長期來看，經濟增長率是最為重要的判斷經濟繁榮程度的指標。經濟增長緩慢加上人口快速增長是迅速通向救濟院或貧民窟的門票。如果你不信，就去孟加拉做一次深度旅行——但是，請自帶食物、水和藥品。

　　但是，並不是僅僅只有美國的經濟增長率是重要的。作為巨波投資者，你也許要比較不同國家的經濟增長率，尤其是主要交易夥伴國，如德國、日本和加拿大。其原因僅僅在於巨波投資的內在邏輯：如果美國的經濟增長速度比德國快，這種差異很可能導致美國貿易赤字的持續增長並間接引起通貨膨脹的壓力。這是因為，一個國家的進口需求同收入密切相關，當美國民眾的收入增加時，從德國的進口需求也相應增加。因此，基於經濟增長資訊的巨波投資也許會投向歐洲國家的出口行業。

經濟週期中的股票類型選擇

　　　具有明顯週期表現的一類股票，是市場上進行週期操作的投資者的最愛。當經濟即將走出低谷時購入股票，在經濟增長到頂峰時拋售股票……「判斷何時購入週期性股票很難，而且現在更為困難，」美國信託的首席投資主管弗萊德・泰勒說，「週期性股票處於經濟週期的哪個階段、目前是經濟週期的什麼位置、股票市場的週期又在何處，令人顧慮重重。」

　　　　　　　　——《休士頓紀事報》（The Houston Chronicle）

　　和經濟增長問題緊密相關的另外兩個問題是經濟週期和股市週期。「經

濟週期」是指，在幾年內國內生產總值的週期性上升和下降。儘管每個經濟週期的時間長短和強度差異很大，但所有的經濟週期都呈現階段性的特徵，如圖 1-1 所示。

圖 1-1　如同雲霄飛車一般的經濟週期

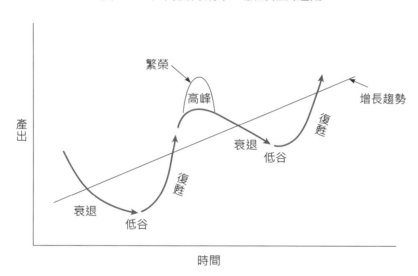

你可以看到，經濟週期看起來就像雲霄飛車的軌道。經濟活動的總產值達到最高點時，會出現一個高峰；總產值最低時，會出現一個低谷；在經濟向好並逐漸實現充分就業時，出現復甦。經濟週期的每個階段都圍繞經濟增長趨勢線震盪。

為什麼經濟週期如此重要？股票市場也存在與經濟週期同步而行的、可以預測的週期，即股市週期。上文對《休士頓紀事報》的摘引即暗含此意。圖 1-2 對此做了進一步的解釋，說明了經濟週期和股市週期之間的典型關係。

圖 1-2　經濟週期與股市週期

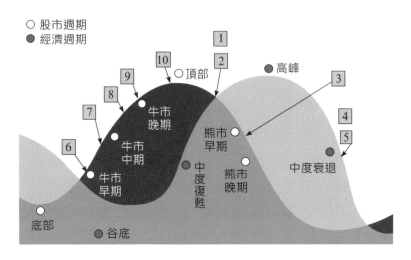

1. 非週期性消費品（如食品、藥品、化妝品等）
2. 醫療保健行業
3. 水、電、公共交通等公用物品
4. 週期性消費品（如汽車、住房消費）
5. 金融行業
6. 交通運輸業
7. 技術
8. 投資品行業
9. 基礎行業（如鋁、化工、造紙、鋼鐵等）
10. 能源

　　現在，仔細研究該圖，至少需要觀察以下三個方面：

　　第一，在股市週期中存在明顯的階段，這些階段與經濟週期的各個階段相繼發生。例如，在經濟週期中，我們可以看到在經濟發展的頂點存在一個高峰，在底部存在一個低谷；在高峰與低谷之間存在一個中度衰退，在低谷與高峰之間存在一個中度繁榮。同樣道理，在股市週期中，股市走熊過程中，存在早期熊市和晚期熊市；同樣，在股市走牛過程中，有早期

牛市、中期牛市和晚期牛市之分。

　　第二，股票市場週期和經濟週期不僅相繼發生，更重要的是，股票市場週期事實上是經濟週期的「晴雨表」。為了深刻理解這點，你看圖中，在晚期熊市階段之後，存在一個股票市場的底部。這個底部一貫出現在經濟週期的底部出現之前。同樣，你可以清楚地看到，甚至在經濟達到繁榮高峰階段之前，股票市場已經提前進入早期熊市階段。現在，需要把握的訣竅是，在經濟週期、股市週期的各個不同階段，哪些行業表現較好，哪些行業表現較差。的確，正確的行業選擇和有效的巨波投資的核心問題在於深刻理解市場的力量。這正是我們研究圖例需要說明的第三點。

　　你可以在圖中看到，從股市週期的早期牛市階段開始，到晚期熊市階段結束時止，依次出現九個不同的行業部門，從交通運輸和技術行業，到金融和週期性消費品行業。圖中標出了一些點，在這些點上，股票投資者從某些特定的行業（如能源或金融）轉向投資另外某些行業（如技術或醫療）能夠獲得最大的利潤。

　　例如，在圖中，我們可以看出，在股票市場的牛市早期，技術和交通運輸行業股票通常比市場整體表現要好；而投資品（capital goods）和基礎行業在牛市中期、牛市晚期的表現更好。同樣，一旦經濟週期達到頂峰，股票市場週期步入熊市早期，通常是股票投資者轉向防守型股票的最佳時機。防守型股票包括食品、飲料、藥品和醫療行業的股票。

　　當然，你已經明白，為什麼這些資訊對巨波投資者進行行業轉換是如此重要。股票投資的行業轉換有時稱為類股轉換，即從某一類股票轉投另外一類股票。——譯者注和選擇是一個重要的概念，我們將會在本書的第三篇進行更深入的討論。

生產率之天使

> 美聯準主席格林斯潘在週三的發言中甚至沒有提及「股市」
> 一詞,但他宣稱新技術正使美國經濟更富生產效率的事實,促使
> 美國華爾街股市 12 年來最強勁地連續上漲兩週,那斯達克指數在
> 昨天也創出新高。
>
> ──《華盛頓郵報》

生產率是用來衡量每個工人產出增加速度的指標,華爾街緊張的靈魂會因聽到有關勞動生產率的好消息而得以舒緩,幾乎沒有什麼好消息能比生產率的好消息更讓華爾街高興。的確,生產率也是巨波投資者必須予以關注的最重要的經濟指標之一,其原因至少有二。

首先,提高生產率是解決薪資性通貨膨脹的最佳方法。如果生產率以每年 3% 的速度增加,在沒有通貨膨脹的情況下,薪資也可以增長 3%。但是,如果生產率的年增長率不足 1%,薪資卻仍然以每年 3% 的速度增加,會出現什麼情況呢?顯然會出現薪資性通貨膨脹,令美聯準不安。

現在,我們來看生產率如此重要的第二個原因。從長期來看,除非我們在單位時間內能夠生產更多的產品,否則,真實的、扣除通貨膨脹因素後的薪資水準是不能增長的。這是一個簡單的鐵律,已被多年的統計資料所證實:在 1948 到 1973 年間,勞動生產率每年增長 3%,真實的薪資水準也幾乎以完全相同的速度在增加。對於美國工人來說,這是一個偉大的時代,工廠內數以百萬的藍領工人在生產率天使的幫助下,躋身於富裕的中產階層。

　　到 20 世紀七〇年代，這種經濟繁榮的情況因受能源危機、貨幣貶值、停滯型通膨、頻繁發生的旱災、政治劇變等因素的影響難以再現。每年的生產率降到了不足 1%，這種情況一直持續到 1996 年。生產率的確很重要：生產率下降直接導致真實薪資水準的同步下降——年薪資增長水準也不足1%。

　　從實際情況來看，這二十多年中，美國民眾的生活水準提高很小，甚至沒有提高。更嚴重的是，美國工人受防守型行業萎縮、就業機會外流、廣泛的生產技術革新的多重夾擊，其實際薪資水準和生活水準急劇下降。

　　幸運的是，自 1997 年起，年生產率一躍重新回到 2% 以上的水準。正如格林斯潘多次所言，這種增長已將通貨膨脹這只猛虎關入牢籠，經濟將會走向繁榮。為什麼美聯準在過去的很多年內採取貨幣發行的限制性政策？為什麼我們當中的許多人現在又可以看到薪資單上的薪水健康持續地增長？其原因正在於快速的技術革新、生產力水準的大幅提高。

預算赤字之龍

　　許多預算專家從來沒想到還會有這一天。週三午夜結束的本財政年度是自 1996 年以來首次有預算盈餘的年度。1996 年是有財政預算盈餘的最近的一年，那年，尼爾・阿姆斯壯登上了月球，40 萬搖滾歌迷在烏德斯克小鎮度過了瘋狂的週末……

　　　　　　　　　　　　——《維吉尼亞航空報》(The Virginian Pilot)

　　從二戰結束到 20 世紀九〇年代末，出現財政盈餘的年度極其罕見，美國國家債務的規模也因連年的財政赤字膨脹至 5 萬多億美元。

　　幸好，現在已是一個令人高興的變革時代。在過去的幾年中，美國財政一直保持著巨額的盈餘。讓人無奈的是，預算赤字和財政盈餘都讓華爾街的投資者感到頭疼。巨波投資者應當理解其中的緣由。

　　赤字問題更容易理解。當出現財政赤字時，必須向公眾借款支付政府帳單。為此，政府在市場上公開發行並銷售債券。政府債券的發行與公司債券和其他金融債券進行競爭，正是這種對稀缺資金的競爭導致利率上升。當然，華爾街非常不歡迎利率上升，因為高利率意味著投資減少、增長速度放緩、公司利潤變少——隨之股票和債券市場也會下跌。

　　談到預算盈餘時，政府不同部門的競爭目標經常導致金融市場上有趣的意見分歧。在 2000 年的上半年，正好發生過這樣一個令人信服的案例。一方面，為了控制經濟過熱、抑制通貨膨脹，美聯準一直穩步提高利率；另一方面，美國財政部卻大舉進行債券回購，因為大量的財政盈餘可以用來縮減國債規模。但是這種舉措會降低利率，似乎與美聯準的目標相左。

貿易赤字陷阱

　　推動股票價格繼續穩步上漲的一絲信心在昨天遭毀，道瓊工業平均指數急跌 101.46 點。貿易赤字出人意料地劇增，震驚的股票交易員不經意間已將股票拋售一空……這一不受歡迎的貿易資料也重擊了外匯市場上的美元，並促使利率上升，債券價格急跌。

　　　　　　　　　　　　　　　　　　　　——《華盛頓郵報》

　　當貿易赤字突然出現時，華爾街上幾乎每個人都會深受其害——從股票、債券的一般投資人，到外匯投機大鱷。為了探究個中原因，我們設想一下貿易赤字引發的一系列災難。

　　貿易赤字的激升，傳遞給外國投資者的信號是「美元將會走弱」。這些投資者不想被持有的以美元標價的股票所套牢，他們開始從美國市場抽逃資金。道瓊和那斯達克指數下跌的壓力，甚至還有美元匯率下跌的壓力因此增加。

　　當股價出現急跌後，更多的外國投資者，外加數量節節攀升的國內投資者紛紛加入恐慌性拋盤的大軍。這時，美聯準也感到極度恐慌。於是，它就提高利率，恢復美元的人氣，並試圖吸引更多的國外投資。但是，提高利率這把逆火導致經濟下滑，股市進一步下跌。

　　與此同時，隨著股市的急速下跌，投資者突然發現財富大量縮水。他們發現自己的股票投資組合其價值瞬間跌掉了 30% 多。面對巨額損失，投資者削減了購置大額物品，如汽車、住房、電腦的開支，甚至削減了娛樂和旅遊等小額開支。消費支出的減少增加了經濟衰退的壓力，這都是由於美聯準提高利率所引起的。　接下來的事情，每個人都知道，美國經濟將掉進螺旋下跌的通道——全球經濟和股票市場也難逃干係，終將下跌。

危險與機遇並存

　　當 7.6 級的大地震襲擊臺灣後……分析師警告，將出現全球性晶片短缺……64 百萬位元的動態隨機記憶體（DRAM）的價格從 14 美元漲至 21 美元，全球的其他廠家正開足馬力日夜趕工，

以滿足聖誕購物季的預期需求。

　　　　　　——辛迪加論壇（The Knight Ridder/Tribune Syndicate）

　　傑出的金融權威傑瑞米・西格爾（Jeremy Siegel）曾經說，「在漢語中，『危機』一詞由兩個字組成：一個是『危』，另一個是『機』」。西格爾教授的理解非常正確。從巨波投資者的角度來看，每一次自然災害或戰爭都是一次巨波操作的機會——儘管聽起來似乎有點毛病。然而，這的確可以做到，只要災難對金融市場的影響能被準確地解釋和預測。這就是我們為什麼要理解各種重大事件如何對不同的行業和類別產生不同影響的原因所在。

　　例如，特大地震襲擊臺灣，許多個人電腦和半導體元件廠商停產時，將是賣空蘋果和戴爾股票的絕佳機會，也是做多韓國三星、現代等晶片廠商股票的良機。為什麼？因為蘋果和戴爾都嚴重依賴臺灣電腦元器件的生產，臺灣廠家生產能力受損必然使它們受到重大傷害；相反，三星和現代的產能沒有受到影響，它們會從臺灣產能受損導致的晶片價格暴漲中獲得最大的利益。

　　同樣，巴爾幹戰爭的爆發和美軍干涉帶來的恐懼，可能會讓整個市場感到沮喪，但戰爭也許會讓國防類股票的價格暴漲。另一方面，墨西哥的債務危機也許不會對整個市場有大的影響，但它可能會讓持有很多墨西哥貨幣的銀行付出慘痛的代價，比如大通銀行和花旗銀行。最後，像本書的標題所說，如果巴西下雨，旱情緩解，那就是買入星巴克股票的最好時機。

　　除了戰爭、瘟疫等大災難外，還有許多其他類似插曲般的、難以預料時間的事件，如颶風、油價震盪、電腦病毒等。這些事件也一樣，既是威脅，

也包含機遇。理解這種突發事件如何波及金融市場，是巨波投資者箭袋中最重要的一支箭。

政府與你的投資組合

> 克林頓總統和英國首相布雷爾在上週戳破了生物科技股的大泡泡，一點也不清楚他們做了什麼。在 3 月 14 日，他們聯合發佈，在發現新基因的競爭中，將共用重大發現……華爾街誤讀了他們的新聞發佈，認為對專利保護不利──由於投資者迅速拋售，一天內生物科技股跌了 13 個點，導致整個那斯達克指數下跌 200 個點。
>
> ──《商業週刊》

的確如此，一點沒錯。政府官員的舉動──就像上面的小故事所講的那樣，有時甚至是幾句話──也能滅掉一檔股票、一個行業類別甚至整個大盤。作為大範圍醫療改革的一部分，如果國會對處方藥實行價格控制，你就可以預期禮來、輝瑞和默克等製藥公司的股價下跌。如果 OPEC（石油輸出國組織）產量削減，汲油設備價格飆漲，並且眾議院發言人還說，將對大的石油公司徵收暴利稅，埃克森美孚和雪佛龍公司的股價將跌去兩位數。

但是，也並非都是壞消息。政府的舉動也往往會對股市產生積極影響。如果美國上訴法庭同意授予禮來公司抗憂鬱藥物百憂解更廣保護的專利使用權，即可靜待其股價大漲。如果美國食品藥物管理局（FDA）同意聯合

製藥公司進行新的血液替代品的臨床研究，猜猜其股票的走勢。

更重要的一點是，如果你忽略了政府對股市的影響，你就是自討懲罰。從這個角度來講，經常閱讀《洛杉磯時報》、《紐約時報》、《華爾街日報》、《投資者商業日報》等日報，以及《巴倫週刊》、《商業週刊》、《富比士》、《財富》、《錢》、《新聞週刊》、《時代》和《價值》等雜誌，可以密切掌握政府的管理動向，避免受到政府投出的許多政策炸彈的傷害。

科技創新之鞭

> 像撥號電話和八軌磁帶一樣，打字機已被技術革命所淘汰。Smith Corona 公司曾是美國最大的打字機製造廠商，無數考卷、商業計畫和信件由它製造的打字機列印。然而今天，它申請了破產保護。
>
> ——《波士頓環球報》

科技變化是決定股價長期趨勢的最重要因素。這種變化可以為新公司的股東帶來巨額的財富，比如，將電腦商業化的蘋果公司、人類基因圖描繪的領先者賽雷拉基因公司、首先建立網路基礎設施的思科公司、擁有最先進眼科雷射專利的 VISX 公司。

但也須注意，這些科技發展也能重創或毀滅企業，結果導致投資者手中的股票變成一堆廢紙。不相信？那就問問打字機製造巨頭，Smith Corona 的股東。

老牌的知名公司 AT&T 公司又如何呢？這家巨型公司曾經主宰長話市

場，卻因新興移動通信和無線科技的發展，市場份額大部分流失。

　　更重要的是，精明的巨波投資者——尤其是專攻科技股的人——應密切關注科技的突破，以及這些突破是否能夠獲取專利。談及這一點，請多留意以下的網站：changewave.com、individualinvestor.com、redherring.com。這些網站以及它們的紙質資料，對於如何從科技創新中獲利有十分獨到的見解。

第 2 章

學院派之間的論戰

　　在 91 歲高齡時，已經退休的經濟學教授赫伯・胡佛仍然喜歡對股票市場大發雷霆。在一輩子的炒股生涯中，他總是在錯誤的時間選中最糟糕的股票。

　　一切得從 1931 年開始說起，那年，和他同名的胡佛總統提高利率，以保護金本位制度。正在讀研究生的赫伯心想，這正是非常正確的古典經濟學藥方。於是，他有生以來第一次購買了 100 股股票。但是，隨著胡佛總統採取緊縮性的貨幣政策，美國經濟從衰退的邊緣深陷經濟大蕭條的泥沼，赫伯持有的 100 股股票也變得一文不值。

　　赫伯第二次進場，情況也沒好多少。那已是幾年後的事情。當時，羅斯福擊敗胡佛，開始聽取英國激進派經濟學家凱因斯的建議。通過龐大的財政赤字來拯救這個國家毫不奏效──哈佛大學的教授們也是這樣給他講的。也就是這時，赫伯再次孤注一擲。他賣空 1000 股通用汽車股票。想不到後來經濟復甦，股價竟然牛氣沖天，讓他大失所望，心力交瘁。

　　兩次進場失敗的經歷，使赫伯在之後的 40 年，再不敢冒險染指股票市場。直到 1979 年，他都一直沒敢再進入股市。這一年，

美聯準開始奉行貨幣主義學派大師傅利曼的經濟哲學，傅利曼可是赫伯這輩子最崇拜的偶像人物。赫伯非常肯定，在美聯準採取貨幣學派的思想後，美國經濟將欣欣向榮。於是，他將全部退休金從債券市場撤出，購買了高成長的共同基金。三年後，美聯準的貨幣政策導致美國經濟陷入「大蕭條」以來最嚴重的衰退，他買的基金跌得很慘。

雷根時期開始全面推行「亂七八糟」的供給經濟學派的主張，股市反而卻牛氣沖天，可惜赫伯錯過了。減稅能夠增加預算收入？赫伯認為那就像水中月，鏡中花。但是股市偏偏喜歡這一套。

對赫伯來講，在九〇年代初出現了壓垮他的最後一根稻草。赫伯相信，歷年來每逢總統選舉，股市一定出現上漲行情。所以，他再試最後一次手氣——這一次，他大舉融資入市；他準備最後賭一把——最後這把希望夢想成真。哪知有一群自稱「新古典」經濟學家的新支派，把持了布希的白宮，硬是不肯採取措施刺激經濟。緊接而來的經濟不景氣，不只粉碎了布希連任的美夢，而且赫伯也第四次——也是最後一次淚灑股市，血本無歸。

. . . .

從赫伯的投資經歷中看到了血的教訓：如果你想在交易和投資中取得成功，瞭解宏觀經濟各學派之間的差異和爭論是必須的。五種宏觀經濟學派是：古典經濟學派、凱因斯經濟學派、貨幣主義學派、供給經濟學派、新古典經濟學派。一定要瞭解這些經濟學派之間的差異，至少存在兩點理由。

首先，每一學派都有自己重要的見解，巨波投資人可以用其來鍛練自己對金融市場的判斷力。比如，古典經濟學告訴我們，經濟和市場如何進行自我調節，而凱因斯經濟學則解釋在什麼條件下，這些調節才可能發生。同樣，貨幣主義經濟學揭示貨幣和價格之間所有重要的聯繫及傳導機制，而供給經濟學派則說明如何使用減稅和自由化的工具促使經濟高增長、低通膨。新古典經濟學則大談預期心理在股票市場和整體經濟中所扮演的角色。

更重要的是，對於令人困擾的經濟問題，各宏觀經濟學派都開出了各自不同的政策藥方。在實務中非常重要的是，在不同的時候，總統、國會，甚至美聯準，採取不同的宏觀經濟學派的觀點。例如，二〇年代的胡佛和五〇年代的艾森豪，深受古典經濟學派的影響。三〇年代的羅斯福和六〇年代的甘迺迪，則主要採信凱因斯經濟學派的觀點。

相對地，在七〇年代末期，由於出現滯漲，貨幣主義學派思想佔據著整個美聯準，當時的美聯準主席保羅不再試圖控制利率，而是制定貨幣增長目標。結果是利率激增，重創債券市場和外匯市場，也連累利率敏感類股票大幅下挫。

我們要強調的，不只是第 1 章所講的內容，機敏的巨波投資者還必須操心總統關心的經濟問題，更應該瞭解國會、總統和美聯準如何應對這些問題。國會可能減稅嗎？美聯準會提高利率嗎？總統會支持增加政府支出嗎？精明的巨波投資者應該會知道，所有這些問題的回答，主要取決哪個政黨入主白宮和國會，以及該政黨目前對這些宏觀經濟問題採信哪個學派的意見。

談到這一點，似乎可以這樣說，民主黨是凱因斯學派，主張積極運用

財政政策和貨幣政策。比較而言，共和黨分成貨幣主義學派、供給學派、新古典經濟學派，甚至古典陣營──這些學派都在某種程度上，不主張採用積極的財政政策和貨幣政策。

　　基於以上這些認識，我們就可以很快地梳理一下各個學派之間在歷史上發生的爭論。相關的歷史必須從經濟大蕭條時期的古典經濟學運動，以及後來的凱因斯經濟學談起。接著，到七○年代的停滯型通膨時期，貨幣主義學派取得勝利，但是很快就在八○年代被供給學派替代。不過，新古典經濟學在九○年代短暫佔據主流位置之後，21 世紀頭一○年格林斯潘等政府要員，重新採用折中形式的凱因斯宏觀經濟政策，或多或少地綜合採用所有學派的思想。

古典經濟學派的失敗

　　　　1932 年，西班牙詩人加西亞‧洛爾卡在馬德里的一場演講中對聽眾說，「紐約最野蠻、粗暴和狂亂的地方，不在哈林區……哈林區有人間的溫暖和孩子的嬉鬧，有屋子和草坪，悲傷時有人安慰，受傷時有人幫你裹上繃帶。」他接著宣稱，「最可怕、最冷酷、最無情的地方是華爾街。」1929 年 10 月，洛爾卡在華爾街親眼目睹了股市大崩盤，這次崩盤揭開了經濟大蕭條的序幕。「無數錢財頓時化為烏有。救護車滿載手上戴著戒指的自殺者。」

　　　　　　　　　　　　　──《國家郵報》（The National Post）

　　經濟大蕭條的一個諷刺是，赫伯特‧胡佛是有史以來入主白宮最聰明

的總統之一。然而,他卻成了當時主流經濟學——古典經濟學——教條的可憐俘虜。

古典經濟學的歷史可以追溯到 20 世紀七〇年代末,其思想源於亞當·斯密、大衛·李嘉圖、讓·巴蒂斯特·賽伊等自由市場經濟學家主張自由放任的著作。這些古典經濟學家認為,失業是經濟週期中自然存在的部分,它會自我矯正,最重要的是,政府不需要為了矯正它而干涉自由市場。

從南北戰爭到喧鬧的二〇年代,美國經濟時而繁榮時而衰退,記錄在案的就有不少於五次真正的蕭條。然而每一次蕭條之後,經濟總會反彈回升,一如古典經濟學家所預測的那樣。每次如此,一直到古典經濟學家遇上三〇年代的「大蕭條」。隨著 1929 年的股市大崩潰,經濟先是衰退,最後陷入深深的「大蕭條」。國內生產總值減少將近三分之一,到了 1933 年,25% 的勞動人口失業。同時,企業幾乎不再投資,企業投資從 1929 年的 160 億美元左右,減少為 1933 年的 10 億美元。

就在胡佛總統一再保證「最壞的時候已經過去」,「繁榮就在眼前」,以及古典經濟學家眼巴巴等待必將來臨的復甦之際,兩位關鍵人物登上了宏觀經濟舞臺——經濟學家凱因斯和胡佛總統的繼任者羅斯福。

凱因斯伸手施救

我們身陷巨大的混亂之中,在控制宏觀經濟這部精密機器的時候犯了大錯。它到底如何運轉,我們根本不懂。

——凱因斯

　　凱因斯斷言，古典經濟學自我矯正的思想是錯誤的。他警告，經濟的復甦如果靠耐心等待，將徒勞無果。因為，就像他的那句名言：「從長遠的角度看，我們都死了。」

　　凱因斯認為，在某些情況下，經濟不會自然復甦，只會停滯，甚至更糟，以至於掉進死亡之谷。凱因斯認為，經濟復甦的唯一出路就是增加政府開支，為經濟注入活力。因此，財政政策開始誕生，凱因斯開出的藥方，成了羅斯福「新政」未明說的思想基礎。財政政策是透過政府增加支出或者減少稅收的方式，刺激或擴張經濟。政府也可以用減少政府支出或加稅的財政政策，緊縮經濟或平抑通貨膨脹。

　　三〇年代羅斯福極具挑戰性的公共工程計畫，加上四〇年代第二次世界大戰帶來的繁榮，足以將美國經濟和股市帶出「大蕭條」，並且達到前所未有的盛世。五〇年代初，凱因斯學派大規模政府開支的藥方再度奏效。這一次，和對韓戰爭有關的大規模支出，把經濟從不景氣中拽了出來。十年後，純凱因斯學派達到前所未有的高度。1964 年，為了紀念遇刺的甘迺迪總統，國會通過了為人稱道的甘迺迪減稅計畫。

　　在甘迺迪總統時期，經濟顧問委員會主席沃爾特・海勒（Walter Heller）使得「微調」（fine tuning）一詞極為流行。海勒堅信，只要將凱因斯的原理運用得當，美國的經濟就會處於充分就業和低通膨的狀態。1962 年，海勒建議甘迺迪大幅減稅，以刺激低迷的經濟。國會最終通過該方案，甘迺迪的減稅政策某種程度上使得六〇年代成為美國最為繁榮的年代之一。然而，財政刺激也為一個新的醜陋的宏觀經濟現象埋下了隱患。這就是眾所周知的停滯性通膨——高通膨率和高失業率同時並存。

貨幣學派乘虛而入

> 從一開始我就知道，如果為了打那場無比糟糕的（越南）戰
> 爭，而離開我真愛的女人——「大社會」——我就會失去家裡的
> 一切，我的希望……（以及）我的夢想。
>
> ——詹森總統

　　停滯性通膨問題歸根結底在於詹森總統的固執己見。在六〇年代末，詹森總統不顧經濟顧問們的強烈反對，在增加越南戰爭支出的同時，拒絕減少「大社會」（The Great Society）的福利計畫開支。由於他的堅持，導致危害極大的需求拉動型通貨膨脹。

　　需求拉動型通貨膨脹的本質，是太多的貨幣追逐太少的商品，美國試圖同時買槍和奶油——打越南戰爭和實施大社會計畫——正好就是這種情況。結果不但經濟活躍強勁，失業率低，而且通貨膨脹率也快速上升。在這種情況下，需求拉動型通貨膨脹是非常樂觀的一種現象，因為只有當日子過分美好時才會出現。

　　1972 年，尼克森總統管制了物價和薪資，才使得美國從詹森時代的需求拉動型通貨膨脹中稍事喘息。但 1973 年解除管制後，通貨膨脹率又躍升回兩位數——主要是因為當時又出現了前景堪憂的另一種不同的通貨膨脹——成本推動型通貨膨脹。

　　成本推動型通貨膨脹發生在所謂「供給短缺」時代，例如七〇年代初。那個時期，穀物歉收、全球性旱災、全球原油價格上漲三倍之多。時間一長，成本推動型通貨膨脹就演變成比較長期性的停滯型通貨膨脹，即經濟

衰退或經濟停滯與通貨膨脹並存。與需求拉動型通貨膨脹不同，停滯型通膨時期，經濟同時遭受高失業率和高通膨率雙重打擊。

　　談及停滯型通膨，最有趣的是，在七〇年代之前，經濟學家們根本不相信高通貨膨脹率和高失業率會同時發生。他們認為，如果其中之一上升，另一個必定下降。但七〇年代發生的經濟現象證明經濟學家們錯了，也暴露出凱因斯經濟學無力解決停滯型通膨問題。凱因斯學派陷入窘境，僅僅是因為：為了減少失業採取擴張政策，只會推升通貨膨脹率；為了抑制通貨膨脹，採取緊縮政策，只會加深經濟衰退。這表明，傳統的凱因斯經濟學帶領美國脫離大蕭條，運作良好，但一次只能解決停滯型通膨問題的一半，而使另一半問題更為惡化。

　　正是由於凱因斯經濟學在解決停滯型通膨問題時無能為力，傅利曼教授的貨幣主義學派才能有機會挑戰凱因斯經濟學的正統地位。

逐步的衰退能使通貨膨脹率下降

> 美聯準主席保羅對通貨膨脹的戰爭，勒得經濟喘不上氣來──股票市場也是一樣。
>
> ──《今日美國》（USA Today）

　　以傅利曼為代表的貨幣主義學派認為，通貨膨脹和經濟衰退的問題可以歸因於一件事情──貨幣供給成長率。在貨幣學派看來，只有政府印發太多的貨幣，才會發生通貨膨脹；只有政府印發太少的貨幣，才會發生經濟衰退。

根據貨幣學派的觀點，停滯型通膨是政府採取不當措施的必然後果，也就是說，政府持續重複運用積極的財政政策和貨幣政策，試圖將經濟推到成長的極限。以貨幣學派有點扭曲的術語來講，該極限被稱為經濟的「自然失業率」——但是大部分人認為，失業一點都不自然。

暫且不管這些，根據貨幣學派的觀點，超過經濟自然極限的擴張性政策可能導致短期內經濟強勁增長。但是，每一次強勁增長之後，物價和薪資都會不可避免地上升，並將經濟拉回到自然失業率，而通貨膨脹率仍然繼續上升。

隨著時間的推移，推動經濟達到極限的反覆努力，最終仍會導致通貨膨脹的螺旋上升。遇到這種情況，貨幣學派相信，從經濟中消除通貨膨脹和通貨膨脹預期的唯一方法，就是讓實際失業率上升到自然失業率之上。要做到這件事情，唯一的方式是引導經濟走向衰退。

自 1979 年起，美聯準根據貨幣學派的理論，開始設定貨幣成長目標。在保羅的領導下，聯邦儲備委員會採取急劇緊縮的貨幣政策，利率迅速上升到 29% 以上。債券市場和外匯市場受到很大打擊，住宅建設、汽車銷售和企業投資等經濟中的利率敏感部門也慘遭重創。

美聯準的苦藥果然奏效，三年的經濟困難時期給美國人留下了滿口苦味。他們現在真希望能有比凱因斯學派、貨幣主義學派更甜點兒的經濟學良藥：供給學派於是登臺亮相。

巫術之牛與赤字之熊

他們說，美國已經是強弩之末，我們的國家已經過了全盛時

期。他們希望你告訴自己的孩子……未來必須犧牲，機會將會越來越少。親愛的美國父老鄉親們，我絕對不接受這樣的看法。

——雷根總統

在 1980 年的總統選舉中，雷根大舉供給學派的大旗，競選對手布希斥之為巫術經濟學（Voodoo Economics）。不管是不是巫術，雷根的咒語對一般大眾和股市都產生了超級棒的效果。他在保證減稅的同時，增加政府的稅收；在加快經濟成長的同時，不致引起通貨膨脹上揚。這真是甜蜜的宏觀經濟處方。

表面上，供給學派的方法看起來與六〇年代為刺激低迷經濟而採取的凱因斯學派的減稅措施很像。但是，雷根時代的供給學派，從一個非常不同的行為角度看待這種減稅措施。和凱因斯學派不同，他們認為減稅未必導致通貨膨脹。相反，供給學派認為，如果允許美國民眾保留更多的勞動成果，他們會比從前更努力地工作，投資也會比以前更多。最後的結果會是，美國經濟的供給曲線將向外推移——所以稱作「供給主義」經濟學——而實際生產的財富和勞務數量將會提高。

最重要的是，供給主義學派保證，減稅可以刺激經濟快速增長，因減稅造成的稅收損失能從經濟快速增長而增加的稅源中得以彌補並有結餘。所以根據供給主義經濟學派的觀點，預算赤字可望降低。

然而事與願違。雖然經濟和股市欣欣向榮，但美國的預算赤字依然。而且預算赤字快速增加的同時，貿易逆差跟著飛漲。

經濟戰爭的受害者

> 由於經濟問題不斷出現，布希總統陷入了異常被動的局
> 面……計畫透過為正式連任競選大造聲勢，盡力重獲政治優
> 勢……談到以前運作非常順暢的白宮政治和新聞發佈機制時，一
> 位共和黨的行動派人士說：「一切都已分崩離析……我們自己滿
> 嘴胡說八道。民主黨已經把布希拉進了他們的遊戲場痛扁一頓」。
>
> ——《華盛頓郵報》

　　波灣戰爭勝利之後，獲得極高聲望的這位總統，在最新民意調查中的支持率竟然跌得既快也慘，屬歷來政治界罕見之事。這一切都只和經濟有關。

　　在波灣戰爭時期，布希總統所關心的事，遠不止伊拉克總統薩達姆·海珊。的確，美國的財政赤字已經躍升至 2000 億美元，經濟也滑入嚴重的衰退中。在正統的凱因斯學派看來，一有經濟衰退的信號，就應該採取擴張性的政策。然而，布希的白宮，並未任用凱因斯學派作為顧問，而是由新一代的宏觀經濟學家——新古典經濟學派——接替了雷根總統執政時期的供給學派擔任經濟顧問。

　　新古典經濟學派依據的是理性預期理論。根據這一理論，如果你的預期合乎理性，你會把所有的資訊納入考慮，包括積極的財政政策和貨幣政策的未來後果。

　　理性預期理論假設：積極性的政策能夠愚弄人們一時，但是，一段時間之後，人們會從他們的經驗中學到教訓，這時就再也愚弄不了他們了。

這種思想的中心政策的含義當然十分深遠：理性預期的積極的財政或貨幣政策完全無效，因此應該棄而不用。

例如，假定美聯準採取擴張性的貨幣政策以填補衰退缺口。這種積極政策的反覆使用讓人們知道，貨幣供給的增加會導致通貨膨脹率的上升。在理性預期的世界中，為了保護自己，企業馬上會對聯儲的擴張政策做出反應，提高產品售價，工人會要求提高薪資。結果，刺激經濟的努力，被通貨膨脹的緊縮效果完全抵消。

事實上，我們觀察到全球的金融市場一直以這種理性預期在運轉，本書所闡述的也正是這種前瞻性的思想。2000 年上半年，金融市場的反應方式就是一個小小的例子。在那段動盪不定的時期，需求拉動型通貨膨脹的壓力持續增加，已無以復加，美聯準也一再提高利率——前後 11 個月內，累計加息 6 次。但是金融市場不會等到美聯準實際加息再做反應。相反，當預期美聯準將有可能加息時，市場早在美聯準實際行動之前，便已經進行調整。債券價格下跌，公債利息上揚，美元走強，商品市場成為通貨膨脹避險的天堂，股市反轉下挫。而忽視所有這些巨波資訊的微波交易手，每一筆操作都站在錯誤的一邊。

回到九〇年代早期，回憶當時布希總統遇到的困境。儘管布希的新古典經濟顧問可能提出了一些不錯的經濟建議，但那卻是十分可怕的政治建議。的確，這些新古典經濟學顧問拒絕了凱因斯學派對日益加重的經濟衰退開出的速效藥方。他們從長遠的目標出發，呼籲採用穩定、系統的政策，而不是從短期的角度考慮，採取應急的、自由裁量式的行動。

布希把新古典經濟學派的建議放在心上，結果經濟一路蹣跚前行到 1992 年的總統大選。他和六〇年代的尼克森一樣，沒有兌現民主黨帶領經

濟再度動起來的承諾。關於政權轉移最有趣的或許是，克林頓總統在刺激經濟方面的實際作為很少。克林頓只是承諾用比較積極的方法幫助恢復企業和消費者的信心。

一幅圖值一萬點道瓊指數

今天，美國的宏觀經濟魔術師似乎有能力抑制嚴重的經濟衰退和蕭條發生，如圖 2-1 所示。這是現代宏觀經濟學的一大勝利，也是對投資者來說再好不過的消息。請注意，在第二次世界大戰後全面使用宏觀經濟政策以來，經濟週期的波動幅度已經大幅減小。

這幅圖似乎有力地證明，積極的財政政策和貨幣政策能夠減少經濟週期的波幅，進一步講，就是降低股市的波動。後面兩章將更深入地探討神秘的財政政策和貨幣政策。而本章我們得出的更為寬泛的結論如下：

● 在如何解決衰退、通膨和停滯型通膨等經濟問題上，激烈爭論的各宏觀經濟學派不能達成一致意見，分歧很大。

● 在任何時候，聯邦政府解決這些問題的方案都會受到總統、國會和美聯準採用何種經濟學派觀點的影響。

● 政府採取的解決方案不同，股票市場會有不同的反應，反應程度也會存在差異。

例如，在經濟衰退的情況下，信奉凱因斯學派的總統可能會透過增加政府公共支出來刺激經濟。這對股市或許會有短期的激勵效果，也可能對國防、住宅建設等股票有推動作用，因為這些部門的業務非常依賴政府開

支。但是債券市場可能擔心隨之而來的預算赤字會提高利率，從而受到不利的影響。

　　相反，信奉供給學派的總統，可能傾向於對消費者大幅減稅，同時放鬆對某些企業的管制，來刺激衰退的經濟復甦。這同樣也對股市利好。消費者負擔的稅賦減輕，對那些更多依賴消費者的企業，如汽車和零售企業的股票更為有利。此外，最有可能從放鬆管制中受益的行業是化工業和電信業，股價也有可能上升。

圖 2-1　美國宏觀經濟趨勢圖

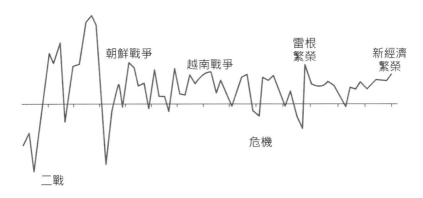

第**3**章

山姆大叔的工具箱

● 在 1933 年，富蘭克林・羅斯福總統實施新政，根據凱因斯主義刺激經濟的方案，大幅增加政府開支，使美國經濟開始走上擺脫大蕭條之旅。之後四年內，道瓊指數上漲 240%。

● 在 1954 年，美國經濟陷入大蕭條以來最嚴重的經濟衰退。艾森豪總統的主要應對措施是減稅、增加公共支出，熊市因此轉向牛市，股票市場在之後的 15 個月內漲了 80%。

● 在 1964 年，為了紀念遇刺身亡的甘迺迪總統，國會通過了著名的甘迺迪減稅計畫。凱因斯經濟藥方使美國經濟搖搖擺擺走出陰霾，道瓊工業平均指數在之後的兩年半內上漲 40%。

● 在 1982 年，雷根總統大幅減稅，美國經濟擺脫了貨幣主義束縛的鏈條，股票市場開始起飛，踏上了 5 年的牛市之旅，持續上漲 200%。然而，這並未成為史上最長的牛市。最長的牛市出現在喧囂的克林頓執政時期。

● 在九○年代克林頓履新之初，他提高稅賦，削減政府開支，以平衡聯邦預算收支。這一系列新政打消了華爾街對財政赤字增加的恐懼，恢復了經濟繁榮，華爾街股市猶如一隻興奮的牛狂奔著進入一個新的時代。

　　● 在 2001 年布希執政之初，經濟日漸下滑，到底該採取布希政府的減稅措施，還是採取美聯準主席格林斯潘的降息策略，陷入了一場持久的明爭暗鬥之中。布希與格林斯潘之間相左的觀點導致政策的停頓，使得恢復美國經濟更為困難。隨之而來的經濟不確定性增加了對通貨膨脹的顧慮。在這個過程中，美國股市的恢復速度也被延遲。

．．．

　　以上舉例說明了財政政策對股票市場的走勢如何產生深遠的影響——這裡的財政政策是指，增加政府開支、降低稅賦以刺激經濟增長，或減少政府支出、提高稅賦以控制經濟過熱。在本章，我們首先應該理解財政政策的運行機理，然後使用巨波邏輯分析法分析財政政策對股票市場的影響。

宏觀經濟計量

　　為了真正理解財政政策的本質，我們需要瞭解一點國民收入核算的知識。為了統計 GDP，我們必須將消費性支出、投資性支出、政府支出和淨出口進行加總。此處淨出口是出口總額減去進口總額的差額。從理解財政政策本質的角度講，GDP 的計算很重要，原因有二：

　　第一，我們可以瞭解 GDP 各組成部分的相對重要性。例如，消費幾乎占 GDP 的 70%。機智的巨波投資者給予消費指標，如消費者信心指數、零售額、個人收入等特別的關注，其原因即在於此。作為 GDP 最大的組成部分，主要消費指標的變化將成為經濟衰退或經濟過熱與通貨膨脹的警示性

信號。

　　GDP 計算公式之所以重要的第二個也許是更為重要的原因，是它對我們根據巨波理論進行投資決策有很大幫助。巨波理論是政府採取財政政策的理論依據。例如，假設宏觀經濟受到中東戰爭、聖嬰現象引起的大面積乾旱的不利影響，消費者由於擔心經濟不景氣而增加儲蓄，減少消費支出，那麼在 GPD 公式的四個組成部分中，消費就會開始下降，而這之後，將引發連鎖反應。

　　接下來發生的事情就是，由於消費支出的減少，企業的商品庫存將會滯銷。企業因此將會減少投資，解雇員工。你認為那些被解雇的員工會做什麼或不做什麼？這需視情況而定。被解雇的員工會減少開支，消費進一步下降。這導致商品的更多積壓，投資的進一步減少，解雇人員的進一步增加。經濟衰退進一步加劇，直至到達經濟低谷。

　　現在，財政政策的主要思想應該是阻止下滑，並使經濟衰退轉向增長。通常通過抑制消費或減少投資的措施實現該目的。

打開山姆大叔的工具箱

　　凱因斯主義的第一個選擇是單純增加政府開支。實際上，當時的政府為了擺脫三〇年代的經濟大蕭條，正是採取了這樣的做法。羅斯福新政時期，政府對公共項目進行大規模投資，以抵消由 1929 年股市大崩盤帶來的消費和投資急劇下降帶來的不利影響。在五〇年代，類似的凱因斯刺激經濟的方案也被成功使用，使經濟走出衰退。然而，自從那時起，已過去 50 年，政府很少使用這種財政政策作為阻止經濟衰退的工具。

　　凱因斯主義的第二個選擇有所不同，它具有明顯的政治訴求——使用減稅手段刺激經濟增長。例如，最著名的凱因斯減稅政策在 1964 年詹森總統任期內得到了有效執行。前文引述的甘迺迪減稅計畫是為紀念被暗殺的甘迺迪總統而獲得國會通過，實際上甘迺迪總統在世時對此持反對意見。這項減稅計畫促使道瓊工業平均指數在兩年半內上漲了 40%。當然，具有諷刺意味的是，該減稅計畫僅實施五年之後，詹森政府不得不增加稅賦來抑制經濟過熱。這次經濟過熱是由當初的甘迺迪減稅計畫、越南戰爭、詹森政府社會復興項目的政府支出共同影響形成的。本質上，這次增稅是原財政政策的反向使用。

　　利用減稅政策刺激經濟增長的第二個例子發生在八〇年代雷根政府時期。儘管這位共和黨總統標榜這種減稅是供給方減稅政策，至少還有些人士認為，雷根減稅政策主要是對總需求發揮效應，實際上它是古典凱因斯主義財政政策而不代表真正的供給主義經濟學的思想。在《商業週刊》中對此政策的描述如下：

　　雷根政府進行了一系列經濟試驗。根據供給主義經濟學，雷根總統提出減稅政策、鼓勵防守型行業的消費支出並平衡預算。但是，1981 年的減稅政策並不能增加民眾的收入。現在許多經濟學家認為，雷根政府時期的經濟增長是財政赤字刺激的結果，當屬凱因斯主義的思想，而非供給主義經濟學的應用。

　　這一評價聽起來有些令人不悅，可能也並不準確。但是，雷根減稅措施屬於凱因斯主義還是供給主義學派並不重要，這些減稅措施對經濟和股市的恢復作用很大。

　　巨波投資者對這些財政政策非常感興趣，他們主要是想瞭解財政政策為什麼能夠將其效應傳遞到股市，以及是如何向股市傳遞的。這是因為增加政府支出或減少稅收，政府財政就會出現虧空，預算赤字就會增加。就此，巨波投資者需要問的重要問題就是：政府如何為擴張性的財政政策造成的財政虧空融資？

　　從實際情況來看，政府為財政虧空融資的方式有兩種：銷售政府債券（發行國庫券）或多印鈔票（發行鈔票）。我們在此需要強調的是，這兩種方式對於巨波投資者意義不同，它們具有非常不同的風險，也具有非常不同的賺錢機會。

別把我擠出去！

　　七〇年代，當我還是大學生時，從書本中學到：要成功地發展經濟，最重要的是使用財政赤字刺激經濟增長。這一思想，植根於凱因斯的著述……然而，自從我學習這些理論的那個時代開始……我就認識到，從經濟長遠增長的角度考慮，我們必須更多地關注供給因素。同時，要清醒地認識到，財政赤字政策對投資存在擠出效應，可能會降低生產率，陷入一個「以更高的利率發行國債、私人投資因被擠出而更少、經濟發展更慢、財政赤字更大」的惡性循環。

　　　　　　　　　　　　　　　　　　——前美國財政部長勞倫斯

　　美國財政部直接進入私人金融市場，發行債券籌集資金，以彌補財政

赤字。這一行為的最大危險在於，政府債券的銷售將會提高利率，因此擠出私人部門的投資——前財政部長勞倫斯語重心長地提出以上警告。這種對私人投資的排擠效果之所以存在，原因在於為了順利銷售債券，籌集到資金，政府也許不得不提高債券的發行利率。但是，政府債券的高利率將會使得公司債券對投資者的吸引力降低，結果會使私人投資減少。至此，你就會明白，財政赤字令股票和債券市場極為緊張不安。

注意下面這種情況。經濟衰退時期，政府增加財政支出以抵消消費和投資的減少。然而，政府發行債券為財政開支籌集資金，這會提高利率，然後進一步降低 GDP 公式中的私人投資。隨著政府支出的增加、私人投資在一定程度上的減少，這種對私人投資的擠出效應使得財政政策的效果大打折扣。

政府的印鈔機

在進入七〇年代時，尼克森總統任命他的老朋友阿瑟‧伯恩斯為美聯準主席……伯恩斯向尼克森總統保證，若獲任命，不管美國經濟需要多少銀根，他都會照給不誤，以便讓共和黨在 1970 年和 1972 年勝出。然而，當他如願入職後，就變得甚為猶豫。伯恩斯非常清楚尼克森的貨幣政策將如何引起通貨膨脹。如果尼克森直接限制價格，他決定，自己繼續……在 1971 年 8 月 15 日，尼克森宣佈了自 1933 年以來美國經濟政策最驚人的轉變。他凍結薪資和價格 90 天，對所有進口商品增加 10% 的附加費，禁止以 35 美元的價格用黃金自由兌換美元。

從短期來看，這個計畫是有效的。高興的阿瑟·伯恩斯開動印鈔機印鈔，尼克森如願實現 1972 的繁榮和 61% 的選票。然而，在 1973 到 1974 年間通貨膨脹率達到 2 位數，能源出現短缺，國際貨幣體系瓦解，出現了 1940 年以來最糟糕的經濟衰退。

——《標準週刊》（Weekly Standard）

《標準週刊》列出了伯恩斯時代不加限制瘋狂印鈔帶來的一系列金融災難，在這裡，我還想再加一條。當然，這一條就是美國股市有史以來的第二大熊市。在 1973 到 1974 年間，道瓊工業平均指數下降一半。絕無僅有的、比其更糟糕的一次就是大蕭條時期的股市災難，道瓊指數下降 89%。

顯然，政府的印鈔機給你的投資組合帶來了極大的風險——或者，是你沽空的絕好機會。但是，你也許會問，美聯準是如何印發鈔票，為財政赤字籌集資金的？

美國政府發行債券，在這些債券進入公開市場之前，美聯準購入這些債券，政府因此便籌集到彌補財政赤字所需的資金。在這種情況下，美聯準配合政府的財政政策，將政府發行的債券在進入公開證券交易市場之前購進，以防對公司債券價格的不利影響。為財政赤字籌集資金就相當於印發鈔票，原因即在此。美聯準購入債券只需簽發一張支票，但實際上會增加銀行的準備金。

歷年來，為了爭取美聯準對自由裁量財政政策的寬容，曾經發生過一些很有趣的部門間的拉扯較勁。例如，在越南戰爭期間，美聯準主席小威廉·馬丁一直拒絕配合詹森政府為越南戰爭和大社會專案融資的財政赤字

政策，其結果導致利率增長達兩位數。另一方面，正如我們上文摘自《標準週刊》的消息一樣，為擺脫經濟衰退，阿瑟・伯恩斯時的美聯準配合政府採取了寬鬆的財政政策，而寬鬆的財政政策帶來的也是一場經濟災難。

　　從更廣泛的意義上講，機智的巨波投資者應該清楚地認識到，為財政赤字融資的兩種方式——發行債券和印發鈔票——對金融市場的影響具有很大的差異。在透過發行債券融資時，高利率很可能導致股票和債券市場走低，美元價格上升。這是沽空和貨幣投機的機會。相反，印發鈔票籌集財政虧空所需資金時，利率會下降，債券的價格會隨貨幣的價格而逐漸下降，但是，股市會走強，至少在短期內會是牛市。然而，寬鬆的貨幣政策引發通貨膨脹，就像阿瑟・伯恩斯時代那樣，華爾街幾乎每個人都會逃走。在這種情況下，只有那些敏捷的沽空者會進入股市做次交易，賺錢即跑。

　　那麼，你已經看到，財政政策對金融市場的影響極其複雜。在下一章，我們將會看到，貨幣政策的影響也同樣極為複雜。

第**4**章

格林斯潘的公事包

2 月 4 日，美聯準開始提高利率，我們預期會擠掉股票市場上的投機泡沫。

————前美聯準主席格林斯潘

・ ・ ・

這是一個令人驚恐的引用。美聯準主席公開承認，他特意使用貨幣政策使股票市場下跌，以走出投機性的「非理性繁榮」。我們這個時代最雄辯的經濟學家保羅・克魯曼的評論又如何呢？克魯曼說：

你也許不同意美聯準主席的判斷——認為他應該採取更為寬鬆的貨幣政策——但你幾乎不能懷疑他對經濟的影響力。的確，如果你需要一個簡單的模型來預測未來幾年美國失業率的話，我這裡有一個：格林斯潘想讓失業率是多少就是多少——只需加上或減去反映實際情況的一個隨機誤差，畢竟他不是神！

你理解了嗎？「不要與美聯準對抗！」是華爾街職業投資交易員的一條格言——它直接說明美聯準和貨幣政策極為重要！的確，曾經與美聯準對抗過的交易員或投資者，從血的教訓中認識到，不確定的貨幣政策對金融市場有何影響。

神秘的貨幣政策

貨幣政策包括增加貨幣供應量，刺激經濟走出衰退的寬鬆性貨幣政策；也包括減少貨幣供給，防止經濟過熱和通貨膨脹的緊縮性貨幣政策。聯邦儲備委員會通常使用兩種貨幣政策工具調控經濟。

第一種是公開市場業務。簡單來講，聯邦儲備委員會想要增加貨幣供應量、降低利率時，在公開市場中購入政府債券；當希望減少貨幣供給、提高利率時，銷售持有的政府債券。

公開市場業務曾經一度是聯邦儲備委員會最重要的工具，但現在，至少在格林斯潘時代，又出現了第二種工具可供選用。這種工具包括貼現率和聯邦基金利率的制定。貼現率是指商業銀行向美聯準借款時美聯準收取的利息；聯邦基金利率是指商業銀行之間相互提供貸款時收取利息採取的利率。降低貼現率和聯邦基金利率，可以使銀行取得借款時更便宜，從而增加貨幣供應量；相反，提高這些利率，會增加銀行從美聯準取得借款的成本，減少貨幣供應量，從而產生緊縮性貨幣政策效應。

巨波的連鎖反應

6 月分的新屋銷售與 5 月分相比下降 37%，達到了兩年多以來的最低水準。這是因為提高抵押貸款利率給了繁榮的房地產市場重重的一擊……新屋銷售額的降低，意味著消費支出的減少……新屋銷售減少，意味著新的家電——洗衣機、烘乾機、洗碗機、冰箱和其他家電物品——需求減少，地毯需求和房屋裝修、

改建支出也會受到影響。而且，當人們減少大件商品採購時，也
會傾向減少一些小件商品的購置支出。

——《投資者商業日報》

　　這段文摘中所談論的一系列事件，正是聯邦利率的微幅上調波及其他
行業鏈，並產生重大影響的例子。如果新屋銷售下降，與房產相關的其他
許多行業都會受到重創。

　　引起這一系列調整的核心，正是需要我們理解的貨幣傳導機制。它能
準確地解釋美聯準調整利率緊縮和刺激經濟的原因及方式。下面有一個例
子，在經濟過熱引起通貨膨脹的情況下，貨幣傳導機制如何發揮作用。

　　首先，聯邦準備理事會通過公開市場業務或提高貼現率來提高利率。
提高利率不僅減少了商業投資，而且減少了消費支出和出口。例如，抵押
貸款利率提高後，消費者將購買小戶型房屋，或者不購買新房屋，而僅僅
裝修一下舊房繼續居住。同樣，在一個對外開放、開展國際貿易的經濟體
中，利率的提高導致美元價格上升，進而降低出口能力。消費、投資和出
口降低的總效應使 GDP 和通貨膨脹率下降，從而實現預期的政策目標。

　　你也許會想，在經濟衰退時，貨幣政策正好起一個相反的作用，刺激
經濟增長，恢復充分就業。但是，是這樣嗎？這一問題我們將繼續討論，
它涉及在什麼時候貨幣政策是最有效或最無效的，在什麼時候財政政策是
應該優先選擇的政策。

繩子可以拉卻不能推

　　在三〇年代，美聯準注入大量流動性到銀行體系，但是銀行家拒絕提供貸款，客戶不願意借款。這讓財經記者創造了一種新的說法，「你不可以推繩子。」說得很對，你的確不能推繩子。

——《富比士》

　　總的來講，財政政策是在經濟陷入深度衰退或蕭條時可選擇的政策工具；相反，貨幣政策是在政府抑制通貨膨脹或僅為治療小的經濟衰退時更願意選用的政策工具。瞭解下面這句格言相當有用：繩子可以拉，但卻不能推。

　　下面是一個拉繩子的設想。假定經濟充分就業或接近充分就業，並有經濟過熱和通貨膨脹的危險。在這種情況下，美聯準所能做的一切就是開始慢慢提高利率。之後的反應是，消費者開始削減他們所能負擔的貸款消費。這很可能意味著房屋和汽車消費支出的減少、冰箱和洗衣機等耐用品消費支出的減少。這些消費支出的削減隨後會傳遞給生產這些商品的行業及其經濟的其他領域。與之同時，企業很可能開始削減它們的投資。對利率較為敏感行業的一些企業，如零售和金融業，由於預期銷售和收入減少而降低投資額；對利率不敏感行業的一些企業，由於貨幣的價格——利率——上升，而削減投資。結果就會使過熱的經濟降溫，通貨膨脹的壓力降低——即使觀測到這一結果需在三到六個月或甚至更長時間以後。在這種情況下，美聯準成功地拉緊了韁繩，使瀕臨通膨邊緣的經濟懸崖勒馬。

　　現在，設想另一種情景，並與上面拉緊繩子的設想進行比較。假設經

濟正在不斷滑向更深的衰退。在這種情況下，美聯準也許最好採取寬鬆的
貨幣政策，以實現經濟復甦和充分就業。然而，此時消費者和企業能否對
利率降低做出反應，這很難確定。從消費者的角度來看，雖然利率降低，
但由於他們擔心經濟形勢進一步惡化，在購買汽車和冰箱時就更趨謹慎；
同時，企業由於看到生產能力過剩、倉庫的存貨因滯銷而堆積如山，即使
利率降低它們也不願意擴大規模，增加投資。這就是繩子不可推的問題，
此種情景用一個「老馬與水」[3]的典故描述更為形象貼切：你可以給企業更
低的利率，但卻不能讓企業利用這個機會去投資。在這種情況下，政府很
可能不得不轉向擴張性財政政策，刺激經濟走出衰退的泥沼。

　　對於巨波投資者的重要意義在於：經濟衰退時，觀察財政政策的調整；
經濟充分或接近充分就業時，觀察貨幣政策的調整。

　　當然，我們已經討論了市場對這兩種政策具有不同的反應。現在，為
了把故事講得更圓滿，我們繼續討論美聯準採取的針對國內的貨幣政策如
何對國外經濟和股票市場產生深遠的影響──影響至歐洲、亞洲再到拉丁
美洲。

格林斯潘打個噴嚏，歐洲會患肺炎

　　　　吉列認為，最近的盈餘報告讓人失望的主要原因是歐元的疲
　　軟。他的股票價格狂跌不止。吉列表示，從歐元換回美元，少虧
　　一點錢──其實，少虧的可不是一點。未來幾週，或者幾個月，

3　老馬與水，是西方的一個諺語。意思是說，你可以把馬牽到水邊，但卻不一定能使得馬飲水。比喻
　你可以為某人創造做某事的機會，但他也許會拒絕去做。──譯者註

同樣的調子還會一吹再吹。

——《巴倫週刊》

聯邦政策如何波及美國本土之外？在考慮這一問題時，需要理解的重要關係是利率與匯率之間的關係。匯率就是一種貨幣兌換另一種貨幣時的比率。例如，如果美元與日元之間的兌換比率為 110，就是說，你用 1 美元可以兌換到 110 日元。

當聯邦儲備委員會提高利率應對國內通膨時，外國投資者可以看到在美國有更好的投資機會。然而，為了到美國投資，在投資於美國國債、股票等美國資產時，他們必須將外國貨幣換成美元。這種貨幣兌換增加了對美元的需求，驅使美元相對外國貨幣升值。關於這一切，最令人感興趣的是，在某種特定環境下，美聯準提高利率的決定會破壞美國主要交易夥伴的經濟。為了解釋個中緣由，請考慮歐洲各國因美聯準提高利率而陷入的兩難窘境。

假定美國經濟過熱，聯邦準備委員會提高利率，正盡力拉緊經濟的韁繩。進一步假定，德國和法國的經濟增長速度稍低於美國，而歐元區其他國家比如比利時、義大利和西班牙實際上正面臨著兩位數的失業率。

現在，我們解釋歐洲國家的兩難困境。當美聯準穩步提高美元利率時，美元價值相對於走弱的歐元穩步升值——歐元是歐洲貨幣聯盟的通用貨幣。由於美元利率的提高，歐洲的投資資本逃出歐洲，進入有更高獲利機會的美國金融市場。資本的外逃導致歐洲經濟進一步惡化，倫敦和巴黎證券交易所的股票價格下滑，成為令人遺忘的熊市。

那麼，歐洲國家對此該做些什麼呢？事實上，它們有兩種選擇——但

是沒有一種選擇特別好。的確，對於歐洲國家，美國聯邦準備委員會使它們陷入了一種兩難境地——怎麼選擇都不對！

歐洲國家的一種選擇就是什麼也不做，當投資資本外逃時，任其貨幣繼續貶值。這種選擇最重要的優點是，美元的走強和歐元的相對走弱會增加歐洲向美國的出口。最終，歐洲出口行業的增長將會刺激歐洲經濟的發展。另一方面，由於選擇不加干預和調控，歐元走弱會導致從美國的進口變得更加昂貴，歐洲經濟就會出現通貨膨脹。歐洲消費者購買力的下降，也會引起歐洲抵制「美聯準帝國主義」的政治壓力不斷增加，憤怒的歐洲民眾通過投票，罷免他們的領導。第一種選擇看起來並不是一個好的選擇。

第二種選擇如何？也許更糟。在第二種選擇下，歐洲中央銀行跟著美聯準提高利率的基點提高歐元利率的基點，阻止歐洲資本逃向美國，但是，這種選擇可能導致歐洲經濟更大的衰退。的確，如果歐洲作出這種選擇，像美聯準一樣，他們採取的就是一種緊縮性的貨幣政策。當然，最大的不同是，美國經濟處於充分就業的通膨邊緣，而歐洲經濟處於衰退之中，緊縮的貨幣政策會使經濟更糟。各國首相將會做什麼？

當然，重要的意義在於，美國貨幣政策勢必影響到全球的金融市場。格林斯潘打個噴嚏，歐洲的確會患上肺炎。對巨波投資者，這意味著風險和機遇同在。

在這個特定的例子中，觀察到這一系列事件發生的投資交易員也許會投機美國債券，或賣空歐元。另外，他也許投資於出口主導型歐洲公司的股票，或賣空美國週期性行業的股票。當然，在本書的第三篇，我們將更加詳細地討論美國貨幣政策創造的投資機會。現在，我們需要轉向第二篇——巨波投資法詳解。

第二篇

巨波投資法詳解

第 **5** 章

巨波投資法的八大原則

　　羅伯特·費雪有兩個愛好：下棋和買賣股票。因為他擅長其一，所以也就對另外一個了然於心。 而如今，他即將大行財運，因為在他看來，整個股票市場就是一個大棋盤，棋藝的精通使得他在股票投資中也總能未雨綢繆。

　　羅伯特打算買下 1000 股西北航空的股票作為自己股場開局的第一步。他為什麼要這樣做呢？在幾分鐘之前，美國航空業的大佬美國聯合航空宣佈將收購全美航空公司，該公司對美聯航來說是一個非常有價值的「卒」，透過這一收購，美聯航將成為全世界最大的航空公司，成為真正的業界之王。

　　很多交易員一聽說這一收購案，便開始爭搶著買進全美航空公司的股票，然而羅伯特心中明白，這些沒有全域意識的交易員們都將因為他們手頭上攥著的遲早要發生的投機泡沫而付出太多的代價，其中有很多人甚至會因此賠掉不少錢。

　　就在這個時候，羅伯特對美聯航這一策略性舉動的意圖早已心知肚明：美聯航意在透過這一次收購在美國航空業中形成對自身發展有利的壟斷局勢，「將死」其對手——達美航空公司和美國航空公司。羅伯特預測，達美航空和美國航空在這樣的情況下，

將被迫採取防禦性措施，立即尋找自己的收購目標。這正是羅伯特迅速買進西北航空的 1000 股的巨波邏輯，因為據他對航空業的瞭解，該航空公司是上述兩家公司最有可能的收購對象。

就在接下來的兩週內，西北航空公司的股價先從 24 美元快速漲到 28 美元，然後又高跳到 35 美元。這背後的原因，就在於美國航空公司確實出高價要收購西北航空。而就在這時，羅伯特又毅然地賣出手中所持的西北航空的股份。就這樣，羅伯特透過這次巨波投資，輕而易舉地賺到了高達 22 萬美元的利潤。而那些在全美航空公司股價從 25 美元跳空向上至 49 美元時跟進，以借此牟利的風險投資者，卻備受打擊，因為股價很快從 49 美元跌至 40 美元。好傢伙！羅伯特真是愛死這個巨波投資遊戲了！

· · · ·

巨波投資法的目標是，在一個特定的風險等級下，將收益最大化的同時，使損失最小化且能保本。實現這個目標，巨波投資者必須理解以下巨波投資法的八大原則。

1. 理智投資，絕不投機。

2. 明確區分市場風險、行業風險和企業風險。利用巨波投資理論分散風險，並使其最小化。

3. 搭乘列車，往它要去的方向。視情況需要而做多、賣空或收手不動。

4. 搭對列車。不要把眼界僅僅局限在股票市場，也要注意研究債券市場和外匯市場，在可能的時候進行債券和外匯買賣。

5. 總體經濟形勢是市場趨勢看漲或看跌的一個最重要的決定因素，也

是投資者的益友，永遠不要逆勢操作。

6. 在股票市場內，不同的行業對不同巨波事件消息的反應截然不同。巨波投資者會在看漲的時候購進強勢行業的強勢股，會在看跌的時候賣空弱勢行業的弱勢股。

7. 股票、債券和外匯市場對總體經濟面的消息做出不同的反應，差異也很大。巨波投資者深知，其中某一個市場行情的變動，常常預示著其他兩個市場行情的變動，所以要仔細觀察每一個市場。

8. 不要在象棋棋盤上下跳棋。[4]影響某一特定公司或者行業的總體經濟消息，也會影響其他公司、行業或市場。巨波投資人若想看清這種傳遞效應，就必須學會象棋手的思維，盡可能向前多看幾步。

現在，我們從巨波投資者的角度，逐條分析上述八條原則。

原則一：理智投資，絕不投機

> 你是抱著賺取一筆巨額利潤的想法盲目下注，還是想理智地
> 進行投資，來贏得一筆數額不大但卻更為穩當的利潤呢？
>
> ——傑西·李佛摩，《股票作手回憶錄》

巨波投資者理智地投資而從不投機。投資和投機兩者之間的區別非常重要，因為久而久之，正是這樣的一個區別，將一貫的贏家同穩賠不賺的輸家截然區分開來。

4　意指不要走一步看一步，要看整體經濟趨勢。——譯者註

　　投機者必定失敗，因為在形勢對其不利的情況下仍然選擇冒險。各種形式的投機行為，在我們的日常生活中幾乎無處不在，就像買彩票、賭輪盤、癡迷於玩吃角子的老虎機等等。冒這樣的風險，就像在賭場裡賭錢一樣，註定要輸給賭場的。

　　投機者之所以一直敢於冒險，是因為偶爾也會有令人興奮的大額利潤進賬，讓他誤以為通過投機盈利的概率很大。然而，也許某一天他很幸運，但概率定理最終會讓他自食惡果。長久來看，「賭場」從來不會輸，這正是「賭徒破產定律」。

　　與此相反，理智的投資者只在形勢對其有利的時候才去冒險。也就是說，理智的投資者只有在天平向他一側傾斜的時候，才會進行投資，而並不是在對「賭場」有利的情況下下注。再者，他從不在沒有把握的情況下冒險投資，也從不孤注一擲。

　　撲克遊戲，實際上就是一種按照風險進行投資的行為。同股票市場上的風險投資行為相比，卻有著明顯的不同。蓋瑞・貝佛德（Gary Bielfeldt）在他的經典著作《金融怪傑》（Market Wizard）中，巧妙地解釋了投資與投機之間的關係，解釋得很漂亮。

　　在很小的時候，我就學會了怎麼玩撲克。爸爸告訴我，玩撲克要學會算獲勝的概率，並不是每一手牌你都一定要打，因為，如果你每手牌都要打的話，你輸掉的可能性就會很大。當你覺得手上的牌勝算很大的時候，你就跟；如果牌很差，你可以選擇不跟，放棄自己所下的注。當桌上的牌越來越多，而且你手中的牌非常好，也就是說，當你覺得形勢對你非常有利時，你再提高賭注，傾力玩好這一局。

　　把打牌的原則應用於股票投資，將會極大提高你贏錢的可能。我一直

試圖讓頭腦保持冷靜、耐心，等待合適的交易機會，就像你打撲克牌的時候計算勝算幾率一樣。如果某單交易看起來不妙，你儘早抽身，這樣損失會小一些，這就好像打牌時，如果手上的牌不好，你就不跟，放棄所下的注一樣。

　　巨波投資法的其餘七條原則，非常重要，它們將會幫你將贏利性的投資活動和註定要破產的賭徒投機行為區分開來。

原則二：分散投資，使市場風險、行業風險和企業風險最小化

> 不分散投資，就相當於你直接把自己的午餐扔出窗外。如果你的投資組合不分散風險，那麼你就是在一年一年地把自己的錢用火燒掉！
>
> ──維克特‧尼德霍夫 （Victor Niederhoffer）

　　巨波投資者知道區分市場風險、行業風險和公司風險非常重要。他們認真地遵循巨波投資法的原則，知道如何分散投資，並設法將其風險最小化。

　　股票市場是在上漲，還是在下跌，或者是在橫盤整理？這個基本的問題是市場風險的主要內容。從這一點上來說，市場風險其實就是最單純的整體經濟風險。這是因為市場趨勢大體上是由不斷出現的宏觀經濟事件和狀況來決定的。1997 ～ 1998 年的亞洲金融危機，就是最恰當的例子。在危機襲來時，幾乎世界各地的每一個股票市場都遭遇崩盤。同樣地，在 2000 年，當美聯準宣佈大幅增加利率的時候，道瓊和那斯達克兩個股市紛紛應

聲急劇下跌。

　　巨波投資者知道，把市場風險降到最低的最好辦法就是遵循上述八大原則中的第 3、4、5、8 條。其中第 3 條「據勢而動」和第 5 條「不要逆勢而動」，幫助投資者規避市場風險轉而盈利。第 4 條的股票、債券和外匯市場三管齊下的原則，讓投資者將投資有機會分散於三個不同的市場。最後，根據第 8 條原則，去預測某些巨波經濟事件對其他市場的溢出效應。巨波投資者總是可以在任何一個間接的市場風險出現之前未雨綢繆，於是，他們就不是在象棋的棋盤上下跳棋，走一步算一步了。

　　而行業風險，是指影響特定行業或部門的任何事件。例如，當美國總統和英國首相發表聯合聲明，要求正在競爭進行新基因研究的對手們分享其研究成果時，生物技術領域出現了暴跌的情況。兩國官方這一管制性舉措暗示了未來那些正在勾畫人類基因圖譜的公司的專利權問題可能受到限制和威脅。同樣地，每一次石油輸出國組織宣佈調高油價或降低產量時，航空業、汽車業和公共事業等能源密集型行業就要面對能源成本上漲的風險，使其利潤降低，並使得股價下跌。其他的例子還有很多，例如思科公司銷售量下滑，任何一個作為思科公司的供應商或利益相關者的公司的股票都會因此下跌；當新型的寬頻通信技術（例如無限高速寬頻和數位用戶線路路等）出現的時候，有線數據機提供商的股票也都會急速下跌。

　　現在，重點來了，這也正是本書中我們要分享的最重要的觀點之一：個股價格變動至少 50% 是受行業風險的影響，有時甚至可能高達 80%。也就是說，美國應用材料公司（Applied Materials）和英特爾公司股價上漲或下跌，與其說是因為命運在向這些公司微笑或者皺眉，不如將其歸因於正在衝擊整個半導體行業的宏觀和微觀經濟力量。

　　由此可見，巨波投資者買進個股時，一定會深入瞭解行業層面的風險。例如，由醫藥股 Ivax、網路基礎設施股思科、金融股 Schwab 組成的投資組合，就有效地分散了行業風險。相比之下，由摩托羅拉、諾基亞、高通（Qualcomm）和沃達豐（Vodaphone）組成的投資組合，就無法避免行業風險，僅僅能避免公司層面的風險，這是因為這些公司的業務範圍都在無線通訊行業。本質上，你僅僅持有一隻股，而非四支股。

　　企業風險的性質又是什麼呢？企業風險可能會由企業的管理風險引起，例如 Ask Jeeves 公司的首席運營官意外辭職，使企業一片混亂；同時也可能由政府的管制政策所引起，例如微軟的股價就曾因為該公司涉嫌壟斷並遭到司法部指控而狂跌一半；自然災害也會帶來公司風險，例如一場嚴重的暴風雪可能會影響通用汽車的原材料供應流；另外，負面的新聞報導也可能會給企業帶來風險，就像道瓊集團下屬的金融類雜誌《巴倫週刊》刊發了一篇文章，對思科公司的股價進行了質疑，於是思科的股價便應聲下跌。

　　通常情況下，巨波投資者有很多方法來使企業層面的風險最小化。其中一個方法就是：在行業層面進行交易。例如，某位投資者買下了半導體行業指數基金（SMH）作為其在半導體行業的投資，而沒有買進半導體公司凌利爾技術公司 (Linear Technologies) 的股票。另外，他也可以進行「籃子交易法」，也就是說，如果他想在半導體類別建倉，他可以在該類別內購進幾支熱門股，例如英特爾、博通（Broadcom）、美光（Micron）和賽靈思（Xilinx），之後根據股市行情的變動和個股的表現，出售表現最不好的一支或幾支股，而繼續持有其他的幾支。

　　如果一個投資者決定買進某支個股，他一定會仔細地瞭解該股的基

本資訊，例如每股收益增長、本益比和市值。另外，他也會觀察該股的技術面特徵，例如它是否買超或者賣超？價格是否要跌破支撐或漲至阻力水準？是不是剛剛突破雙頂？更重要的是，在沒有仔細查看媒體對該公司的最新報導和收益報告之前，他是絕對不會輕易買進的。

原則三：搭乘列車，往它要去的方向

> 公眾對市場最大的誤解是什麼？那就是市場必須是牛市他們才能賺錢。而實際上，如果你有策略地進行交易，不管市場狀況如何，你都可以賺到錢。
>
> ——托尼・薩利巴（Tony Saliba）

除非專業交易高手，幾乎所有交易員和投資者都喜歡做多，等待價格高漲的時候賣出。也就是說，絕大多數的交易員和投資者都把他們的賭注下在購買那些有望上漲的股票上。然而巨波投資者的做法卻很不同，根據具體的情況，他們可能會賣空或者平保。

賣空意味著，在預計個股、行業或大盤指數可能下跌時，賣出自己根本不持有的股票。這是怎樣做到的呢？事情是這樣的：幾乎所有的股票證券公司都有庫存股票，你可以向它們借股票賣出。也就是說，如果思科公司的股票每股 100 美元，而你認為它會下跌，那就可以以 100 美元的價格將其賣空。如果股價果真降到了 95 美元，你就可以以 95 美元的價格從市場上買回股票，填平空倉，並將股票還給證券公司。這個過程中，每股賺了 5 美元。

至於平保，可以是賣掉股票出場，換成現金；也可以是透過對沖交易以保持平倉，未必一定要出場，但讓你的倉位不多也不空，直到情況明朗，再行做多或買空。例如，你可以同時空倉和多倉持有某支股共計 1000 股。當你感到市場趨勢明朗時，就可以平掉其中的某一倉，在這個過程中，即使你並沒有持有全現金倉，也是處於平保狀態。市場橫向波動，巨波投資者無法看清市場的可能走向時，平保是典型的最佳策略。在這種情況下，無論多倉還是空倉都是一種賭博行為，它違反了巨波投資理論的第一條原則。

也可以把這一觀點提高到更高的級別，來討論包括沽出期權等策略，利用市場橫向盤整，獲取時間溢價。另外，還有幾項節稅策略需要考慮。例如，你持有某檔股票已達 7 個月，上漲了 45%。如果你現在賣出，將被課以重稅；而現在該股開始下跌，現已經跌了 15%，你已經不想繼續持有該股了，在這種情況下，你就可以買入認購期權，然後在回檔結束時平掉期權倉，轉而將在期權交易中取得的利潤滾入基礎倉，買進更多股份。

原則四：搭對列車

　　幾乎沒有任何例外，股票市場都是在經濟衰退前下跌，在經濟復甦前上漲。既然如此，在經濟衰退前，投資者應該賣出股票，從股市撤出資金購買短期國債，而在經濟復甦前、股市前景看好時返回股市。

——傑瑞米・西格爾

就像大多數非職業交易員和投資者總是選擇做多一樣，絕大多數人往往只關注股票市場。然而，在某些情況下，只關注股票市場未必合理。實際上，在某些特定的情況下，通往「利潤王國」的子彈頭快車，可能是債券或者外匯市場。

適時從股票市場轉投債券市場的一種情況，正如上面華頓商學院著名教授傑瑞米·西格爾所說的那樣。然而，可供巨波投資者利用的絕不僅僅是那些經濟週期中的大轉捩點。

為了更清楚這一點，假設美聯準連續調高利率，積極應對通貨膨脹。這一利率政策可能會導致股票價格下跌。在這種情況下，巨波投資者可能賣空。但是，賣空某檔股票存在困難，即上檔放空規定美國的上檔放空規定 (up tick rule)[5]。（在這裡需要注意，我將會在下一章談到利用所謂的「交易所指數基金」〔ETF〕規避上檔賣空規定的優點。）

上檔放空規定由美國證券交易委員會設立，旨在維護市場的穩定性。該規則可以回溯到大蕭條時期和 1929 年的股市風暴。其基本內容是，你不可以在某股價格狂跌的時候將它賣空；這一規則的意圖非常明顯，即防止由於賣空而使該股陷於狂跌螺旋之中。由於上檔放空規定的影響，外加債券、股票和外匯市場有時候會沿著相反的方向波動，所以巨波投資者務必看清方向，搭對列車。

例如，美聯準採取寬鬆的貨幣政策時，股市可能上漲，但是該政策也會使債券市場的投資者對通貨膨脹預期感到恐懼，造成債券價格下跌。同

5　主要目的在於節制金融市場的空頭行為、限制賣空的時機，最早於 1929 年經濟大蕭條期間出現。當時監管單位認為放空投機對股市暴跌的現象難辭其咎，因此提出新規定要求只有在最新賣價高於前次交易的價格時，這檔股票才能賣空。——譯者註。

樣地，預計利率調高，通常會導致股價下跌，而美元很可能會升值。這就是為什麼一個老道的巨波投資者能夠利用有關通貨膨脹的新聞，透過在外匯市場上進行「期貨賭博」贏得一大筆利潤的道理所在。但是也要小心，很可能會出現對市場的誤判。

從理論上講，美元會隨著利率的上升而升值，然而，有些時候，經濟放緩的預期遠遠抵消了利率增長所帶來的美元需求的增加。所以，當人們預期會衰退時，投資者們就可能開始脫手以美元計價的資產。而一旦利率再次回落，隨著資本流入到以美元進行計價的資產時，美元便開始升值，即使理論上美元會隨著匯率的下降而貶值。

廣義地說，巨波投資者可以在股票市場選擇做多、放空或平保，他也必須學會在除股票市場之外的其他金融市場進行操作。關鍵時候，這是一項非常有價值的操作技能。但是，債券市場和股票市場相當複雜、風險很高，可能你不喜歡進入這樣的市場進行操作，即使如此，觀察上述兩個市場的行情走勢也十分重要。因為一個市場的變化趨勢，往往會是判斷其他市場走勢的先兆。這一點，我們將在下文繼續討論。現在，我們首先要明白為什麼市場趨勢是你的朋友。

原則五：永遠不要逆勢操作

　　颶風來時，連笨重的火雞都會飛。但隨著風勢慢慢平息下來，火雞又回到地面。

—— 凱文・馬羅尼（Kevin Maroni）

在市場形勢嚴重不利的情況下，你仍不儘早退出，那麼，遲
早會被踢出局。

——蘭迪‧麥凱（Randy McKay）

任何一天，股票市場只有三種走向：上漲，下跌或平盤。一段時間之後，
每天的波動在整體上就會形成一種趨勢。例如，下面的圖 5-1 就顯示了那
斯達克綜合指數在 12 個月中的各種不同趨勢。

圖 5-1　牛市、熊市和震盪市

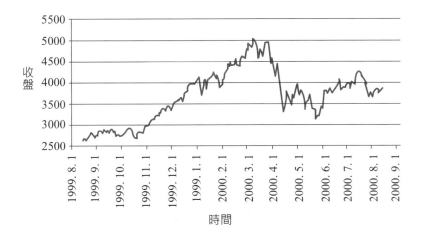

例如，在 1999 年 9 月、10 月中，那斯達克指數基本上是在橫向波動，
上漲幾天，然後下跌幾天，但是很明顯是在一個固定的區間內擺動。但是
在 1999 年 11 月到 2000 年 3 月期間，該股指持續上漲。這樣一種持續的趨
勢對於大多數的投資者來說是一個極好的順風車。確實，在這樣的情況下，

就像凱文・馬羅尼的機智之言所說，「颶風來時，連笨重的火雞都會飛」，即使是一向積弱的股票都被整體形勢帶動得漲到高位。然而，我們仔細觀察上表可以發現，在 3 月中該股指漲跌變化激烈，然後從 3 月末開始直到 5 月末，該股指呈現出明顯的熊市下跌趨勢。之後，市場歸於以橫向波動為主的趨勢。

從上圖中可以看出，為什麼在牛市上漲時放空股票，或者在熊市下跌時買入股票，都是極為冒險的操作。事實上，這樣做無異於在形勢對你極其不利的情況下進行賭博。這違反了巨波投資法的第一條原則。至於到底為什麼當你試著逆勢而行的時候，形勢會對你極其不利，讓我們這樣想想就會明白：通常情況下，在一個呈上漲趨勢的市場上，上漲的股票數量遠多於下跌的股票數量。換句話說，買到上漲股票的概率，遠高於買到下跌股票的概率。相反，在下跌大勢中，下跌的股票數量要明顯多於上漲股票的數量。

瞭解這一點之後，讓我們把股市飛鏢盤拿出來，做一個小遊戲：飛鏢盤上有 100 種那斯達克股票，每天拿飛鏢射盤，根據射到的結果買賣股票。如果騰落指數（ADL）[6] 和整體趨勢都在上升，而且你買進了股票，賺錢的機會就會高於 50%。為什麼即使最無能的投資者都會在漲勢中盈利？為什麼華爾街那群能言善辯的人會說：「絕對不能把牛市和聰明混為一談」？原因正在此處。

噢，且慢！在我們的飛鏢靶分析中，還有一點精妙之處需要說明。確切說來，我們是要討論市場的廣度（breadth）和趨勢（trend）之間的關係。

6　騰落指數，是以股票每天上漲或下跌的家數作為計算和觀察的對象，以瞭解股票市場人氣的盛衰，探測大勢內在的動量是強勢還是弱勢，用以研判股市未來動向的技術性指標。——譯者註。

股市上經常會出現這樣的情況：整個市場在上漲，但是市場廣度卻一直是負數。換句話說，雖然大盤在上漲，但下跌的股票遠遠多於上漲的股票。在這種情況下，用射飛鏢的遊戲選股，你肯定會賠錢。所以說，仔細地看清市場廣度，對準確地衡量股票上漲的穩健度有重要的意義。例如，在2000 年初的幾個月中，有幾次大盤都在猛漲，然而市場廣度卻很小。這種小廣度的上漲使得巨波投資者保持了警戒，因此，他們的投資安全也得到了保障。

　　相信已經說服了你不要逆勢而為，而現在讓我說明要「違反」這一堅不可摧的規則的唯一情況，那就是宏觀經濟信號說明趨勢即將發生逆轉時。但是，在這一點上，你需要特別小心，因為只有最幸運和最聰明的人才能從一開始便預測到趨勢的變化，而這一點是少有的幾件能讓所有專業投資者意見一致的事之一。關於這一點，經典著作《股票作手回憶錄》中有一句話我很喜歡，請大家把傑西・李佛摩這位傳奇人物的話牢記在心：

　　每個人都能學到的最有益處的一件事情，就是學會放棄一個念頭——抓住最後的 $\frac{1}{8}$ 點或最初的 $\frac{1}{8}$ 點。這是全世界最昂貴的兩個 $\frac{1}{8}$ 點。正是這兩個 $\frac{1}{8}$ 點，使得股票交易員們損失了千百萬美元，而這些錢足夠修一條連接美國東西海岸的混凝土公路。

原則六：不同的行業類別有不同的反應程度和方向

　　　　投資者中那些「早飛的鳥」，四個月前買入公共事業等利率敏感類別的股票，一兩個月前買入科技股，現在都已經轉向那些

因經濟復甦而受益的行業股。他們一直在買入汽車類股票，儘管
汽車製造巨頭一直在大幅削減員工的薪資和股利。

──《金融郵報》（The Financial Post）

　　在股市內，不同行業的股票對總體經濟層面的好消息或壞消息，反應
程度不同，甚至在某些情況下反應方向也不同。雖然將其列為巨波投資的
第六條原則，但實際上它可以算為「第一原則」。這是因為，從某一行業
類別的角度來考慮，巨波投資者可以充分地、最大化地利用最好的機會創
利、獲利。

　　說明這一問題最好的方法就是舉例。我們還是回到 2000 年 4 月 13 日，
也就是最新的消費者物價指數公佈之前那一天。你一定也研究過，這是一
個非常重要的報告：如果該報告中表明，存在通貨膨脹升高的任何重要跡
象，美聯準幾乎毫無疑問地會把利率提高 25 個基點，甚至可能是 50 個基
點。想必你做過研究，所以你也知道市場期待的是一個相對溫和的消費者
物價指數。然而你相信，市場過分樂觀，拒絕承認在整個經濟環境中存在
已經非常明顯且日漸增長的通貨膨脹跡象。就在這個時候，你準備根據通
貨膨脹將出乎意料地增長這一情形進行操作，那麼你將如何操作呢？

　　針對這個問題，表 5-1 展示了一些可能的方案。表上列出的幾個行業，
通常對消費物價指數的意外變化，一向反應十分強烈。如果消費者物價指
數意外上升，這些行業股會猛跌，反之則大漲。但是，這些行業究竟為什
麼會有這種反應？從直覺上說，原因在於，所有這些行業都對利率非常敏
感。確實，對於這些行業來說，利率上漲意味著其產品價格的上漲，例如
分期付款、貸款和邊際利率（margin interest）等。當然，產品價格上漲了，

能賣出的產品數量就會減少，這就意味著收益將會減少，隨之而來的就是股價下跌。

表 5-1　一些會對消費者物價指數的消息反應強烈的行業

・銀行業

・證券行業和投資行業

・建築和住房行業

・金融服務行業

・家庭理財行業

・休閒娛樂業

・多媒體行業

從更廣義的角度來說，表 5-1 中的這些行業，為巨波投資者提供了一個非常清晰的戰略方向。從這個角度講，如果 CPI 出乎意料地變壞，表中任何一個行業都適合操作。例如，巨波投資者可能會賣空銀行業或者證券行業中的一支股。平保可能會是一個更為保險的舉動。也就是說他可以對任何行業中的任何會因負面的消費者物價指數變動而大跌的股票進行平倉處理。

原則七：股票、債券和外匯市場會對總體經濟面的消息做出不同的反應

在美國股市中，一種典型的波動方式可能是這樣開始的：美國債券市場前景看好，價格上漲，於是美元也跟著上漲。美國股市立即整體上揚，因為利率下跌後，美國企業的盈餘會增長。初

級工業金屬銅的價格，由於預期投資的增加而上漲。由於美國資產對外國人更有吸引力，日本股市開始下跌。而美元的走強使得通膨的風險降低，所以國際金價下跌。而通膨降低之後，一些商品的吸引力就會隨之降低。這時候，肉類、穀物等商品的價格就開始下降了，因為所剩下的可以分給它們的購買力已經不多了。但是，如果歐洲和日本的資產價值下跌，美國股市很快也會被它們拉低。整個週期就要反過來。上述的過程就發生在一兩分鐘之間，在一天之內可能會發生 10 到 12 次。

——維克特・尼德霍夫（Victor Niederhoffer）

真是無法抑制對維克特・尼德霍夫的愛。他簡直是巨波投資界的王子，但他也曾在該領域扮演過「小丑王子」的角色，因為他有時候也會犯下令世人大跌眼鏡的錯誤。例如，在 1997 年，尼德霍夫與索羅斯在泰銖上豪賭，他認為美國市場將會從亞洲金融危機的影響中反彈，可是在這一點上，他犯了致命的錯誤。然而，上一段他的引言中卻隱含著一個非常重要的資訊，那就是：股票、債券和外匯市場，還有全球各地的商品市場和金融市場對宏觀經濟層面的好壞消息的反應程度都是不同的，且變化的方向也可能不同。表 5-2 用發生在 2000 年 4 月 14 日 CPI 急速上漲的例子，說明了在這樣的情況下股票市場和債券市場的不同變化。

從表中我們可以看出，從 CPI 相關資訊發佈前一日的收盤時開始，到消息發佈當日的收盤時止，道瓊指數大跌將近 6 個百分點，而那斯達克綜合指數更是狂跌近 10 個百分點。當然，這種情況也是非常直觀的：同 CPI 有關的壞消息會使得股市下跌。

表 5-2　股市和債券市場對通貨膨脹的反應方式

股市指數	2000 年 4 月 13 日收盤	2000 年 4 月 14 日收盤	百分比變化
道瓊工業平均指數	10923.55	10305.77	-5.66%
那斯達克綜合指數	3676.78	3321.29	-9.67%
債券市場指數	2000 年 4 月 13 日收盤	2000 年 4 月 14 日收盤	百分比變化
30 年期	5.803	5.782	-0.36%
10 年期	5.914	5.885	-0.49%
5 年期	6.207	6.167	-0.64%

　　那麼債券市場呢？我們從表中可以看出，30 年、10 年和 5 年期的債券收益率都有所降低，這意味著受 CPI 相關資訊的影響，債券的價格都上漲了，這是因為債券收益率同債券價格反向變化。這似乎有悖直覺。畢竟，如果通貨膨脹率意外激增，美聯準提高利率水準的可能性增加。而當美聯準果真提高利率的時候，債券價格就必然會下降。但是至少在 4 月 14 日那一天，這樣的現象卻沒有發生。

　　那麼究竟發生了什麼？如果你觀察一下債券價格在 4 月 14 日一天之內的變動情況，我們之前得出的違反直覺且自相矛盾的結論就很容易解決了。實際上，就像我們憑藉直覺可以預料的一樣，受到通貨膨脹的影響，4 月 14 日早晨債券市場的價格確實有過狂跌。然而，當同樣的通膨消息開始對股市產生影響的時候，投資者們便開始恐慌地拋掉股票，轉投相對安全的債券。這樣的一場安全投資轉移戲劇性地增加了市場上對債券的需求，因此債券的價格便開始回升。而到收盤的時候，僅以一天為單位來看，債券的價格確實上漲了，但是債券收益卻下降了。

在這種情況下，投資者需要理清兩個彼此競爭的力量。一是促使債券價格下跌的利率效應，另一個是促使債券價格上漲的股票效應。至少這一次，兩股力量對債券價格的淨效應是正面的。

這個例子不僅表明了巨波投資邏輯的複雜性，而且說明了為什麼華爾街的博弈更多地是象棋式的博弈，而不是跳棋式的走一步算一步。這又為我們引出了下一條原則。

原則八：不要在象棋棋盤上下跳棋

優秀的投資者基於某一簡單的基礎建立自己的頭寸，在這個基礎之後，連接的是一長串富有彈性的交易鏈。下面講的是一個古老的狀況，一年出現一兩次，而且不管怎樣操作，每次出現都靈驗。為了在大選將要到來之際保持較高的就業率，政府將會在一定時期內保持較低的利率，因此美元將會疲軟。而這時，德國馬克便成為最大的受益者，那麼我們趕快購進吧！市場的不斷走強將會帶來對德國債券和股票的更大的需求，那麼我們再買點德國債券和股票！於是，英鎊和里拉的壓力就很大了，難以與馬克並駕齊驅，那我們趕緊賣掉英鎊和里拉，還有英、義兩國的債券和股票。於是整個的支援系統就開始變得糾結不清，而這對墨西哥就很不利了。那麼我們趕緊將比索甩掉。這時如果你手頭還有印度的全球預托證券，那就趕緊賣空，當然還有芝加哥期權期貨交易市場上的限價買進的墨西哥電話公司（Telemex）的期權。

——維克特・尼德霍夫

在尼德霍夫幽默的背後，還有一個永恆的真理，那就是：影響特定公司或者行業的巨波經濟事件，也總會產生波及其他公司、行業或市場的溢出效應。在投資領域有太多太多不專業的交易員和投資者，他們都是「在象棋棋盤上下跳棋」，走一步算一步。與巨波投資者不同，這些人都不會將眼光放長遠，所以他們錯過了許多良機。

本章開篇的那個虛構的象棋手和投資者的做法就為我們提供了一個把握良機的很好的例子。在這個事例中，羅伯特・費雪顯然胸懷全域。他知道美國聯合航空和全美航空公司的合併會給聯合航空的競爭者達美航空和美國航空帶來很大的壓力，因為它們必須採取手段以防止在競爭中失利。這就是羅伯特迅速買進上述兩家公司可能的收購對象──西北航空股票的原因，任憑那些「跳棋玩家們」鉚足了勁爭著搶著試圖分得全美航空的一杯羹。

另外一個溢出效應的好例子，就是本書開篇的一個例子。當美國司法部起訴微軟公司違反《反托拉斯法》的時候，老練的巨波投資者立即買進太陽微系統公司和甲骨文公司的股票，這兩家微軟公司的競爭對手被認為是最有可能從微軟被訴這一事件中獲利的企業。

廣義來說，巨波投資原則的要點在於：把市場看成一個巨大的象棋棋盤，並且要把眼光放得儘量長遠，盡可能地向前多看幾步，並且要盡可能地多觀察各個行業。這就要求要根據巨波經濟事件來發現眾多溢出效應，然後根據相關的資訊採取行動，同時這也要求做一些相關的發展路徑研究。正如一句老話所說，「機遇偏愛有準備的人」。而在巨波投資領域中，這句話的意思就是，我們首先要讓自己熟悉經濟領域中的主要行業，以及這些行業中的強勢和弱勢公司。那麼接下來我們就轉向這個話題吧！

第6章

真笨！要看的是行業

　　蜜雪兒・卡雷拉一直從事長線交易，她嚴格地依照宏觀經濟資訊進行投資。久而久之，她發現，無論是宏觀經濟事件還是經濟指標報告，都會對大盤趨勢產生巨大影響。

　　蜜雪兒根據過去一個月的持續性利好經濟資訊，預計今天市場將突破上揚。於是她開始行動了：她購買了1000股金融服務行業類的聯合資本公司（Allied Capital）的股票，同時她還另外買了1000股公共事業類的太平洋煤電公司（Pacific Gas & Electric）的股票。

　　兩個月之後，蜜雪兒仿佛就是一個天才——至少就大盤趨勢來說。道瓊工業指數和那斯達克指數逐漸走高，而且上漲已經超過了10%。然而，雖然股市整體上漲，蜜雪兒卻有苦難言。她買的金融服務行業類的股票卻一直橫盤盤整；更糟糕的是，她的能源行業股卻在整體上揚的情況下逆勢下跌——或許這就是長線交易者不小心所獲得的「終極鼓勵獎」吧。

　　蜜雪兒到底哪兒做錯了？她正確地預測了市場的趨勢，但卻選錯了行業。而這選錯的行業使她無法翻身。

・・・・

　　身為巨波投資者，蜜雪兒審視股票市場的時候所看到的並不是像雪佛龍、戴爾或者沃爾瑪等公司層面的市場表現，而先看到的是諸如能源、電腦或者零售業這樣的行業整體情況。這是因為，她知道，大多數股票市場的波動是靠行業驅動，而不是公司驅動。確實，正如我們所知道的那樣，半數以上的個股波動通常都是由該股票所屬行業的相關事件影響的，而並不是由這家公司本身的盈利表現來決定。這意味著，即使你選擇了世界上最好的幾家公司進行投資，但如果你在錯誤的時間選擇了錯誤的行業，同樣會落個損失慘重的結局。不信，你可以去問問蜜雪兒！

　　在這一章，我們希望詳細地研究一下：個股的股價波動和投資組合的表現，在不同的行業進行操作所存在的差異，這些差異存在的原因。請看以下這些至關重要的關係。

● 電腦業和休閒行業，嚴重依賴於消費者的直接消費。化工業、環境服務業則將消費目標瞄向製造業企業。另外，軍工以及航太航空工業的主要消費者則是政府。當需要估量諸如消費者信心、耐用品訂單或者預算赤字等經濟指標對不同行業所產生的影響時，行業差異就會顯得很重要。

● 零售業是典型的勞動密集型行業，能源業屬於資本密集型行業，交通運輸業則屬於能源密集型行業。在評估各種宏觀經濟事件（如薪資上漲、利率上調或者能源價格震盪）對個股價格的影響時，考慮這些行業的差異非常重要。

● 一些週期性行業，如汽車業、造紙業，是同經濟週期的變化緊密聯繫在一起的，這些行業在經濟衰退中最先開始下跌。另外一些行業，例如食品、衛生保健業不具有週期性，因此對經濟衰退的影響具有天生的免疫

性。這些差別能夠幫助你在牛市中發現牛股，在熊市中也能夠找到防守型行業暫時退守。

● 農業、電力、工業設備以及醫藥業屬於出口導向型行業；而金融服務業、健康保健業與外貿沒有多少關係。通常狀況下，出口依賴型公司股票價格變化受貿易赤字或美元貶值的影響更為明顯。

● 價格控制、訴訟或者新的稅收政策等管制性風險的影響，以及洪水和乾旱等外生事件的衝擊，是影響醫藥行業、煙草行業以及農業類股票股價變動的重要因素。

總而言之，這裡所要強調的重中之重在於：觀察並利用這些行業存在的差異進行操作，是巨波投資法的核心所在，同時也是巨波投資者獲取優勢的主要來源。持續不斷地從行業層面觀察股票，學會在正確的時間、選擇正確行業中的正確的股票，同時也可以遠離錯誤行業中的錯誤的股票。另外，你也可以學會如何更好地防範投資組合的市場風險和行業風險。

行業輪動[7]的重要性

> 行業輪動在華爾街也是存在的，投資者把出售藍籌股所得資金轉投科技股。這就是華爾街的行業輪動，又稱為類股輪動。
>
> ── 美國有線電視新聞網（CNN）

7　行業輪動儘管翻譯為行業，但實際上並不僅指行業，而是指股市中的各種分類，如行業類別或其他形式的分類。──譯者註。

　　行業輪動對巨波投資者來說是一個非常重要的概念。想要好好領悟這一概念，我們需要先討論一下，如何最好地將股市「切割」成更容易操作的行業類別。不過順便說一下，想要這樣做，絕不容易。如果你將行業範圍劃分得太廣，你不但會蒙受巨大的損失，還會錯失很多很好的交易機會。如果你將行業範圍劃分得過細，你就會在一些浩如煙海且毫無意義的「小行業」中迷失，浪費大量的時間和精力，試圖對這些微小行業進行區分。

　　首先，談談行業劃分過寬頻來的問題。表 6-1 中的九個條目，與其說是行業，不如說是分類。之所以說這些所謂行業劃分過於寬泛，是因為同屬於一個行業的個股，彼此呈現出相反的變化。例如，在週期性的消費行業類別中，零售類股票可能在一整天表現突出，而同一類別中的休閒行業股卻可能慘跌。如果你沒能意識到這一點，實際上你並不是錯失了一個機會，而是兩個：一個做多，另一個做空。同樣，同屬金融行業的銀行股和保險股，卻經常會朝著相反的兩個方向變動。而在科技類別中，網路股是臭名昭著的，因為它的變化實在是難以琢磨，網路股經常是一天一個變化，今天同半導體類股走勢相反，而第二天又與電腦類股票走勢相反。

表 6-1　股市上廣泛的行業或類別分類

·週期性的工商業
·週期性的消費業
·非週期性的消費業
·能源和公共事業
·金融業
·保健業
·房地產業
·科技業
·運輸業

　　那麼，我們現在已經很清楚為什麼不能把行業劃分做得過於寬泛了。那另外一個問題就是，如果我們將行業劃分得過細，又會怎麼樣呢？這會使我們在處理這些微小的事情過程中消耗大量的時間。為了分析清楚，讓我們以汽車業為例加以說明。汽車業又可以分成一些小的行業，例如製造業、零部件生產業、輪胎生產行業等等。同樣地，對於零售業來說，你又可以將其細分為折扣店、百貨商店和郵購商城等小行業。實際上這種更細的劃分，對我們在行業層面上進行交易幾乎沒有任何幫助。這是因為，在絕大多數情況下，當一個行業的行情發生變化時，其下屬的一些小行業也大多會發生一定的變化。換句話說，如果汽車生產廠商的股票開始下跌，大多數情況下，汽車部件生產商和輪胎生產商的股票也會掙扎在下跌的漩渦之中。

　　但是，請注意，這可是一個大大的「但是」，至少對於一個行業類別，也就是科技行業下的那些所謂「新經濟」類的股票，細緻的「小行業」區分卻會更有幫助。為什麼呢？這是由「新經濟」這類「怪物股」的特性所決定的。

　　讓我們以電信業為例吧。電信業下面至少有兩個行業，一個是傳統的光纖通信行業公司，例如 AT&T 和南方貝爾（Bell South）；而另一個是主營寬頻和無線藍牙適配器的公司，例如高通和摩托羅拉。確切說來，同屬於廣義的電信行業，這兩種次級小行業實際上正在為搶奪世界市場而鬥爭的你死我活，所以這兩個次級行業的股票也經常是此消彼長的。

　　說了這麼多，我到底想說什麼呢？現在為大家揭開我自認為對新、舊經濟股都很奏效的行業圖譜。我們還是先從舊經濟開始說吧，圖表 6-2 已經很好地將其「切塊切片」了。這張表包括 34 個行業，分屬於 7 個類別之

下。這種劃分在太粗和太細的行業劃分之間做到了恰當平衡。

　　花幾分鐘時間，好好研究一下表 6-2。這是培養我們至關重要的行業意識的第一步！為了更好地建立這種意識，請試著在腦子裡為該表中的左右兩欄建立起一個聯繫。左邊一欄是行業名稱，而右邊一欄則是該行業中具有代表性的公司名稱。

表 6-2　舊經濟產業地圖

週期性工商行業	
基礎工業原料業	Dow, 3M, Monsanto
商務服務業	ADP, First Data，Paychex
化工業	Dow, Dupont, Union Carbide
國防和航空太空業	Boeing, General Dynamics, Lockheed Martin
環境服務業	Ogden, Thermo Electron, Waste Management
工業設備業	Caterpillar, General Electric, Pitney Bowes
造紙和林產品業	Georgia Pacific, Kimberly Clark, Weyerhauser
週期性消費行業	
汽車業	GM, Ford, Honda
建築和房地產業	Home Depot, Gannie Mac, Whirlpool
休閒和娛樂業	Disney, Seagram's, Time Warner
多媒體業	Cox, Fox, Viacom
零售業	Costco, Gap, Target
非週期性消費行業	
化妝品業	Alberto Culver, Estee Lauder, Revlon
教育及出版業	Apollo, Learning Tree, McGraw Hill
農業和食品加工業	Anheuser Busch, McDonalds, Safeway
菸草業	Philip Morris, R J Reynolds, UST

（續前表）

能源和公共事業	
能源行業	Chevron, Exxon, Schlumberger
能源服務業	Halliburton, Noble, Weatherford
石油和天然氣業	Chevron, Enron, Schlumberger
光纖通信業	AT&T, Bellsouth, Verizon
公共事業	American Electric Power, Duke Power, PG&E
金融及不動產業	
銀行業	Chase Manhattan, Mellon, Wells Fargo
證券和投資業	Lehman Bros, Morgan Stanley, Schwab
金融服務業	AMEX, Berkshire Hathaway, Citigroup
住宅金融業	Freddie MAC, Fannie Mac, Golden West
保險業	Cigna, Chubb, Hartford Financial
不動產業	Burnham Pacific, Grubb & Ellis, Wilshire
保健與醫療業	
健康護理業	American Home Products, J&J, Medtronic
醫療服務業	Aetna, Cigna, Wellpoint
醫療器械業	Allergan, Biomet, Guidant
藥品業	Bristol Myers, Glaxo, Schering Plough
運輸業	
空中運輸業	American, Delta, Southwest
交通運輸業	Burlington Northern, Eaton, Delta

　　研讀過該表之後，你很可能會發現，有一些行業是相互有交叉的。例如，交通運輸業包含空中運輸行業，但也包含鐵路和卡車公司等。不過，你不需要擔心這個，因為會影響空中運輸行業行情的巨波經濟力量不同於交通運輸業下的其他行業，所以說，在這樣一個例子中，包括一個不同的空中運輸業也是有一定意義的。

　　我們開始討論新經濟科技類股。請看表 6-3，你可能會發現每一個類別下都分得更為精細。

表 6-3　新經濟產業地圖

生物技術業	Amgen, Genentech, Immunex, Ligand, Xoma
電腦業	
・伺服器	Cray, IBM
・個人電腦	Apple, Compaq, Dell, Palm
・小型電腦	Hewlett Packard, Silicon Graphics, Sun
・軟體	Adobe, Corel, Intuit, Microsoft, Oracle
・記憶體	EMC, Sandisk, Seagate, Silicon Storage
電子行業	
・測量儀器	Agilent, KLA Tencor, Teradyne
・半導體	Applied Materials, Intel, Micron, Zoran
互聯網業	
・網路架構	Cisco, EMC, Sun
・B2B	Ariba, Commerce One, Internet Capital
・B2C	AOL, Yahoo, Amazon, eBay
・網路基礎建設	Akamai, BEAS, Exodus, Real Networks, Verisign
・網路連接	Juniper, Novell, Redback
新經濟通信及寬頻通信業	
・光纖通信	Ciena, Corning, JDS Uniphase, Sycamore
・無線技術	Ericsson, Lucent, Motorola, Nokia, Qualcomm

　　下面讓我們以電腦行業為例進行闡述。當我們分析該行業時，我們並不是宏觀地從整個電腦行業來分析，我們通常要把該行業細分為電腦主機生產商，例如 Cray 和 IBM，個人電腦生產商，例如蘋果和康柏；小型電腦生產商，例如視算科技和昇陽電腦；電腦軟體公司，例如 Corel、微軟和甲骨文，以及電腦存放裝置生產商，例如 Sandisk 和希捷（Seagate）。

　　同樣地，我們在分析互聯網類股票的時候，也不能把整個類別當成一個行業從整體上來看待。通常情況下，我們會將該類別分成網路架構公司行業，例如思科和昇陽電腦；B2B 行業，例如 Ariba 和 Commerce One 公

司；B2C 行業，例如美國線上和雅虎；網路基礎建設類公司，如 Akamai，Exodus 和 Verisign；以及網路連接公司，如瞻博（Juniper）和 Redback 等等。

現在我們就開始討論這些更為精細的分類。新經濟產業中的這些個股的波動性很大，不僅在新經濟的不同行業如此，在很多細分行業中也是這樣。實際上，如果你所投資的行業都是新經濟行業，你可能就需要把這些行業再細緻地區分一下，分成更小的行業。在這種情況下，我推薦你訪問 www.changewave.com 網站，這是新經濟產業進行產業細分領域中的王者！

行業如何形成？

現在我們已經將市場「切塊」和「切片」成各個類別了，那麼接下來的問題是：不同的行業之間的差異可能會在哪些方面？這些差異會以什麼樣的方式使得這些股票對不同的宏觀經濟事件產生不同的反應？實際上這才是巨波投資思想的關鍵所在。要回答上述幾個問題，我們先需要在搞清楚「行業」（或類別）這個問題之前過幾道「關」。

第一關，我們要先探討一下行業消費者的問題。這個行業更多地是依靠普通消費者、企業客戶還是政府？這一點很重要，因為消費者信心指數和零售銷售額等重要的經濟指標對零售行業和多媒體行業有很大的影響，而對其他行業，例如生物化學行業和保健行業則不然。

接下來的第二關，我們將從某一行業在生產過程中用人力更多，還是機器更多，或是燃料更多，來分析一下該行業的屬性。也就是說，該行業是勞動密集型行業，是資本密集型行業，還是能源密集型行業？我們會很清楚地看到，不同行業的不同投入組成（包括勞動、資本和能源），會使

得該行業對加薪、加息及油價變動等事件做出非常不同的反應。

最後一關，我們分析的問題是，出口依賴性、管制性風險以及行業本身對自然災害防範的脆弱性等因素如何影響不同的行業。

客戶是誰？

7 月分的零售業銷售月報發佈了，結果好於預期，隨後零售業股票出現了一定程度的上漲，西爾斯（Sears）增長 $\frac{7}{8}$，達到 43125 美元。五月百貨（May Department Store）上漲 $1\frac{8}{5}$，達到每股 5775 美元，而伍爾沃斯（Woolworth）則上漲 $\frac{3}{8}$，漲到了 2875 美元。

——《紐約時報》

削減國防預算，持有航空航太類股票的投資者大感失望。

——《航空週刊和空間技術》

我們要問的問題很簡單：從銷售收入的角度來看，該行業是更多地依賴普通消費者，還是企業客戶，或者是政府？表 6-4 解答了這個問題。表中括弧內的數字顯示了這些重要的行業給普通消費者、企業客戶和政府的銷售金額占總產量的百分比。

表 6-4　誰是我們的顧客——普通消費者、企業還是政府？

顧客是普通消費者 的行業	顧客是企業 的行業	顧客是政府 的行業
・汽車業（77%） ・娛樂業（76%） ・零售業（92%） ・製藥業（64%）	・化工（91%） ・能源（71%） ・工業原材料（83%） ・造紙及林產品業（86%）	・建築及房地產（22%） ・國防及航空（54%）

資料來源：美國經濟分析局投入—產出表。

　　從表中可以發現，零售業很大程度上依賴普通消費者，因為普通消費者所購買的商品占其總產量的 92%。這就解釋了當較為正面的銷售行業報告發佈之後，諸如西爾斯和五月百貨這樣的零售行業公司的股票為什麼會上揚。國防及航空業的銷售，則主要是依靠美國政府的消費，這部分消費占其總產量的一半多，所以當預算出現赤字而導致國防開支減少的時候，波音和通用動力這一類公司的股票就會下跌。

　　概括說來，在跟蹤嚴重依賴普通消費者的行業時，投資者會發現消費者信心指數、消費者的收入水準和零售銷售額等都是非常有用的經濟指標。相比而言，採購經理人指數和生產能力利用率等指標，對化工和造紙等以企業為主要客戶的行業來說，則更為重要。而與預算相關的一些新聞，則會對國防產業和房地產行業產生很大的影響。

產品是怎麼製造的？

　　油價突然高漲，激起了人們對通貨膨脹的擔憂，於是股價狂跌。上週剛剛舉行的 OPEC（石油輸出國組織）會議，達成一個

關於石油產量的協定，這將推升石油和天然氣大公司的股票價格。因此，交易員們樂觀地認為，大盤跌幅將會非常有限……各個行業中，航空業是受損最大的行業，油價提高使得飛行燃料成本上升……一些化工行業股票也下跌了，因為原油是很多化工製品的主要原料。

——《洛杉磯時報》

一個行業的產品究竟是怎麼生產出來的，服務又是如何提供的？這個問題討論的是，行業在生產過程中的投入組合，包括人力、機器、能源和原材料等。

例如，固定電話服務業、公共電力行業等資本密集型行業，在提供服務的過程中投入更多是機器和設備，而不像零售業和電腦軟體服務業等勞動密集型行業，需要投入更多是人力。這些資本密集型行業對利率更加敏感，因此，它們對利率消息的反應更激烈。相比之下，勞動密集型行業對失業率、薪酬變動反應更強。

對於能源密集型產業來說，上面所引用的那則新聞很清晰地表明，像航空業中的達美航空公司、化工行業的陶氏化學公司，可能會對能源價格變化的消息反應非常激烈，因為這些行業嚴重依賴於石油這種黑金。

週期性和非週期性，它們到底是什麼？

一般來說，經濟好轉之前，消費需求和房地產市場會先行一步開始升溫。消費品行業和房地產行業對利率非常敏感，經濟衰

退、利率下調的預期出現之前，這些行業通常也首先作出反應。

其他對利率敏感且通常會引起經濟擴張的行業有零售、餐飲、化妝品、菸草、保險以及通信和公共電力行業等。

當經濟復甦逐漸加快，那些在經濟衰退中受損的公司的股票就會被重估。隨著經濟狀況的好轉，一些生產商的訂單逐漸多了起來。最後，訂單量超過了生產商的生產能力限制，於是生產商就開始投資建立新工廠。因此，與資本支出有關的鋼鐵、化工和採礦等行業的股票，通常是經濟形勢的滯後指標。

——《投資者紀事報》（Investor's Chronicle）

這段新聞摘要直接闡述了週期性行業與非週期性行業間的重要區別。關於它們之間的區別和兩種不同類型的股票對經濟週期和股市週期的不同反應，我們已經作了很多討論。為更新一下大家對這一問題的記憶，請大家看一下表 6-5 中的一些主要的週期性和非週期性行業。

表 6-5　週期性與非週期性行業

週期性行業	非週期性行業
·汽車業	·國防
·建築和房地產	·餐飲業
·造紙業	·健康保健
·零售業	·製藥業
·交通運輸業	·公用事業

我們現在都很清楚，以汽車、建築、房地產、造紙、零售和運輸等為代表的週期性行業，比以食品飲料、保健和基礎公共事業等為代表的非週

期性行業，對經濟萎縮和經濟週期的變化反應得更快而且更激烈。這是為什麼呢？大部分的非週期性行業生產的都是生活必需品——即使生活困難也必須消費的物品。可口可樂、桂格燕麥和寶僑等食品飲料和生活必需品公司很明顯屬於這個行業。另外，佛羅里達電力照明、杜克電力等電力事業公司，以及很多醫療保健公司同樣是不可或缺的，所以強生、默克等醫藥類公司的股票很可能會對經濟週期反應相對較小。

　　而當經濟情況開始變糟時，消費者就會更少地出遊，也不大會買新車或者冰箱。所以，達美航空公司、通用汽車和惠而浦公司隨著銷售的下降，收入就會下降，於是它們就遭殃了。同時，在日常生活的花費中我們也不會像往常那樣毫無節制，所以凱馬特和沃爾瑪這樣的傳統零售商和近年來興起的高科技零售商 Circut City 等的股票便也隨之開始下跌。

　　從巨波投資的角度來說，你應該立即看出區分非週期性行業和週期性行業的好處。瞭解到這一點，在股市變動的時候，你就會洞悉某些行業的變化路線，這樣的資訊會告訴你，在經濟下滑的時候需要賣空哪些行業的股票，在經濟回暖的時候在哪些行業中做多。二者之間的區別同時也會告訴你，在經濟衰退迎面撲來的時候，我們應該購買非週期性的行業作為暫時的防守區。當我們需要對週期性和非週期性行業的不同命運進行評判時，跟蹤汽車銷售額和樓盤破土動工量這樣的衰退經濟指標是非常重要的，其原因大概於此。

儘管向俄羅斯出口吧！

　　上週，美元大幅貶值，引起股民極度恐慌，大量拋售股票，

股價急劇下跌。這是因為，歐洲的利率增長速度比美國國內快很多，所以「以往，以美元標價的證券很受歡迎，而現在情況變了，以其他貨幣標價的證券勝出」，第一奧爾巴尼公司（Firs Albany）的市場策略師休‧詹森說。他推薦了那些在美元走弱的時候出口量會提高的公司的股票，例如 IBM、英格索蘭、迪爾、開拓重工、康寧、柯達等公司。他認為當歐洲大陸的經濟再恢復的時候，這些公司的股票通常會表現很好。

——《查爾斯頓週日憲報》(Charleston Sunday Gazette Mail)

美國很多行業的盈利主要是來自於出口銷售。高度依靠出口的行業包括農業、電腦、軍工、電子、工業設備和製藥等行業。相比較而言，金融服務業、保健行業、光纖通信業及交通運輸業的盈利對出口的依賴較低。總體說來，出口密集型行業會對國際貿易和外匯市場方面的宏觀經濟消息做出更為強烈的市場反應。

讓我們以貿易逆差增加為例來說明這種反應的複雜性。逆差不斷加大，美元向下的壓力變大，這是因為，當美國的進口量比出口量大的時候，更多的美元就會從美國人的手中流動到外國人的手中。國外的美元儲備量的增加，意味著會有更多的外國人試圖把美元兌換成他們本國的貨幣，例如歐元、日元和韓元。這就降低了貨幣市場上對美元的需求，所以美元的價格——所謂的匯率，就會降低。即使是在歐元、日元和韓元等貨幣價格升高的情況下，這種現象也會發生。

從某種意義上來說，貿易逆差逐漸增大，對 IBM、開拓重工和康寧等依靠出口的公司來說卻是一個好消息，因為美元走軟，使得它們在國外的

市場上更有競爭優勢。且慢！但是同時，也有一些情況會使得逆差增大，給依靠出口的企業甚至整個市場都帶來很負面的影響。

　　例如，當貿易逆差增大，美元疲軟，國外的投資者可能就不太願意繼續持有美國公司的股票，因為，隨著美元貶值，實際上這些股票的價值也在降低。這就解釋了為什麼貿易逆差增加的消息一出，股市經常會應聲下跌。

那些「黑暗」的管制措施讓人怎能入睡！

> 　　Schwab 華盛頓調查研究團隊的首席戰略官葛瑞格・維力爾說，這次大選在接下來的幾個月中應該會對製藥、國防和煙草行業的股票產生比我們所能想像到的更大的影響。他說「假設沒有一些我們所看不到的因素影響，這次大選的焦點很可能會是醫療保健政策。如果在勞動節之後整個大選形勢看起來對戈爾有利，那麼很明顯這將會對製藥行業非常不利。」而這其中的原因就是，高爾推崇聯邦醫療保險處方藥計畫，實際上就是在推行藥品方面的價格控制。
>
> ──《巴倫週刊》

　　儘管所有的行業都受管制性風險和政治風險的影響，但個別行業比其他行業受到的影響更大。例如，老年人是美國政治投票中一個非常強大的團體，因此，價格控制和處方藥的專利權方面的限制，始終都威脅著製藥行業。同樣地，油價的激烈波動外加油價變動所帶來的政治敏感性，使得

能源行業經常成為價格管制和巨額暴利稅的開徵對象。

　　害怕管制性措施的不僅僅是製藥和能源行業。生物科技行業的老闆們，經常因為在夜裡夢到政府對基因食品的禁令而嚇醒。化工行業巨頭，因環境保護署不公平的限制政策而遭受巨大的損失。他們的憤怒是眾所周知的。那些軍用物資行業的高管們，一直滿懷希望地祈禱著白宮能有一位鷹派的總統。備受挫折的電力事業的老闆，每當要建立一個新電廠的時候，都要在各種限制條款所形成的魔方中轉得暈頭轉向，而這時候，倘若不給自己的靜脈注射抗酸劑，他們是無法挺過去的。而幾近瘋狂的互聯網商務資本家，每每聽到有人提起要對網路購物進行徵稅的說法，他們都會緊張到直接進入強直性昏厥狀態。鑒於上述種種不同的管制性措施和政治風險，巨波投資者需要保持謹慎，時刻注意國會、法庭和白宮的各種最新動向。

　　另外，我這還有一條很不錯的建議：如果你所持有的某檔股票突然間不合時宜地狂跌或者飆升，那你儘快去 redchip.com 或者哥倫比亞廣播公司的 marketwatch.com 等類似的網站上看一看最近的股市新聞，很可能你會發現要麼是最近發生了一個新的官司，要麼是國會出臺了新的議案，或者是政府採取了某些行動。

巴西下雨了，快買星巴克的股票！

　　在上週早些時候，這場新世紀第一個冬天發生的大風雪嚴重影響了汽車零售商和東海岸的生產廠家，使得他們的銷售量銳減，從喬治亞到緬因，很多工廠都被迫在短期內停止生產。而到週末的時候，這場災難的影響已經波及內陸地區。又一場暴風雪襲擊

了奧克拉荷馬市，帶來了 30 多公分的降雪。達拉斯市的一場凍雨使得汽車的生產和銷售都不得不停止。天氣預報說，週末將會有更為極端的天氣狀況襲擊東南地區。……有幾家汽車生產商無法進行生產，因為工人們無法上班，供應商也無法運送零部件。

——《汽車新聞》（Automotive News）

巴西的種植者生產了世界上三分之一的咖啡豆，而在近幾個月他們發現咖啡豆的價格驟降，原因就是 12 月的那幾場雨。秋天旱季過後的這幾場雨使得原本悲觀的產量預期提高了很多。世界咖啡館運營巨頭星巴克去年 5 月將每杯咖啡的價格提高了 10 美分。而現在，他們說他們不會因咖啡豆降價而降價。此前星巴克從來也沒有降過價，無論他們採購的咖啡豆的價格變動有多大。

——《洛杉磯時報》

對食品飲料行業來說，老天不下雨，就會搞得雞飛狗跳。確實，正如本書的書名所說，當巴西開始下雨，旱災結束時，你不妨買進星巴克的股票，因為咖啡豆的價格一定會下降，星巴克的利潤會增加。同樣，汽車、零售等行業也很容易受到暴風雪、洪水和熱浪等偶發天氣災害的影響。例如，在美國中西部地區，如果冬天天氣極其寒冷或者下雪太多，會影響到汽車銷售行業和其他零售業第二年春季的銷售額，因為這些公司的股票價格很容易會受到天氣狀況的影響。

我們關於不同行業的差異的討論就到此為止。資本密集型、勞動密集型，抑或出口密集型行業對一些事件的反應不同，也會因為其消費者的不

同，受制於不同的管制性條款而產生不同的反應。我估計，到現在為止，你應該很清楚，從行業層面來評價股票非常重要。如果真的是這樣，我就可以猜想，你現在心頭一定會有兩個問題：一是跟蹤每一個行業最好的方法是什麼？應該在行業層面進行交易嗎？而這正是我們將在下一章中討論的話題。

第 **7** 章

如何追蹤那些難以捉摸的行業

在證券公司的大戶室內，丹尼、柔依和傑克之間競爭激烈。每個月，他們都打兩個賭：交易中賺錢最多的人將會贏得 100 美元，當月最差的一筆交易中跌幅最小或者損失最小的人，將會贏得 50 美元。

在這場比賽中，有趣的是，他們三個人所採用的交易風格截然不同。丹尼嚴格地根據自己對市場趨勢的判斷來進行交易，從不願意冒險，無論是行業風險還是特定的公司風險。所以丹尼只交易那些緊跟那斯達克市場的交易型指數股票型基金（也稱交易所交易基金，ETF）和那些緊跟標準普爾 500 指數的股票型基金。如果丹尼感覺市場在上揚，那他就會做多上述兩種類型的基金，如果他覺得市場將要走低，他便會賣空相應基金。

而柔依卻完全不同，她嚴格地在行業層面進行交易。她最鍾愛的是 IYD 和 IYF 等跟蹤化工或者金融服務等行業的 iShare 類交易型指數股票型基金和 BBH 和 HHH 等跟蹤生物科技和互聯網行業的 holders 基金。柔依的交易方式基本上就是在各個行業間輪換。她只觀察各種行業指標，以分析哪些行業會上升，哪些行業將會下挫，然後根據觀察結果在各個行業間輪轉。

　　而至於傑克，他是三個人當中唯一利用巨波消息操作的投資者。在傑克看來，丹尼和柔依所關注的市場大勢和行業趨勢的基金、iShare 和 HOLDERS 等實用指標，他也一直緊盯著電腦螢幕對其進行跟蹤，但同時，他也在關注其他更有價值的趨勢指標，例如 TICK、TRIN、S&P 期貨等更加實用的趨勢指標等。然而，當需要冒很大的風險進行投資時，傑克嚴格按照籃子交易進行操盤。他遵循巨波投資金律，只在強勢行業整體上揚的時候買進該行業中的一組強勢股，同樣，也只在某弱勢行業整體走跌的情況下才會賣出該行業中的弱勢股。

　　哦，順便提一下，丹尼和柔依都很嫉妒傑克。因為每月都是他賺的錢最多，總能贏得那 100 美元。但是，一般情況下，都是丹尼贏得了「每月最差交易中跌幅或損失最小獎」，而獲得那 50 美元的「獎金」。

· · · ·

Cubes、spiders, HOLDRS、iShares, TICK 和 TRIN，只是精明的巨波投資者使用的一些術語。瞭解這些術語，並知曉其他的行業和市場趨勢指標，如何同籃子交易模式共同使用，是你提升交易水準的關鍵一步。

　　在本章中，我們將會探討，如何利用各種指標來跟蹤大盤和行業趨勢。另外，我們還將學習如何利用柔依相對保守的行業層面交易方法、傑克相對激進的籃子交易法來有效地進行巨波投資。準備好了，這一章會很有趣！

趨勢是你的好友

> 先專心思考一下你進行交易時的市場情勢，而不要先去做其他任何事情。
>
> ——傑西・李佛摩，《股票作手回憶錄》

記得巨波投資原則的第五條嗎？市場趨勢是你的益友，因此你一定不要逆勢交易！記住，跟蹤大盤趨勢的確是巨波投資者的最重要的任務之一。為什麼這一點如此重要呢？讓我們回顧一下傑克的巨波投資金律吧：

- **在市場大勢上揚時，買進強勢行業中的強勢個股。**
- **在市場大勢走跌的情況下，賣出弱勢行業中的弱勢個股。**

按照以上兩條規則進行交易時，你需要非常瞭解市場和行業的趨勢，而且能即時洞察到趨勢的變化。在本書的第三篇，我們將探討，利用各種經濟指標來評估趨勢的方法。但是現在，我們需要關注的是，如何跟蹤盤中和每日的趨勢，因為每天你都需要作出買進還是賣出的決策。表 7-1 列出主要的指標和操作工具，對你跟蹤市場趨勢並進行交易有很大幫助。

關注道瓊工業指數、那斯達克綜合指數和標準普爾 500 指數的變動趨勢僅僅對股票市場上的傻瓜基金有效。因為上述幾種指標中，沒有一個能讓投資者觀察到市場的未來變化方向。相比之下，華爾街專業人士追蹤和預測市場趨勢時，至少跟蹤的三個指標是：標準普爾期貨指數（S&P Futures）、TICK，當然還有必不可缺少的 TRIN。

表 7-1　主要的市場趨勢指標

股市中「傻瓜基金」追蹤的指標
・道瓊工業指數 （DJI） ・標準普爾 500 指數（SPX） ・那斯達克綜合指數（NDX）
華爾街「聰明基金」追蹤的指標
・標準普爾期貨指數 ・紐約股票交易所跳動指數 ($TICK) ・阿姆氏指標或稱紐約股票交易所交易者指數 ($TRIN)
根據市場趨勢進行交易
・Cubes——那斯達克 100 追蹤股（QQQ） ・Diamonds——道瓊工業指數追蹤股（DIA） ・Spiders——標準普爾 500 指數追蹤股（SPY） ・IVV——跟蹤標準普爾 500 指數的 iShare

　　股票市場上頭腦最敏銳的精英們，在芝加哥商品交易所交易標準普爾期貨。大多數的專業交易員把該期貨交易指數看作是判斷市場可能變化趨勢的絕佳先導指標。例如，如果標準普爾期貨指數開始上揚，那麼通常情況下標準普爾 500 指數十有八九也要跟著上漲了。出於同樣的原因，如果標準普爾 500 指數在上升，而標準普爾期貨指數卻沒有跟進，那麼非常有可能，股市的上升趨勢將不會持續很久。為什麼這樣說呢？因為那些套利的掮客們見此情形不會無動於衷，他們一定會立即介入，利用期貨和現貨之間的差價進行牟利，這樣，很快兩者間的距離就被拉近了。

　　至於之前所說的 TICK 和 TRIN，是純粹的指標，不是市場指數。TICK 是紐約證券交易所中上漲的股票數量和下跌的股票數量的對比。舉例說來，如果 TICK 數值為 +207，那就說明在紐約證券交易所呈上升趨勢的股票數量比下跌的股票數量多 207 股。TICK 數值為正，是一個牛市的信號。

　　接下來我們談談 TRIN，這是我最喜歡的指標。TRIN 跟 TICK 不同，不是僅僅對上漲和下跌的股票數量做純數字的比較，它還包含了上漲的成交量同下降的成交量之間的比，並把它們代入以下這個公式中：

$$TRIN = \frac{上漲的股票數量／上漲股票的成交量}{下跌的股票數量／下跌股票的成交量}$$

　　簡言之，如果上漲股票成交量遠遠大於下跌的股票的成交量，那麼 TRIN 數值就會小於 1，而這也是後市看漲的信號。

　　現在讓我來解釋一下，為什麼我們不僅要緊密關注 TICK 和 TRIN 的數值，同時也要關注二者之間非常重要的關係。接下來我們看看，善於利用市場趨勢進行交易的丹尼，如何利用這兩個指標。

　　這一點很清楚，丹尼一直期待著 TICK 指數和 TRIN 指數向同一個方向變動，因為這樣才能據此確定一個市場趨勢。原因就是：假定某天，TICK 數值令人欣喜地大於 0，就說是 200 吧，那麼你可能會認為市場應該是處在升勢。且慢！如果那些下跌的股票的交易量多於那些上漲的股票的交易量，表明當時的股市實際上是在調整，而並非在上漲，而這樣的判斷並非僅僅通過 TICK 指數能做出來的。確實，在這種情況下，TRIN 指數會明顯地朝著與 TICK 指數相反的方向變動，很清楚，這是一個非常複雜的信號。在這樣的情況下，丹尼是不會輕易進行交易的，因為從中得不到確定的資訊以判斷市場趨勢。

　　那麼丹尼是如何利用市場趨勢進行交易的呢？她知道股市中有很多交易所交易基金（ETF），跟一些重要的市場指數關係很大。而這些 ETF 交易基金都有很搶眼的名字，就像 cubes，diamonds，spiders，HOLDRS 和

iShares，它們的交易方式與股票並無二異。

例如，以 QQQ 為交易代碼的 cubes，跟蹤那斯達克 100 指數。當日交易者和波段交易者都喜歡它，該基金成交量很高，每天的平均交易量超過 2500 萬股。丹尼很喜歡 cubes，是因為該基金的波動較大且流動性很強。如果丹尼正確地判斷了 cubes 的走向，她就會通過交易大賺一筆。

同樣地，SPY 就是一隻所謂的「蜘蛛基金」，根據標準普爾 500 指數進行交易。而 DIA 就是一隻「鑽石基金」，緊跟道瓊工業平均指數。當那斯達克遇到問題，投資都紛紛轉向更為安全的紐約證券交易所的時候，丹尼就尤為喜歡這一類型的股票。

產業趨勢同樣的也是你好友！

> 週四那天，食品、飲料等餐飲類股票類別取代了科技類，成為當日最弱的類股。
>
> ──《亞特蘭大憲章報》（The Atlanta Journal and
> Constitution）

現在，我們開始討論追蹤產業趨勢的方法。無論其他選股評論叫你如何去做，你都不希望買進那些弱勢行業中的股票，更不想賣空強勢行業中的股票。因此，每天開盤之前，每一個巨波投資者們都要做的事情是：仔細地流覽兩份重要的表格。

第一份就是《華爾街日報》刊登的「道瓊美國工業組群」表（Dow Jones US Industry Groups）。該表列出前一日股市中表現最好的五個行業和

表現最差的五個行業。第二份表格來自《投資者商業日報》，表格名稱為「行業價格」（Industry Prices）。該表按照過去六個月的價格變動，詳細地排出了大約 200 個行業和「小行業」，同時也會圈點出前一日表現最好和最不好的行業。

　　請注意，透過仔細地研讀這兩份表格，你不僅會洞悉當天的強勢行業和弱勢行業，而且也會發現哪些行業正在走強，哪些行業正在走弱，也大概能預測到在什麼位置各個行業的境況會發生輪轉。

　　現如今，除了紙質媒體，還有一些很好的網站在跟蹤著行業的行情和趨勢。例如，smartmoney.com 網站有一個「行業追蹤器」（sector tracker），根據道瓊工業指數對十大行業中的 120 多個小行業進行追蹤。另外，該網站還有一張注明的圖表，該圖表複雜精密，用顏色標注出不同的行業，能夠鳥瞰出不同行業的冷熱，綠色代表熱門股，紅色代表冷門股。

　　同樣地，Bigcharts.com 和哥倫比亞廣播公司的 marketwatch.com 不僅列出了各個行業的表現，而且列出了各個行業中的「龍頭股」和「滯後股」。另外還有 cnbc.com 網站，這個網站有一個「行業觀察」（sector watch）欄目，每天即時跟蹤電視上優秀的行業趨勢點評類節目。

　　好了！題外話說得夠多了。接下來我們討論一下，在每一個交易日中如何追蹤你所選擇的行業。要想弄清楚如何追蹤，你就必須要看懂表 7-2，這可是本書中最有價值的表格之一。如果你意識到了它的重要性，你很可能會把它複印好，並貼在電腦旁邊的牆上。

表 7-2   行業趨勢的重要指標

	ETF	行業指數
航空類		$XAL
汽車類		$AUX
銀行類		$BIX
原材料類	IYM	
生化類	BBH	$BTK
化學類	IYD	$CEX
電腦類 · 電腦硬體 · 電腦服務 · 電腦軟體 · 電腦技術		$IXCO $GHA $GSV $CWX,$GSO $XCI
能源類 · 成品油類 · 石油服務類 · 天然氣類	IYF,XLE	 $XOI $OSX $XNG
金融類 · 金融服務類	IYF,XLF IYG	$IXF
林紙產品類		$FPP
網遊類		$GAX
黃金類		$GOX,$XAU
醫療保健類	IYH	$HCX
工業類		$INDS
保險類		$IUX
互聯網類 · 互聯網構架 · 互聯網商務 · 互聯網設施	HHH,IYV IAH BHH IIH	$INX,$GIN
網路類		$NWX
多媒體網路類	$GIP	
醫藥類	PPH	$DRG
房地產類	IYR	

（續上表）

	ETF	行業指數
標準普爾零售	RMS,VGSIX	$RLX
證券經紀類		$XBD
半導體類	SMH	$SOX,$GSM
科技類	XLK,IYW	$XCI,$TXX
電信類 ・寬頻	IYZ,TTH	$IXTC
運輸類		$TRX
公共事業類	XLU,IDU,UTH	$UTY

　　這張表為什麼這麼有價值呢？因為它列出了一些重要的交易工具，不僅可以用來追蹤行業趨勢，而且在一些情況下，還可以用來進行交易。現在，花幾分鐘時間，仔細讀讀這份表格。讀的時候，你要注意，在表格中有兩種不同類別的行業追蹤器。

　　我們先說第一種。我們有用來判斷市場趨勢並以此進行交易的 cubes 和 spiders 等交易所交易基金，而在行業層面，同樣也有具有相應功能的交易所交易基金，包括生化類和半導體類的 BBH、SMH 等 HOLDRS 類基金，化學類和健康類的 IYD、IYH 等 iShares 類基金，以及能源類和公共事業類的 XLE、XLU 等 Spiders 類基金。有一點值得注意的是，利用交易所交易基金進行投資的一大優勢是，這些基金並不受制於上檔放空規定的限制，所以，即使是在市場走弱的時候，你也可以賣空此類基金。而這正是柔依喜歡用此類基金進行行業輪轉的一個重要原因。如果生化類暴跌，她當然不會賣空 Amgen 和 Genentech，但是她完全可能會賣掉手中的 BBH。

　　第二種行業趨勢追蹤器包括：航空類的 XAL 指數，銀行業的 BIX 指數，

還有證券經紀類的 XBD 指數等。不同的證券市場，例如美國證券交易所、芝加哥期權交易所（CBOE）、高盛公司和費城證券交易所，都會提供此類指數的資訊。

　　接下來教你如何利用這些行業跟蹤器。在開始交易某個類別之前，相信你總要事先查看一下相關的行業指數，看一看該行業的動向。也就是說，在你交易時，需要利用上表中的相關資訊，在一些網站上找到你要交易的行業的相關指數資訊，並在交易日中一直關注、跟蹤。你應該竭力避免買進的強勢股變成弱勢股，或者是賣空的弱勢股所在的行業卻在不斷走強。某一個股很難逆著自己所在行業的趨勢走。記住，個股的波動，一半以上和所屬行業的走勢有關。

　　關於該表，還有一點需要說明：如果你將該表同我們上一章的行業情況表進行比較，你會發現，並不是股市上的每一個行業都有一個指數或者交易工具，這樣就會使你在觀察行業行情的時候會遇到困難。但我想，隨著 ETF 基金數量的增多，越來越多的行業都會有相應的交易指數或者工具。

籃子交易的好處

　　　如果你能在某一個行業內一直堅持籃子交易的做法，那你持續獲利的可能性就比較高，同時投資風險會降低。

　　　　　　　　　　　　　——麥可·辛賽爾（Michael Sincere）&

　　　　　　　　　　　　　　德倫·華格納 (Deron Wagner)

　　現在，我們來比較一下，是像丹尼那樣在市場趨勢層面交易，還是像

柔依那樣在行業層面交易更好？還是像傑克那樣，採用籃子交易策略進行交易更好呢？解決這一問題最好的辦法，可能就是觀察一段時間之後這三種不同投資策略所能帶來的最可能的結果如何。

　　三人之中，確實是丹尼所冒的風險最小。這是因為，他只根據市場趨勢進行交易，因此就成功地避開了特定的行業風險和公司風險。因為丹尼所冒的風險最小，通常情況下，他也是三人當中，在其當月最差的一筆交易中跌幅或者損失最小的人，這在情理之中。然而，丹尼在回避風險的同時，也喪失了獲利的機會。這就是他從來沒有打敗過傑克，而贏得「當月收益最多」獎項的原因。

　　傑克曾經像柔依一樣，是個只做行業交易的投資者。但是久而久之，傑克發現還是籃子交易策略更好些，原因有二：第一個原因也許很明顯，在買進股票的時候，你會把你認為最好的股票放到你的「籃子」裡，那你在價格變動時獲取最大利潤的可能性就最大。比較而言，當柔依利用 BDH 一類的 ETF 買進寬頻服務提供者的股票，或者利用 IYG 買進金融服務類的股票，她就不得不損失自己的一部分資金，因為她在行業層面交易，手中就勢必會有一些弱勢股，這就降低了她的盈利潛力。

　　比起行業交易，傑克更中意籃子交易法的第二個原因，可能更為微妙而難以捉摸：在將自己的損失最小化和增加自己的收益兩者中選擇的話，傑克會更傾向於前者。實際上，當某個行業走低的時候，這個行業中的最弱的股票往往跌幅最大，跌速最快，且恢復速度也最慢，然而強勢股則表現得更有彈性。這也就是說，通常情況下，如果傑克的「籃子」中裝的都是某個行業中的強勢股，且行情開始變得對其不利，他的下跌風險比柔依的純行業交易套路就要低很多了。

巨波投資運作實例

在本章結束的時候，讓我用實例解釋巨波投資究竟如何實現。再次借用上文中傑克的投資策略來加以解釋。

首先，傑克聽從富有傳奇色彩的 20 世紀二〇年代華爾街投資者傑西・李佛摩之言，「先專心思考一下你進行交易時的市場情勢，而不要先去作其他任何事情」。也就是說，傑克一直在不斷地對市場趨勢進行評估、再評估。與此同時，傑克也在緊緊跟蹤行業情況的變化，關注著市場上的強勢行業和弱勢行業，也在關注著哪些行業在走強，哪些在走弱。

那麼傑克是怎麼區分他的強弱股的呢？他知道有很多方法，但是他自己是這樣做的：首先，他利用基本面分析，畫出一張表，列出他所交易的每一個行業中的強勢股和弱勢股。他的目標是，根據每股收益增長及其相對價格表現來找到每個行業的最強或最弱的 10 或 15 支個股。

傑克利用基本面分析法列出清單之後，再利用技術分析法來篩選股票，優化清單中的個股，並且抓准最佳投資時機。因為技術分析法能告訴他，在任何時點，哪些股票上漲或者下跌的潛力最大。於是，重點來了：那些既通過基本面分析，又通過技術分析，仍然留在傑克清單中的股票，就被放進了他的交易籃子內。

現在假設傑克判斷股市即將上揚，並且已經選擇了一個行業，例如醫藥行業，而且已經建倉，購進了一些股票，放進了他的「籃子」。「籃子」中的股票很可能會是 Avenir、CIMA Labs、Noven 和 Praecis 等。

傑克建好倉位之後（假設每檔股票各買 5000 美元），他就開始在觀察中等待。如果這次操作對他非常不利，他會立即認賠止損，出售「籃內」

所有股票。但是如果後市上漲，這次操作對他有利，他便觀察籃內哪些股票的漲勢最好。根據觀察的情況，開始淘汰出售那些相對弱勢的個股。另外，也許再繼續重倉那些走勢最強的個股。例如，傑克可能拋售 CIMA 和 Noven，再多買艾文莉和 Praecis 兩檔股票各 5000 美元。傑克使用這種方法，使他的獲利最大化，當然，你也可以學著使用這種方法進行操作。

第 **8** 章

保本的十大原則

　　賀普・諾特以 20 美元每股的價格買進了 1000 股 Buy.com 的股票，結果該股很快就跌到了 19.5 美元。這時，賀普開始懷疑自己這個投資決策是否明智，但是她深信該股的潛力。一年以來，Buy.com 一直在穩步上漲，而其間，互聯網類別炙手可熱。另外，Buy.com 的每一個技術指標都表明該股牛氣沖天，勢不可當。所以據此判斷，一定是市場出了什麼問題，而不是她自己。所以賀普又不安地忍了一天，希望第二天市場可以「恢復理智」。

　　然而第二天，該股進一步下挫，跌到了每股 18 美元。這時，賀普開始心疼了。賀普知道，現在她已經錯過了賣出的最佳時機——投資專家們的建議是在損失還沒到 8% 的時候儘快脫手，然而她仍然還是下不定決心退出。

　　這是因為此時她的內心非常矛盾：賀普非常擔心她的股票繼續下跌，給她帶來更大的損失，同時她也在更迫切地希望她的股票會反彈。她的勇氣和自尊心在強烈地鬥爭著——她相信自己的判斷，她相信是市場出問題了。這個時候，賀普的希望將心中的擔心擊敗了。所以她仍然堅持不拋，結果發現 Buy.com 一路下跌，跌過 16 美元每股之後，又進一步跌到了每股 12 美元。

當然，此時此刻，賀普的損失太大了，以至於她現在最不想做的事情就是賣出這檔股票。真該死！她不能那樣做！損失這麼大，她怎麼能忍受！可是現在她唯一能做的事情就是儘量等，直到這愚蠢的股市上那只傻鳥股能早些反彈。

．　．　．

在接下來的兩章中，我們將討論巨波投資法的幾條最基本的原則。你會發現，我們列出的很多原則，不僅對巨波投資法適用，也對其他的投資和交易方式適用。因此，我建議專業人士和經驗豐富的交易員瀏覽一下本章內容，便可讀後面的章節。然而我還是忍不住想說：要想操作成功，這其中的大部分原則，都非常重要，值得每一個投資者或者交易員反覆回味，即使你已經在投資行業打拚多年，即使這些原則你早就爛熟於胸。

下面所要論述的這些原則，主要分為兩大類。在本章中，我們將主要探討一些能幫助你管理和保護資金的投資原則。而在下一章中，我們將會探討一下能幫助你管理風險的一組原則。

管理資金和管理風險是巨波投資者需要掌握的最重要的兩項技能。如果你沒能管理並保護好自己的資金，很快就會被殘酷的交易行業淘汰出局。如果你沒能對風險進行有效的管理，無論你交易成功的可能性有多大，你最後一定會以失敗告終。

現在，我們開始討論管理資金的十大原則。這些原則已經在表 8-1 中列出，主要分為三大類：高效操作、高效下單和將交易成本最小化。讓我們逐一探討這些原則，並以此來告訴你，為什麼這些原則是管理並保護你的資金的最根本的方法。

表 8-1　巨波投資者資金管理原則

高效操作方法

1. 迅速認賠
2. 設置一個明智的停損點
3. 有利潤就要賺足
4. 永遠都別讓一筆大贏的交易轉而變成輸局
5. 永遠都不要以買進更多跌股的方式來「降低」自己的損失
6. 控制住自己不要頻繁交易，否則會攪亂自己的投資組合

高效下單方法

7. 在剛開盤時和首次公開發行的新股中，不要下市價單
8. 在市場呈現出明顯趨勢的時候，選用市價單來捕捉價格變動
9. 市場箱內震盪時，利用限價單來賺取差價
10. 絕對不要追漲殺跌

交易成本最小化方法

11. 考慮來回操作的手續費，而不是單向操作的手續費
12. 選對經紀人，並仔細閱讀交易細則

原則一：迅速認賠

> 好的操作具備三個要素：（1）迅速認賠，（2）迅速認賠，（3）迅速認賠。如果你能遵守這三個規則，也許會有機會。
>
> ——艾德・賽科塔（Ed Seykota）

迄今為止所有關於股市的書都會為投資者們提出這個建議，這是最頻繁被提起的建議之一。這一建議之所以如此被重視，是因為它對長期投資非常重要，更重要的是因為這一原則同絕大多數交易員的基本認知不一致。

畢竟，我們都是凡人，大部分人都不願意迅速認賠，而是眼睜睜看著

小損失變成大損失。這個問題的根源在於，人們的心理對於成功的交易，就如白蟻對於房屋，有兩種相互衝突的激烈情緒——希望和恐懼。每進行一次操作，總希望它能獲利，但害怕發生損失。不幸的是，談到迅速認賠時，希望往往壓倒恐懼，這剛好本末倒置。

在本章開始的故事中，我用「血淋淋」的細節描述了投資者心中希望和害怕抗爭的過程。在故事中，我們虛構的這位交易員賀普・諾特陷進了暴跌的困境，而在此過程中，她的情感也沒能允許她儘早將手中的股票出手以擺脫困境。如果你自己也曾經歷過這一類的事情，那麼你一定深知學會克服你的情感傾向以減少損失的重要性。實際上，我們大多數人在職業生涯中的不同時刻，都一定會遇到這樣的狀況。所以，你必須學會用像終結者一樣冷酷、機智且不留情面的高效之舉在還來得及的時候趁早脫手，減小損失。

賀普一再掙扎著不賣掉她手中 Buy.com 股票，而最終落得跌到每股 5 美元的下場，這時候，她已經炒股炒成了股東。

像賀普那樣做之所以很危險，原因有二，其中一個顯而易見，而另外一個不會被輕易看出。較為明顯的問題就是，賀普遭受到了可能使她很難再翻身的帳面損失。而第二個問題雖然微妙，卻可能會比前一個危險所帶來的問題更為嚴重，那就是她手頭的資金被套牢，不能再挪作他用。

確實，不僅僅是你遲遲不能脫手而損失掉的那筆資金讓你身陷困境，而且這只不斷下跌的股票上套牢的資金無法挪出，致使你無法買進其他行情看漲的股票，而這些股很可能會讓你大賺一筆。這就是經濟學家們所說的，抱著爛股不放的機會成本。這就證明，「既然我在這股上已經損失這麼多了，我再等等也無妨，說不定還會反彈」這種做法的錯誤和魯莽。

實際上，如果你手中持有某股，無論是什麼時候，你不要問自己「這檔股票會不會反彈，以彌補我的損失」，你要問自己的問題是「為了避免損失更大，在我脫手這支股，並得到一筆資金之後，我能否找到一隻潛力股或者前景看好的行業，買進之後，可以更快更強地上漲，會比我忐忑地等著手上這只股反彈更合適？」在大部分情況下，這個問題的答案都是肯定的，而且你需要牢記在心的是，在你損失尚小的時候，隨時可以脫手手頭的垃圾股。所以，在能脫身的時候要儘早脫身。但是怎麼樣脫身最好呢？這就引出了我們下一條原則：

原則二：設置一個明智的停損點

> 我把停損點設定在太遠或太難觸及的地方。
>
> ——布魯斯・科夫納（Bruce Kovner）

> 設置保護性的停損點就像是在金融界玩象棋。你必須可以預測到大家把自己的停損點設置在什麼位置，然後據此決定，你是要在股市觸及大家的點之前就脫手，還是想等到股市先吞掉其他人的股票而你的卻還握在手中。在大多數情況下，如果大多數人都丟掉了自己的股票，而你的還握在手中，這種做法是很明智的。
>
> ——佩吉曼・哈米德 (Pejman Hamid)

那麼現在我們就利用這個原則，開始研究一下如何減少損失，以達到高效交易的目的。實際來看，設定一個停損點有三個步驟，必須嚴格遵守。

這三個步驟是：

1. 確定你願意損失的資金量；

2. 建立一個心理上或者真實的停損點；

3. 到達停損點不要猶豫，立即脫手。

我們先來分析第一步：確定在某一單筆交易中你所願意損失的資金量。對短線交易者來說，這數量可能小至 1 個百分點，甚至可能更小，小到 $\frac{1}{16}$ 個百分點。對長線交易者來說，有一些投資專家認為，這個數量可能會高達 8% 甚至 10%。我們將會在下一章的風險管理中，進一步探討如何確定適當的、可接受的最大損失值。但是，這裡的關鍵問題是，在你進行交易之前，你必須要確定你所能接受的最大損失資金量。在確定了這個數值之後，你就需要根據這個數值估算出一個確定的賣出點或者停損點。這個點既可以是一個心理上的底線，也可以是一個實際的賣出點，而且兩者皆有優點。

一個實際的賣出點可以通過對你的交易軟體進行程式設計得以實現。現假設你以每股 20 美元的價格買進了 Buy.com 的股票，而你所能接受的最大損失是 8%。那麼，如果其價格降至每股 18.40 美元的時候，你就進入了「賣出區間」，於是你的炒股軟體就會通知你的線上經紀人替你以市場價賣掉這支股。另外你也可以給自己設定一個心理上的停止點，也就是跟自己簽訂一個協定，當股價跌至賣出點的時候，你就要賣出該股。

實際上，短線交易者主要是依靠心理上的停損點，而波段交易者和長線交易者通常更多的選用實際的賣出點。通過對比分析二者的利弊，我們可以明顯地看出為什麼不同的交易者有不同的選擇。

　　透過交易軟體設置一個固定的賣出點最大的好處就是你不必從股市開盤就一直守在電腦面前，以及時地退出交易。用這樣的方式，如果你上班或外出就餐或者在班上，當 Buy.com 跌至 18.40 美元時，在你沒有意識到的情況下，這只股就已經脫手了。而另外的一個優點就是，通過軟體設置賣出點的方法，會幫助你強制退出交易，從而減小損失。如果你只是設定了心理上的賣出點，當股價跌至你的底線的時候，你內心的希望和恐懼之爭很可能會使你搖擺不定，猶豫不決。而這正是透過軟體設置一個賣出點的優點所在。

　　但是這也是有一定風險的。以這樣的方法設置一個賣出點會有一個很大的缺陷，那就是你很可能會很不明智地從一個原本會帶來可觀收益的一筆交易中「被賣出」。實際上，「被賣出」交易，你卻發現這支股又折回大漲到你事先所預料的所能漲到的最高價位，還有什麼其他的事情對交易員的打擊會比這更大呢？以此看來，學會透過你的炒股軟體設置一個賣出點是巨波投資者所應該著重發展的一個重要的技能。這不僅僅是一門藝術，而且也是一門學問。然而重要的問題是，有太多的交易員，把他們的停損點設置在很可能會使他們「被賣出」的位置，即使是在一個很被看好的交易中。之所以會這樣，原因有三：

　　首先，你的停損點可能是設置在了這支股的正常波動區間內。例如，Buy.com 的股價一天之內可能會在上下 2 ～ 3 個百分點間，甚至是 5 個百分點間搖擺，如果你將你的停損點設置在這一每日正常的變動區間內，即使當天該股走勢很好，你也會在某一個小幅下跌的過程中「被賣出」交易。關於這一點我們將在下一章的風險管理部分繼續討論，但是我在這裡所要說的重點在於，當你為自己設定一個停損點的時候，你必須留有一定的餘

地，就當多給自己一點機會。

　　當你把停損點設置得過於接近經常被觸及的技術性交易決策節點時，第二個問題就出現了。在思考這一問題的時候，你要記得股市上有幾百萬個非常聰明的交易員們在對股市做著技術分析，在圖上不斷標示出支撐位和阻力位，以及日高低點和破位點等。上述所有的這些技術性指標都將會被用來作為決策節點，作為股民們買入或賣出的信號。

　　所以，設定一個明智的停止損失點就意味著要將該點設置在上述幾種決策點的範圍之外。例如，當你計算你最初的實質性損失時，你發現損失值就剛好在一個重要的支撐線上一點點的時候，如果你把你的停損點設定在這個位置，當遇到該股輕微下挫的情況時，你可能會冒著很大的「被賣出」交易的風險。而在這種情況下，稍微穩妥一點的辦法則是把你的停損點設定在這個支撐線稍稍往下一點的位置。

　　第三個問題通常會在你把你的停損點設置成 10、20 或 100 之類的整數時出現。由於某種原因，整數就像牛糞吸引蒼蠅一樣，吸引著無數交易者將其作為停損點。如果你發現自己總是把停損點在幾個整數中變換，那麼你「被賣出」交易的可能性將會很大。也就是說，如果你的法則讓你把停損點定在 50 美元，那麼你就應該稍微將其降低一點，例如 49.875 美元，或者是更好一點的 49.5 美元。

　　在這裡我必須要告訴你華爾街專業的「炒股大佬們」的一個古老的遊戲，那就是每個交易日中，他們都會心照不宣地「共謀」，以清除那些業餘炒股者們所設置的停損點。如果你不相信這個遊戲，那麼你還是直接聽聽我們這位大師級的交易員——維克多·斯波朗迪（Victor Sperandeo）的說法吧：

　　很多交易員都傾向於把停損點設置在前一交易日的最高或最低點或附近，這種行為模式對或大或小價格變動都是有效的。然而，當人們都集中把他們的停損點設置在某一個數值附近時，你就可以合理推斷出在證券交易所大廳中的自由經紀人也都知道這一資訊。當股票價格高於其價值，且逐漸接近於眾多交易者所設置的止損買盤集中區，自由經紀人們就開始買進，同樣地，當股票價格低於其價值，且逐漸接近於大家所設置的停損點的時候，他們便開始賣出。這些自由經紀人們預期紮堆在一起的停損點如果在短時間內依次啟動一定會帶來股價變動的輕微延時，所以他們都試圖透過這樣的延時來盈利。繼而他們也會把這樣的股價變動延時當做兌現他們的證券的機會，以迅速獲利。所以操縱股價，使其儘快觸及大部分投資者所設置的停損點區域，對自由經紀人是很有「利」的。

原則三：有利潤就要賺足

> 有利則圖，無利則退。（Milk the cow, shoot the dog.）
>
> ——托賓史密斯（Tobin Smith）

> 在你對某手交易非常確信的時候，你就一定要出手擊中要害。否則做豬都需要勇氣啊！
>
> ——史丹利・卓肯米勒（Stanley Druckenmiller）

　　奶牛？狗？豬？你沒有一頭霧水吧？請原諒我用了這麼多跟農場相關的比喻。雖然上述問題聽起來彷彿就是在說動物王國的事情，但實際上它

們卻非常恰當地強調了股市交易中最最重要的一個原則，那就是有利潤就不要輕易放手，要賺足！

貌似這聽起來很簡單，但問題是，像大部分交易員都遲遲不肯出售手頭上虧損的股票一樣，大部分的交易員也都過早地把正在盈利的股票拋出，因此也就過早地中斷了他們的收益。

當你做了一筆不錯的交易，而且行情開始對你有利，這個時候你應該開始希望價格可以走得更高。而實際上卻有很多交易員開始擔心，害怕股價轉向，害怕損失掉他們剛剛進賬的那一點點獲利。出於擔心，他們還是賣掉了，過早地賣掉了。在這種情況下，因為擔心勝過了希望，原本有利可圖的一筆交易，卻沒有讓他們賺到本應該賺到的利潤。

上述是一個很失敗的資金管理的例子，因為你並沒有給你的資金以最佳的收益機會。還是這樣考慮吧：如果你會果斷地出售不斷下跌的股票，同時拿穩你手頭上的一直在上揚的一些股，結果很可能是，即使你的操盤決策有一半以上的失誤，但總體說來，你仍然會獲利不少。

為了證明這一點，我們來舉一個例子：假設你一年之內共買進了 100 支股，其中只有 40 支股讓你多少獲益，而如果你的平均損失為 10%，而獲利率為 20%，你也會有很好的收益。這也就說明了我在本章所介紹的第一個和第三個原則結合起來將會成為一個強有力的武器，為交易者帶來可觀的收益。

原則四：永遠都別讓一筆大贏的交易轉而變成輸局

沒有什麼勝利會比失而復得令人得意，沒有什麼損失會比煮

熟的鴨子又飛掉更令人沮喪。

　　　　　　　　　　　　　　　　　　　　——維克多‧尼德霍夫

　　看著你剛買進的那支股一路凱歌，漲了 10 個點，而之後卻一路下挫，竟跌過 20 個百分點，結果讓你損失不小，這很可能會直接把你送到專門收治交易員的精神病院！面對這樣的損失，真的是悔恨交加。幾乎在大部分的情況下，為了防止手頭上大賺股轉而變成賠錢股，你所要做的就是，把你最初所設置的停損點，改為跟蹤停損點 (trailing stop)。

　　我們來舉例說明：假定你以每股 50 美元的價錢買進了戴爾的 500 股，第二天，股價漲到了 52 美元。如果事先你把自己的停損點定在了 45.875 美元，那麼你現在可以進行跟蹤止損，將停損點調整到 47.875 美元。然後第三天你股價又漲到了 56 美元，那麼你就再將其提高一些，到 53.875 美元。用這樣的辦法，你手上大贏的一筆交易就永遠都不會變成輸局。而與此同時，你內心就不會害怕損失掉自己即將到手的收益，同時也給了自己贏得更多收益的希望。

原則五：永遠都不要以買進更多跌股的方式　　　　　來「降低」自己的損失

　　　　當你所乘的船漏水的時候，你不能再在船上鑽一個洞來排水。

　　　　　　　　　　　　　　　　　　　　——托尼‧薩利巴

所謂買進更多跌股來降低損失 (averaging down)，就是說，在某股一直下挫的情況下，繼續買進，妄圖以此來降低成本。

假設你以每股 50 美元的價格買進 1000 股 Buy.com 股票之後，其價格跌至每股 40 美元，你可能會決定再以 40 美元的價格買進 1000 股。之所以這樣做，是因為可以將每股成本平均到 45 美元，該股只要反彈到 45 美元而不是 50 美元的時候，你就可以保住自己的本了。

可是你千萬不要這樣做！買進更多跌股以求保本是股票行業中缺乏交易經驗的表現。當你這樣做的時候，你就在告訴你自己：「嗯，我原以為自己做的這筆交易很不錯，而結果現在行情開始跌了。與其利用我現在手頭上有的資金來做一筆更好的交易，還不如把這些錢再投入到這支股上，來填填洞」——於是，以前說過的這個危險的「希望」又出現了——「我相信這支股一定會反彈的！」要記住，這幾乎不可能！

原則六：控制住自己不要頻繁交易，
##　　　　　否則會攪亂自己的組合投資

為我賺得大錢的，並不是我的一些想法，而是我的歸然不動。沒聽明白？我的意思是，我的堅守使得我贏得了很多交易。在股市上，想要做出正確的選擇，沒有什麼難度。你經常會發現在牛市初期就做多的投資者，也會發現在熊市剛起便迅速賣空的交易者，而在股市中總能英明決斷，一直堅守的人卻真的不多。我個人發現，做到堅守，不要頻繁交易，這真的是最難學的技能。

——傑西・李佛摩，《股票作手回憶錄》

　　在過去人們沒有開始線上交易的日子裡，唯利是圖的證券營業員經常鼓動客戶調整他們自己的投資組合，目的僅僅是為了給自己賺取傭金收入。也就是說，他們鼓動客戶不斷進行交易的目的並不是為了給客戶帶來更多的獲利，而是為了給自己賺取更多經紀傭金創造機會。

　　然而，具有諷刺意味的是，時下有很多的線上交易者，正在親自做同樣的事情──頻繁調整自己的投資組合。他們這樣做，要麼出於無聊，要麼出於貪婪，有時甚至是出於他們對交易這種行為難以解釋的沉迷。而對於很多新手來說，他們這樣做僅僅是由於毫無經驗。在這一問題上，無論你是哪種情況，都不要那麼殘忍地對待你自己。你必須要克服頻繁交易的衝動。

　　實際上，就像傑西・李佛摩的建議那樣，長久看來，市場會證明按兵不動的重要作用。確實，當股市上波濤洶湧，而我們卻看不出有什麼明顯趨勢的時候，如果宏觀經濟相關的新聞所傳達出來的資訊非常複雜，或者美聯準將要考慮對匯率進行調整，「坐在旁邊充傻子」可能會是你所能採取的最明智且會帶來最高回報的交易策略，這是因為在這樣的時刻，選中會讓你賺錢的股票的幾率很小。

原則七：在市場呈現出明顯趨勢的時候，
　　　　　選用市價單來捕捉價格變動

　　到底是選用限價單還是市價單？交易員們經常要面臨這一問題。雖然這個問題很難決斷，但實際上，只要你利用宏觀邏輯來判斷一下市場大勢和產業趨勢是上漲，是下跌，還是在一個箱體內不斷震盪，你就會找到這

個問題的答案了。下面我們舉一個例子來說明這一問題。

　　一週以來，伊恩・麥格雷戈一直在關注 California Amplifier 公司（CAMP）的股票走勢。它的各項技術指標都呈現出明顯的漲勢。更重要的是這家公司控制著無線寬頻技術的重要組成部分——無線電接收器技術，在新興市場中佔有 80% 的份額。這種在行業內的絕對優勢，更讓伊恩下定決心「交易」一把。

　　週五早晨開盤鈴聲一響，CAMP 這只股便應聲上漲了 0.25 個點。於是伊恩決定下手了。為了獲得當時的市場價差（spread），他以內盤買價 29 美元下了限價單。幾分鐘後，不但他的交易沒有成交，而且內盤買價漲到了 29.5 美元。

　　這時，伊恩取消了他的第一個限價單，又以新的內盤買價下了另一個限價單。他有點小家子氣，從來都不願意放棄可能會到手的價差。可是憾事再一次上演了，又沒成交，內盤買價又跳高了半個點。

　　這時，伊恩認輸了，他決定放棄限價單，轉下市價單。他迅速地以內盤買價買進了 1000 股，而這時候的成交價已經比他第一次下限價單時高出了 1.5 個點。

　　然而最糟糕的是，即使作為一個小氣鬼，伊恩也應該知道在股價正在啟動時，不該選擇限價單。也正是這個錯誤，使得他損失了價格變動可能帶來的 1000 多美元本可以到手的利潤。

　　總結來說，伊恩所遇到的問題是這樣的：在股市交易中，無論什麼時

刻，你都會看到兩個報價，一個是內盤買價（inside bid），另一個是內盤賣價（inside ask），二者之間的差額就是所謂的價差。這個價差有時會小到 $\frac{1}{16}$ 或者 $\frac{1}{8}$ 個點，而有時也可能會大到 $\frac{1}{4}$ 點甚至更多。如果你買入時下市價單，很可能以內盤賣價來撮合。這種情況下，就等於你把差價拱手讓給了賣家。相反，如果你下限價單，可以限定成交價為目前的內盤買家。假如真以內盤買價成交，那麼你就成功地從賣家手中搶得了價差。

選擇限價單最明顯的風險就是你很可能不會成交，像上述伊恩一樣。實際上，因為你覺得這檔股票會上漲，所以你決定買進，而正如你所料，它確實漲了，而且很可能再也不會降回到你所設定的限價位。這種情況下，你想要賺的價差的意圖往往就不會實現，因為你這種強烈的意圖使得你無法抓住價格變動，而在此種情況下，如果你選擇了市價單，你就會如願抓住價格上漲的利潤。而這正是伊恩痛失 1000 多美元利潤的原因。

那麼你應該選擇市價單還是限價單？在作這一決斷的時候，巨波投資法可以幫助你！我們應該這樣進行思考：經過分析經濟指標，你得出市場、行業或個股呈現出明顯的上漲或下跌趨勢時，你就選擇市價單。舉例來說，假定你準備在美光這支半導體股上做多。如果整個市場或者是半導體行業行情看漲，你想要用內部買價成交的話幾乎是不可能了。更糟糕的是，如果你沒有成交，你會被引誘著一直用買價追高，你卻一直未能買進。在這種情況下，你就應該選擇市價單。

同樣地，如果整個行情看跌，而且零售業正在暴跌，而當時你不幸已經做多了沃爾瑪，而且你想脫手，那麼你就不要想用內盤賣價賣出。你要義無反顧地選擇市價單，認賠出手。

原則八：市場箱內震盪時，利用限價單來賺取價差

所謂買賣價差，猶如華爾街上的「賭場優勢」（house edge）。你可以用限價單來捕獲買賣價差，從而壓倒這個優勢。

——克里斯多夫·法雷爾（Christopher Farrell）

市場趨勢明顯的情況下，選擇市價單更合理。但市場或產業在一個箱體內橫盤震盪的情況下，選擇限價單更為合理。在這種市場下，耐心點是可以的。如果你想做多，那麼你就要選擇內盤買價下單。如果你想要做空或者出場，你可以選擇內盤賣價單。這樣做，你不僅能如願成交，而且還可以賺到買賣價差。要記住，省下一分錢，就等於賺了一分錢。

關於價差，有一點必須提。無論什麼時候，幾分錢或者十六分之一點都不會顯得太大。但如果你是個頻繁交易的人，一年之內經你手進行交易的有幾萬股甚至幾十萬股，如果你每筆交易都不在乎這幾分錢的價差的話，那麼累積起來你就有了幾千美元的損失。在你的分類帳目中，如果出現了相似的累計損失，這就表明你的交易效率不高，沒能將自己的利潤最大化。

原則九：在剛開盤時和首次公開發行的新股中，不要下市價單

幾週以來，派特茜·赫特身邊關於 Palm Pilot 公司股票即將公開募股的消息不絕於耳。無論在路上碰到誰，她總會聽到這個消息，人們似乎都對 Palm Pilot 公司癡狂了。廣播、電視，就連她的未婚夫似乎都感染了 Palm Pilot 公開募股的癡狂病，這樣的情形

下，派特茜又怎麼能抵擋 Palm Pilot 公司募股的誘惑呢？

因此，在 Palm Pilot 公司股票發行的前一晚，派特茜登錄了自己的網上帳戶，用市價單買入 100 股。當然，她心中盤算著，會以稍高於每股 38 美元的價格成交，因為報紙和網路上都是這個估價。這樣看，即使她稍微多付一點錢又能怎樣？反正股價一定是會漲起來的，說不定會漲得更高，那麼她賺到的錢就足以支付她在希臘海島上的蜜月費用了！

然而派特茜卻沒有意識到，當時有成百上千的其他投資者跟她想法一樣──按照市價打 Palm Pilot 的新股，一定穩賺不賠！在激烈的買盤推動下，當 Palm Pilot 的股票終於上市的時候，其股價順勢從每股 38 美元跳空至 150 美元。而受到大量買單湧入的影響，股價繼續上漲直到 165 美元。

當然，派特茜的買入願望還是實現了，這算是一個好消息。可是糟糕的是，成交價格是每股 160 美元。她原本計畫拿出來的 4000 美元根本就不夠，她這次要拿出 16000 美元。當天快要收盤的時候，股價跌到了每股 95 美元，兩天之後，又一路跌到 60 美元。這時，派特茜決定將手上的 100 股賣掉，因此損失掉了 10000 美元。因為派特茜當時沒有選擇限價單，她的蜜月從希臘的克里特島和半克諾斯島變成了紐約布魯克林的科尼島，時間也從原計劃的兩週縮短到了一週。

永遠都不要用市價單在剛開盤時，對首次公開發行的新股進行下單，這或許是高效交易最重要的原則之一。在上述兩種情況下市價單的一個很

顯而易見的風險，用華爾街那粗俗的話來說，就是這支股很可能會暫態飛漲，但是轉眼就變成垃圾股（gap and crap）。也就是說，由於不斷積累的市場買單所帶來的推動力，股價可能在剛開盤的時候瞬間飛漲，然而當推動力都釋放之後，股價很可能急跌，可能會是 1 個，2 個或者 3 個點，很多首次公開發行的新股可能會跌 30 或者 40 甚至 50 個點。這太讓人心疼了！

可能會有一些人不太理解，為什麼除了那些剛上市的新股之外，一些「老股」也會在交易日剛開盤的時候跳空高開。之所以會這樣，主要是因為相關機構在前一交易日收盤後，又對外發佈了一些比較正面的消息。例如 Cirrus Logic 公司可能宣佈其收益意外增加，或者聯邦商務部專利局宣佈將延長威視公司所有的鐳射眼科手術技術的專利權。或者是 MP3 這家虛張聲勢的互聯網音樂盜版提供商對外發佈了其侵犯華納兄弟公司版權問題的案件已經順利解決，且結果有利於該公司。

在上述的每一個情況下，相關公司的股票都可能會在開盤的時候高跳。但是如果你在開盤前擲出市價盤，通常情況下你可能需要支付比你計畫多得多的錢來買進自己計畫買入的股份，而且不久你就會發現自己虧了。

原則十：選對經紀人，並仔細閱讀交易細則

一些證券商號稱其傭金打折，或者乾脆說自己不收傭金，但實際上，他們很可能在偷偷地掏著投資者們的腰包。他們使用的手段，是將投資人的委託單送給支付他們最高費用的做市商（marker maker）處理。這可能會給平價經紀人帶來一些好處，但對於投資者來說卻沒有什麼益處，因為他們很可能會由於在交易

中無法以最有利於自己的價格進行交易而蒙受損失。

——《巴倫週刊》

股票經紀人並不是理財顧問。他們其實就是證券推銷員。

——麥可·奧希金斯（Michael O'Higgins）

當然，並非所有的股票經紀人都像證券推銷員，但奧希金斯的論述對大部分經紀人來說都是對的。因為他們這份工作的第一要義就是要賺取手續費，其次才是為客戶賺錢。這就解釋了為什麼在很多情況下你透過網路交易可能會更好些。

哦，先等一下！上面《巴倫週刊》提示我們，選擇正確的電子證券系統，比獲得最低的手續費更困難。交易單的執行速度，和任何由此產生的在你的出價和最終的成交價之間的偏差都是同等重要的。另外，你也必須要仔細閱讀有關股份大小的限制和不同種訂單下的股票的價格等方面的細則。下面我就通過一則小故事給你講解一下上述幾個問題的重要性。

莎拉·潘尼懷斯打算積極操作自己的投資組合，所以她決定開始電子化交易。在她流覽過美國全國廣播公司財經頻道上的所有廣告之後，她同一家每筆交易只收 5 美元傭金的提供較大折扣的證券公司簽了合同。

作為電子化交易之後的第一筆交易，她用市價單買下 100 股科勝訊（Conexant）的股票。當時每股的賣方價格為 54 美元，而當她在三四分鐘之後收到交割單的時候，她卻發現實際上成交價

為 54.75 美元。因為當時的賣方開價同成交價之間存在差價，這筆交易要多付 75 美金，再加上 5 美元的傭金，實際上她這次交易付出了 12.5 美金的傭金。不必說了，這讓她很生氣！

然而，下一單交易讓她更加氣憤。在這單交易中，她以每股 20 美元買進了 100 股的 Netzero 股票。這次，她很快就得到交割單，但是成交價卻比單內注明的市價高出了 50 美分。雖然實際總計才高出了 5 美元，但是加上每筆交易 5 美元的傭金，她在這筆交易中實際多付出了 10 美元。

現在，她又要第三次下單了。這次她打算學聰明點，決定以賣方賣價下限價單。而這次有趣的是，她的單幾乎是剛開出就被以當時的市場價成交了，沒有任何差價。但是她詫異的發現這次她選用了限價單卻要比上兩筆選用市價單多付了 8 美元，因為線上經紀人對限價單收取的經紀費更高。所以算下來，這一筆交易中她共付出了 13 美元的傭金，是三筆交易中最高的。

於是她決定抓住一根救命稻草，開始最後一搏。這次她決定買進 25000 股沒有什麼投資價值的投機股，這也是她的一位朋友一直推薦的股。但是這筆交易卻使她付出了 25 美元的傭金，因為她的證券公司規定 5 美元的傭金只適用於 5000 股以下的交易。天啊！她真後悔沒有好好讀讀細則。

莎拉所面對的問題中，價格偏差可能是最有害的。價格偏差在很多情況下都會發生，例如當你以市價買入某只股時，結果卻高於賣方的賣價成交，或者你以市價賣出某只股時，結果卻以低於買方出價被成交，都會出

現價格偏差。

　　之所以會產生這樣的價格偏差是因為你的線上經紀人走單速度很慢。在你下單和你的經紀人為你走單之間的幾秒鐘，或者幾分鐘的時間內，市場可能會發生一定的變化，股價可能會有或大或小的漲跌。如果你的成交價比你下單時的賣家開價要高，價格偏差就產生了。

第 **9** 章

心存疑慮就退出：風險管理原則

30 歲生日當天，賴瑞・萊姆決定去做一個當日交易者。於是他辭去工作，並且為了炒股向銀行申請了 50000 美元的房屋淨值貸款[8]，急急忙忙地趕去謝爾拉姆證券公司，準備大賺一筆。

第一天，他立即購買了 5000 股波動性大、交易量低的網路股，這檔股票有個很好聽的名字。憑藉著保證金，賴瑞購買了價值 50 萬美元的股票，盤算著賺取一兩個點的利潤後就轉手賣出。

午餐時，美聯準宣佈提高利率，賴瑞的股票隨著大市開始下跌。賴瑞感覺自己的胃裡不停翻滾，但這並不是因為飢餓。

下午 1 點鐘，有傳聞說該網路公司的季報業績會不太理想。緊接著，在 5 分鐘內，股價又下跌了 5 個點。此時的賴瑞很想將股票脫手，但是由於這檔股票交易量低、流動性差，市場上沒有買家——只能目睹股價以自由落體般的速度下跌。

最後，在下午 1 點 23 分，賴瑞終於以損失 12 個點的價格將股票拋出。但這不僅令他的 50000 美元血本無歸，還倒欠證券公司 10000 美元。這就是他忽視本書中提到的風險管理原則的後果。

8　home equity loan，是借款人以所擁有住房的淨值（房產估值減去房貸債務餘額）作為抵押或擔保獲得的貸款。——譯者註。

．．．．

　　管理你的風險必須與你的理財計畫相配合，本章將為你介紹 12 條最重要的風險管理原則。前 3 條原則重點關注如何通過密切關注經濟新聞以及定期的宏觀經濟事件來管理事件風險。接下來 6 條原則著重介紹如何通過最佳持股規模、股票流動性和價格波動性來減少交易風險。最後 3 條原則指導你如何隨著時間的推移通過交易前調查和交易後分析顯著減少你的長期交易風險。表 9-1 列出了這些原則。

表 9-1　巨波投資者的風險管理原則

管理事件風險
1. 認真查看宏觀經濟事件一覽表
2. 心存疑慮時，靜觀其變
3. 警惕預期收益與實際收益的差距
管理交易風險
4. 選擇流動性強的股票進行交易
5. 保持適當的倉位—永遠不要孤注一擲
6. 確保你的股票之間不是高度相關的
7. 根據你的風險水準選擇與之匹配的波動性水準並調整倉位
8. 管理你的進入和退出風險—分步買進與賣出
9. 警惕保證金交易—相應調整風險水平
管理長期交易風險
10. 分析以往交易，特別注意虧損交易
11. 進行調查研究
12. 不要輕信別人的意見，不要聽信那些內幕消息

原則一：認真查看宏觀經濟事件一覽表

珍妮·波那吉整天關注她的技術分析圖表，沒有時間看報紙。從圖表中，珍妮覺得康柏將會有一次漂亮的反彈。這檔股票剛剛在其 30 美元這一阻力點上有大量的單子成交，它看起來仿佛將會從突破點——約比阻力點高約 $\frac{1}{8}$ 個點位——開始大幅上漲。

剛開始，珍妮做多了 1000 股，並且為康柏股價立刻上漲了一個點而沾沾自喜。但是，美聯準在午間突然宣佈利率水準上調 25 個基點。股市開始劇烈下挫，而康柏的股價下跌尤甚——跌了 5 個點。而珍妮甚至不明白這是為什麼，她在 5000 美元的損失水準上賣出了股票，並回到她的技術分析圖表上，試圖找出原因。

以上的這類交易不僅是極具風險性的，而且是輕率的。這個例子強調了貫穿全書最為重要的原則之一：定期認真查看宏觀經濟事件，並據此做出交易決策，永遠不要受那些能被輕易預測的新的宏觀經濟新聞，如聯儲利率上調或者新的消費者物價指數所影響。

在珍妮的案例中，任何謹慎的巨波投資者，都將會敏銳地注意到聯準會在那天舉行會議，並會透過對不同方案的分析來推測會議上將會發生什麼，並據此決定是否交易以及如何交易。對於這一點，在本書接下來的內容中，將會深入探討，並指出並不是所有的宏觀經濟新聞都是同等重要的。聯儲的一些行為和公佈的經濟指標比其他的更為重要，比如特定時期公佈的特定資料會比其他時間公佈的類似資料對市場產生更大的影響。這完全取決於當時的環境。

　　例如，如果經濟正在增長或者將要發生通膨，那麼市場將會坦然接受失業率上升的新聞，正如面對一位許久未見的兄弟，並且很快弱化失業率對市場的潛在影響。但是如果經濟正處於蕭條的邊緣並且難覓通膨的影子，那麼類似的一條失業率上升的新聞，可能會推動市場下滑。

　　當然，在本書中，我的任務就是幫助大家建立對宏觀經濟的精確透視能力，這將使你在市場中領先別人兩拍。這種透視能力無異於一種對宏觀經濟事件及經濟指數的敏銳感覺，這種感覺會幫助你分辨出哪些事件和指數最為重要，並且分析出市場將對它們做出怎樣的回應。事實上，培養這種能力正是本書餘下部分的主要目的。而主要原因就是：定期查看宏觀經濟事件會讓你熟悉，哪些事件將導致潛在的趨勢逆轉或者趨勢延續，從而最大程度減少你的市場風險。因為你是一位熟知不同經濟事件將會如何影響各個部門的巨波投資者，認真查看宏觀經濟事件也會讓你的行業風險或部門風險最小化。所以請大家務必認真審閱宏觀經濟事件一覽表，並培養敏銳的感覺，幫助你分析市場將如何根據一覽表上下波動。至少，這一要求的前半部分是不難做到的。這種宏觀經濟事件一覽表每週都會刊登在《巴倫週刊》和《投資者商業日報》上。同時一些網站如 Dismalscience.com 也會提供。

原則二：心存疑慮時，靜觀其變

> 　　在重要報告發佈前，我並不會拿出大量的資金去冒險，因為那不是交易，而是賭博。
>
> 　　　　——保羅・圖多爾・瓊斯（Paul Tudor Jones）

　　這個原則十分簡短，但是介於它的重要性，值得將它單獨作為一部分來闡述。該原則的內容是：在密切注意宏觀經濟新聞的過程中，很多時候各種宏觀經濟指標都是混雜的、相互矛盾的，並且市場的方向也不明確。在這種時候，非常容易頻繁交易。

　　除非你對市場將如何走出混沌有非常明確的判斷，否則靜觀其變總會比較好。沒有人會在貨幣市場上蒙受損失。你唯一失去的只是機會，而如果你對機會的方向並不明確，那麼你是在賭博而不是投資──這明顯違反了巨波投資的首要原則。

原則三：警惕預期收益與實際收益的差距

　　吉姆週末閱讀了《錢》雜誌對 2002 年十大最具價值股票的報導，決定週一時做多 100 股惠而浦的股票。頭一週，吉姆欣喜地看到惠而浦股票上漲了 4 個點。事實上，他更為自己在週五增持了 100 股感到欣慰。

　　在接下來的週一，惠而浦公佈了第四季度的盈利情況。次日早晨，股價便下挫了 7 個點，吉姆不僅沒賺到錢，還賠了 3 個點。突然間，吉姆損失了 1000 美元──初次購買的 100 股損失了 300 美元，週五增持的 100 股損失了 700 美元。

　　雪上加霜的是，當吉姆週二晚飯後抽時間閱讀當天晨報時，發現惠而浦的盈利低於華爾街的市場平均預測值。失敗已成定局，但吉姆想的卻是股票市場為何如此離奇古怪。

　　難道事實果真如此？吉姆的經歷就像上了發條一般，定期地發生在千千萬萬的交易員和投資者身上。由於沒有意識到公佈財報季節的到來，吉姆將自己無謂地暴露在特定公司的事件風險面前。為了避免這種風險，就要理解如何避免預期收益與實際收益的差距。

　　利潤公佈季節開始於每一季度結束，各公司公佈盈利水準的時候。對於每家公司都存在三種可能性——沒有達到市場預期、達到市場預期和超出市場預期。但是我們到此為止，一直在探討的預期到底是什麼？事實上，共有兩種預期，一是市場平均預測值，另一種就是所謂的非正式預測值。

　　市場平均預測值，是由第一盈餘研究公司測定並公佈的。這家財務資料研究公司透過其對多檔股票的專業市場分析，專門公佈對各公司的盈利預期。但這其中也存在很大問題。

　　很多公司都實施過一項戰略，旨在欺騙市場平均預測值系統，微軟也曾借此成名。這種戰略就是一種欺騙。它試圖透過公佈一些誤導性的資訊來使市場的利潤預期值低於公司內部的利潤目標。這種策略一旦成功，當公佈的實際盈利水準超出市場平均預測值時，公司的股價就會大漲。

　　正是由於這種欺騙行為的存在，所謂的非正式預測值如今被廣泛認為是公司盈利水準的更好預期——至少在牛市是這樣的。這些非正式預測值通常公佈在網路上，諸如 Whisper numbers.com 和 Earningswhisper.com。它們的測定往往採用更廣泛的意見，更為重要的是這些非正式預測值往往與市場平均預測值相差甚遠。事實上，根據過去的記錄來看，非正式預測值的準確性要高於市場平均預測值。

　　現在讓我們回顧一下，為什麼以上這些十分重要。那是因為，在利潤預測公佈之前往往會湧現大量的謠言。更重要的是，不論怎樣，在實際盈

利水準公佈之後股價都會大幅波動。這就是華爾街上流傳的一句經典「買於謠言，賣於事實」，這句話甚至與紐約證券交易所一樣古老。

很明顯，在上面的例子中，吉姆遇到的情況就是：在他購買股票之後，非正式預測值被市場廣泛接受。當有謠言說惠而浦的真實盈利將會超出預期時，專業、懂行的投資者就會立刻囤積股票。一天或幾天以後，當這些懂行的投資者將股價抬起後，公眾中一些「傻瓜基金」就會盲目追漲，蜂擁而至。瞧，到了週末，可不就是嗎？股價已經上漲了4個點。這時，吉姆當然應該賣出股票——就像部分精明的投資者要做的那樣——但是吉姆卻增持了100股。

整個事件的結局頗具諷刺意味。當報紙和美國有線電視新聞網報導惠而浦的盈利水準超過市場平均預測值時，更多的「傻瓜基金」開始因為這個看似利好的消息不斷地購進該股。「太棒了，惠而浦業績不錯，貌似應該增持。」然而，眾多報紙、媒體沒有報導的卻是惠而浦的盈利略低於非正式預測值。而這時市場中剩下的最後一批懂行的投資者開始拋售股票。大量的股票被因「利好消息」而聚集的「傻瓜基金」吃進，而精明的投資者當然能獲取不菲的利潤。

而等待吉姆的結果則是，當股價開始下跌時，一些在上週末最高峰時購進的「傻瓜基金」害怕了，他們也開始拋出股票。這讓股價更為劇烈地下挫，為市場恐慌帶來更為劇烈的拋售。當一切塵埃落定，一支貌似業績不錯的股票一週內價格跌了3個點，而吉姆也損失了1000美元。更廣範圍來看，一個教訓就是：在關注宏觀經濟事件的同時，至少一件微觀事件——華爾街例行的財報公佈季節——也同樣值得你去注意。

接下來的六條原則，我們將轉向討論如何管理交易風險。這些原則都

是緊密相連的，它們都圍繞著最佳持股規模、流動性、波動性這些因素展開。簡言之，管理你的風險意味著你要根據特定股票的交易量和流動性，在給定的風險水準下選擇最佳的倉位。

原則四：選擇流動性強的股票進行交易

> 一個做市商打電話給他的客戶：「我發現一支極好的水餃股[9]，現在每股才一角，我認為將會飆升！」客戶答道：「好，為我買進 10000 股。」第二天，做市商回電稱：「昨天每股一角買的股票現在已經漲到了每股兩角，預計還會大漲！」客戶回應說：「那就再買 5000 股。」第三天，做市商又來電：「已經漲到三角一股了，還會漲呢！」客戶說：「不管了，把我的股票全賣了吧！」困惑的做市商問到：「賣給誰呢？」
>
> ——《巴爾的摩太陽報》（The Baltimore Sun）

本章開頭的例子中，賴瑞・萊姆的遭遇還歷歷在目：他以沉痛的代價認識到選擇缺乏流動性的股票是走向毀滅的一條「捷徑」。在賴瑞的案例中，當他的股票瘋狂下跌時，他因為沒有合適的買家而無法退出。

那麼究竟什麼是流動性呢？簡單來說，就是股票的交易量大到一定程度，從而使人們能快速地買賣股票。對流動性一個很好的衡量就是股票的日均成交量，例如，像思科公司這樣的大盤股，日均交易量約為 4000 萬股。

9　也稱為仙股，Penny stock，指市值跌至 1 元以下的股票。——譯者註。

這是巨大的交易量——極富流動性。相反，像 NetWolves 這樣的那斯達克的小盤股，日均交易量基本小於 5 萬股。這就是名副其實的不具有流動性的股票。那股票流動性有沒有什麼經驗法則呢？就是永遠不要買賣日均交易量低於 50 萬股的股票。

　　為了使你更好地理解流動性的重要性，我再來舉一個與賴瑞的經歷稍微不同的例子，讓我們設身處地想一下。

　　假設你運用你的理財原則，買了一檔股票，並且，根據你的最大損失承受能力設定了停損點。這讓你感到十分安心，不是嗎？你因為停損點而受到保護。但是別得意忘形，你剛犯了個大錯——選擇了一隻日均交易量低於 10 萬股的股票。這種情況下，一旦股價開始下跌，就有可能因為沒有適合的買家而跌至你的停損點以下。當你的止損委託最終以低於預計價格 2 個點或 5 個點甚至 10 個點的價格成交時，這筆交易的損失將超出你的預期。

　　有趣的是，這種最為糟糕的情況在 2000 年股市大跌時比比皆是。事實上，缺乏流動性正是那些價格極低的水餃股為什麼極其危險的癥結所在。這些股票，就像著名的老鷹樂隊的歌曲《Hotel California》中唱的那樣——你可以進來，但你永遠都無法擺脫。在 2000 年，水餃股大崩盤時，很多股票的交易量驟減。結果當然是毀滅性的，大量的投資者發現在這個流動性匱乏的市場中，要想在保本點退出市場根本不可能。

　　總而言之，交易流動性強的股票能以最大程度減小下跌風險。

原則五：選擇適當的倉位──永遠不要孤注一擲

> 笨蛋，為什麼要把一切都押在一筆交易上呢？何必要追求痛苦而不是幸福呢？
>
> ──保羅‧圖多爾‧瓊斯

還記得賴瑞是如何在一檔股票上孤注一擲的吧，那樣的投資是失敗的。正如上一章所說，任何損失都不該使你一蹶不振。既然如此，更微妙的問題或者從風險管理的角度來看問題就是：如何決定每筆交易的倉位？

這個問題沒有定論。但是大部分最成功的交易者絕不會在單筆交易上投入超過 10% 至 20% 的本金。主要目的就是要分散風險。

至於在單筆交易中的損失意願，對於大部分最成功的交易者，這個數值從 1% 到 8%。你會非常吃驚，因為 1% 與 8% 差距極大。對於一筆 2000 美元的交易，那是 200 美元與 1600 美元的差距。究竟什麼是最佳的？

我也無法告訴你。這完全由你的交易風格決定。如果你是一位當日交易者，你可能更傾向於 1%。但如果你進行的是幾天、幾週或幾個月的趨勢交易，你可能就更傾向於 8%，因為這可讓你的股票獲得喘息的機會。

更廣泛地說，這裡並沒有所謂的對與錯，或是說硬性的規定。最終你必須根據你的風險承受能力去做決策。但是股市上的老手們通常建議：你承受的風險不該讓你寢食難安。

原則六：確保你的股票之間不是高度相關的

> 透過悲慘的經歷，我認識到頭寸的相關性是交易中一些最為
> 嚴重問題的根源。如果你持有八個高度相關的頭寸，那麼相當於
> 你正在交易一個頭寸，只不過交易量是原來單個頭寸的八倍罷了。
>
> ——布魯斯·科夫納

這是個簡潔而重要的原則。它是前 5 條原則的必然結果，一個絕佳的例子就是假設你在雅虎上投下了最大賭注，第二天你又在亞馬遜上投下了新的最大賭注。你並沒有通過交易分散你的風險。這是因為，這些網路股都是高度相關的，並且會隨著行業的波動而同漲同跌。貫徹這一原則的最好的方法就是，同時投資若干個表現強勁、相關性低的行業。

原則七：根據你的風險水準選擇與之匹配的
##　　　　　波動性水準並調整倉位

> 波動性表現出更多的是機會而不是風險，至少在某種程度上
> 波動性大的股票比溫和的股票更容易帶來高回報率。
>
> ——彼得·伯恩斯坦（Peter Bernstein）

波動性衡量的是價格變動了多少——無論是漲還是跌。換句話說，波動性衡量的是價格變化的幅度而不是變化的方向。在進行交易時，為了恰當地管理風險你必須考慮價格波動性。

　　你首先需要認識到像通用電氣、杜邦這些波動性小的藍籌股，每天就在一個很窄的價格區間內進行交易，一般漲跌不超過 5 角至 1 元。另一方面，像賽雷拉基因公司或者雅虎這種波動性大的生物科技股及網路股，任意一天的漲跌都可能高達 10 ～ 20 美元。為什麼這很重要呢？

　　一檔股票的波動性越大，交易的風險也就越高——潛在的收益也可能越大，這是顯而易見的。但是對於一支股票的流動性，當你同時需要設置停損點（在上一章我們曾討論過）並且調整最大交易規模時，情況就更為複雜。舉例來說，假設你有 10 萬美元的交易本金，並且採取「20% － 5%」的法則，即在單筆交易中你不會投入超過 20% 的本金（2 萬美元），並且對於一檔股票最大的損失不超過 5%（1000 美元）。現在進一步假設你的投資系統（不論它是怎樣的），向你發出了購買 PLX 科技的信號。依據你「20% － 5%」的投資法則和 PLX 科技 50 美元的股價，你購買了 400 股。一旦你有了這樣的風險頭寸，你會迅速地設置停損點——47.5 美元。

　　不幸的是，你剛剛犯了一個大錯。PLX 科技是一支波動性大的股票。由於它波動性極大，在大多數的交易日裡，它很可能跌至 47 美元，而這就會觸發你的止損機制。在下跌之後同樣可能發生的是 PLX 科技急速上漲到 53 美元，這時如果還持有股票，你將賺取不錯的利潤。

　　當這種情況發生時，你就會焦頭爛額。煩惱可能來自失去了絕佳投資機會的壓力，抑或面對挫折需要獨自擺脫的那些該死的回憶。怎樣避免這些呢？非常簡單。你根據價格波動性調整你的持倉量。在這種情況下，你可以先買 200 股，並且將停損點設於 45 美元——恰好位於價格波動區間之外但又在 1000 美元的損失範圍之內。接著，如果價格走勢按照預期的方向，那麼你可以增持 200 股。這種方法被稱作分步買進，這也是下一個風險管

理原則將要討論的內容。

原則八：管理你的進入和退出風險——分步買進與賣出

> 比如說，讓我們假設一下，我正在買進一些股票，我以 110
> 美元的價格買入了 2000 股，而之後它上漲至 111 美元，那麼我的
> 位置就是有利的，因為價位上漲了 1 個點，表明有盈利。由於我
> 的預期正確，所以就會再買 2000 股，如果股市繼續上揚，我還會
> 再買 2000 股，假設價格到了 114 美元，這時時機就成熟了，我現
> 在手上有了交易的基礎，可以做文章了，我以平均 111.75 美元的
> 價格做多 6000 股，那時我就不會再買入了，我會等待、觀察。
>
> ——傑西‧李佛摩，《股票作手回憶錄》

分步買進有助於你測試市場行情。與此同時，也允許你在波動性約束的前提下有條不紊地逼近你的最大持股規模。

在上文中提到的 PLX 科技的案例中，你可以在 50 美元價格上購買 200 股。接著，如果股價上漲到 55 美元，你可以增持 200 股而完成建倉。此時你持股的均價為 52.5 美元，利潤為 500 美元。此時你可以將停損點設置成 50 美元。這樣你就不用擔心正常的價格波動會觸發你的止損機制，強制進行止損。

但是請注意，這並不是分步買進的唯一優勢。你同時還完成了其他一些重要的事情。透過開始時的小規模持股，你得以在較低的風險暴露水準下確認交易的方向。隨著你分步購進股票，雖然你的收益以較慢的速度增

加，但你也要認識到一旦市場方向逆轉，你的損失也將比不進行分步操作小得多。

分步賣出也有一定的好處。在 PLX 科技的例子當中，你可能會在股價漲至 58 美元時賣出 400 股中的 200 股，或者是在 60 美元、65 美元時。這種分步賣出的策略會使你鎖定部分利潤。透過這樣的操作，你可以放心地延長你的持股時間以使利潤增加——這也是迄今為止我們所知的成功交易最重要的策略之一。

因此要想管理你的進入和退出風險，必須分步買進和賣出，特別是在交易波動性大的股票時。

原則九：警惕保證金交易——相應調整你的風險水準

在 2000 年愚人節那天，朱麗亞將她 25000 美元的交易本金交給 Plunge Online，業內一家保證金制度較為寬鬆的貼現經紀人。在接下來的幾天內，朱麗亞為她那只「不容錯過」的股票建立起了 75000 美元的波動交易頭寸。

毋庸置疑，在 4 月 14 日，朱麗亞陷入了那斯達克的慘敗之中。隨著投資組合的市價縮水一半，朱麗亞接到了 Plunge Online 發來的追加保證金通知。但是朱麗亞無法滿足追加保證金的要求，她已經傾家蕩產。

目睹 Plunge Online 清算她的帳戶也許並不是最糟糕的事情，真正讓朱麗亞揪心不已的是她曾經持有的股票在短短的幾週內恢復了當初的價值。要是當初沒有憑保證金交易該多好。

　　不幸的是，在 2000 年的黑色春季，有太多的人與此處虛構的朱麗亞一樣，他們背負著實實在在的抵押貸款，還有身旁憂心如焚的家人。而這種保證金困境隨時可見，特別是當市場進行劇烈調整時。

　　難道不該進行保證金交易嗎？不是。以上只是說明你必須做一些重要的調整——特別是當你像朱麗亞一樣沒有任何後備資金應對追加保證金的要求時。

　　首當其衝就是要絕對謹慎地設置停損點。更為重要的是，你必須像不進行保證金交易那樣實施你的本金配置和最大損失限制法則。為了說明這一點，讓我們再來認真分析一下朱麗亞的情況。

　　當她握有 25000 美元並且遵守「20% － 5%」法則時，由於沒有任何融資或融券的能力，朱麗亞的單筆最大交易規模是 5000 美元，能容忍的最大損失是每單 250 美元。現在，由於保證金交易機制，朱麗亞的本金增至 75000 美元。在這一水準下，朱麗亞想要將她的單筆交易規模擴大到 15000 美元，單筆交易最大損失限額增至 750 美元。但這是極具風險的。對於朱麗亞，最小化交易風險的一種較好的策略就是保持原有的單筆最大交易規模和損失限額，即最大交易規模為 5000 美元，損失限額為 250 美元，同時增加交易次數。雖然這意味著朱麗亞不能用她的本金在任何單筆交易中賺取翻倍的利潤，但是也保證朱麗亞不會因為一筆交易而產生數倍於原來的損失。

　　總而言之，當進行保證金交易時，根據你實際擁有的現金，而不是融資購買能力，來設定最佳持股規模是個不錯的選擇。讓我們轉向最後一組原則——交易前與交易後分析。

原則十：分析以往交易，特別注意虧損交易

> 市場並不是賭場。它是個思考者的遊戲，需要潛心鑽研和對
> 市場心理的準確理解。
>
> ——大衛・納撒

每個新手都會以損失的形式向市場交「學費」，這一原則的目的就是讓你少交一點。你可以通過對每筆交易的詳細記錄和仔細分析——不論成敗——來達到這一目標。

在兩者中，分析失敗的交易比分析成功的交易更為重要。這是因為，很多的失敗特別是早期的失敗，是那些你不想再重複的幼稚錯誤所導致的。比如，你可能在開市前下單但卻因為開盤價與前一日收盤價相差太大而被套牢；或者你將停損點設置過緊——或乾脆未設；或者你購買了處於同一行業的兩檔股票，它們具有很高的相關性；又或者你無意購買了處於業績披露前期的股票，被那些及時退出的精明投資者殺了一個措手不及。無論何時你犯了這些類型的錯誤，你都向市場交了學費。但是帶來的收穫就是一個幫助你認清錯誤並吸取教訓的交易日誌。

在這點上，如果你不學會記錄與分析，最糟糕的事情不是你重蹈覆轍，而是那些幼稚的伎倆將在你身上屢試不爽。不幸的是，要想糾正這個問題，傳統的交易心理將是一個危險的敵人。

大部分非專業的交易者和投資人不僅記不住他們成功的交易，而且還想將那些不愉快的損失忘得一乾二淨。這是人的一種本性：我們對美好的回憶念念不忘，但對於痛苦的經歷則避之不及。為了克服這個缺點，你必

須坦然接受你的損失——並且學會愛上它們，就像對待密友一般對待它們，它們會讓你將來不會再犯類似的錯誤。

原則十一：進行調查研究

請對市場保持敬畏，永遠不要認為什麼是理所當然。做足自己的功課。重述過去的一天，回顧一下自己的得與失，這是功課的一部分。另一部分就是設想，明天我希望發生什麼？如果發生相反情況我該如何行動？如果什麼都沒發生又該怎麼辦？仔細考慮這些「如果」，做一些預測和計畫，而不是事後的回應。

——托尼·薩利巴

調查研究做得越多，面臨的風險就越少。但重要的一點就是，你必須做那些有用的調查研究。這裡有一些方法巨波投資者應該瞭解：

- 弄清所處的行業。明白誰是領頭羊，誰是落後者。
- 弄清股價如何以及為什麼會隨著不同的宏觀經濟事件而波動，以及事件之間的關聯性。
- 弄清你的股票的技術特徵——價差、交易量、成交價區間、移動平均數，以及聚集與分散的模式等。
- 弄清你的股票的基本面特徵——盈利增長狀況、股價表現、治理結構、投資者關係等。
- 關注宏觀經濟事件和業績披露季節——絕不要在業績披露季節買賣股票，除非你是為了炒業績資訊。

簡而言之，在交易之前請做足功課，這是最終的風險保障措施。

原則十二：不要輕信別人的意見——不要聽信那些內幕消息

> 好的系統不是用來銷售的。
>
> ——費爾南多‧岡薩雷斯（Fernando Gonzalez）&
>
> 威廉‧李（William Rhee）

如果你的交易系統是由別人的建議或提示組成的話，那麼你等於沒有交易系統——你正大量地暴露在風險面前。對於那些沒有時間或是對調查研究不感興趣的交易者來說，將資金交給低風險、指數化的共同基金或許是個不錯的選擇。那就讓我們來看看華爾街「建議遊戲」的內在危險。

假設你在股票交易中盲從分析師的建議，你會發現分析師們很少調低股票的評級或是下達出售命令。一個原因是相當一部分分析師為券商工作，這些券商需要將股票賣給他們的客戶以獲得傭金。創造穩定的購買機會是這群賣方分析師的必要工作。

分析師的建議經常是無價值的，第二個原因是券商不僅要賣股票，它們還經常發行新股。儘管券商的研究部門與承銷團隊之間本不應該共謀，但是分析師們常常迫於壓力而不向客戶公佈負面的分析報告。

對於那些網頁上的或留言板上的股票提示，它們只要一被放上去就立刻失效。更為糟糕的是，這些提示被一些不知廉恥的券商用以哄抬股價，希望借謠言之力抬起股價，然後再拋售股票，最後得意洋洋地看著大批失敗的投資者。

　　前些年，這些欺詐行為經常透過電話銷售員的銷售行為來實現。現如今，網路聊天室和網頁又成為了這些虛假消息的集散地。令人感到難過的是儘管有大量的優質資訊通過雅虎財經等媒體進行傳播，但還是很難分辨出哪些是虛假資訊，哪些是真實有用的資訊。相應地，巨波投資者會對資訊進行分類、篩選、謹慎考量資訊來源，最後根據自己已經形成的一套評價體系做出判斷。

　　對於那些經常是由你朋友的朋友的一個在某個技術情報處理系統工作的朋友提供的所謂「內幕消息」，你還是直接忽略吧。等你知道這些據稱是最新的消息時，不知已經有多少人對它做出反應了。

第 10 章
隨心所欲，不要在意你的風格

　　愛麗絲在洛杉磯做短線投資；班傑明在波士頓做波段交易；卡拉是一位來自於亞特蘭大的做長線投資的商人；迪特里西是一位來自芝加哥的技術型投資者；埃文在達拉斯做基礎的投資項目，弗蘭在舊金山做價值投資；喬治在華盛頓做變波投資。在接下來的幾週裡，這些投資者無一例外地要做兩件相同的事情：他們都打算買 1000 股股票，原因雖然各有不同，但是他們都將會在這次投資中賠錢，因為他們未能在交易時把對宏觀經濟波動的理解體現在檯面上。

． ． ．

　　本書一個重要的主題，就是告訴人們，無論投資的風格或者投資的品項是什麼，投資者都要將對經濟宏觀波動的看法加入到分析市場的底線之中。這是一個真理，原因至少有三個。

　　首先，巨波投資視角能夠幫助你更好地預測和估計市場發展的普遍趨勢，一旦我們發現了規律，這樣的趨勢就會成為你的朋友，以後你再也不想在交易和投資中違背趨勢。

　　其次，我們也發現，擁有巨波投資的視角能幫助人們從覆蓋市場不同

類別的宏觀經濟新聞中，識別出某種特定的影響。確實，正如我們現在瞭解的那樣，當市場所有類別都進入到牛市的行列中時，有些類別自然比其他類別漲得更快更多。同理，由於出現通貨膨脹或經濟滑坡而觸發一波熊市時，一些類別的崩盤也會比其他的來得更猛烈。當然，這類資訊對於投資交易相當有用，同時還能減少損失。

最後，在很重要的幾個方面，巨波投資視角可以幫助人們更清晰地觀看市場這盤棋。從這樣一個戰略制高點望去，你就可以開始考慮更多的交易操作。當你這樣去做時，你同時也會發現更多介於宏觀經濟活動和股價最終變化之間的複雜聯繫。因此，當巴西下雨時，你會意識到該買星巴克的股票了，或者當美國司法部行使《反托拉斯法》決定制裁微軟時，你會想到是買入甲骨文股票的時候了，再或者，當聯合航空公司與全美航空公司合併時，你可以迅速地買進西北航空的股票。

在這一章，我想要闡明一個主旨，即擁有巨波投資視角能幫助每一類交易者和投資者看得再遠幾步，我將從宏觀經濟波動的視角通過分析一些最普遍的類型和交易戰略進行講述。在開始之前，讓我們思考一個問題：各種各樣投資類型和戰略的區別在哪兒？回答基於兩個要點：

◆ **你如何選取你要投資的股票？**

◆ **你一般持有股票多長時間？**

例如，基本面投資者與技術型投資者的對壘，價值型投資者與成長型投資者的區別，再或者小盤股與大盤股的不同，都可以影響到第一方面──你如何選取你要投資的股票。相比之下，短線投資、波段交易與長線投資的區別在於所關注的時間點和持有股票時間的長短。在這兩個方面，巨波

投資視角可以幫助你提高投資成功的幾率。下面，請允許我首先向你講述時間維度的區別。

一位短線投資者的一天生活

　　愛麗絲在洛杉磯做短線投資，她擁有美國西部運行最快的電腦，在組裝的主機殼內配置了 133Mhz 的前端匯流排，奔騰 1.13Ghz 的處理器，1 塊 100G 的硬碟，1G 的記憶體，以及 4 塊龐大的 19 寸純平顯示器。她已經捲入了股票交易的浪潮並會在那斯達克二級市場的螢幕上仔細地觀看市場的機構投資者參與投資的浪潮。

　　愛麗絲今天的投資目標是在做物件連接嵌入技術行業裡品質較好、比較可靠的思科集團，她喜歡那種自己可以看得比較清楚的股票。當天的分時走勢圖顯示價格在不斷升高，成交量不斷放大，同時作為引領思科股票波動的標準普爾指數的走勢也呈現出強勁的不斷加速上揚的趨勢，最重要的是，她從螢幕上顯示的資訊中發現，機構投資者高盛銀行正在有計劃地準備長期持有這檔股票。於是愛麗絲用閃電般的速度，在電腦上敲鍵跟隨市場的走勢增加了一份小買單——迅速買入了 1000 股思科股份。

　　一眨眼的工夫，思科股份漲了 $\frac{1}{16}$，愛麗絲十分滿意，又一會兒工夫，股票又漲了 2 個 $\frac{1}{16}$，也許就連愛麗絲的貓蒂尼都已經開心得不得了。

　　但是等一等，出現問題了。很快就出現了強大的賣空壓力，推動股價上行的動力很快停了下來，在愛麗絲還沒有反應過來的

時候思科的價格上漲瞬間就停止了。

　　很快思科的股價就開始下跌，然後一下子跌了兩個 $\frac{1}{16}$，緊接著又是第三個。「賣掉，賣掉！」愛麗絲一邊掛賣單一邊對著她的貓狂喊。愛麗絲的小賣單成交之前，思科的股票在洶湧的拋盤中跌了整整 1%。

　　短時間內愛麗絲損失了 1000 美元，她今天沒有牛排吃了，她的貓蒂尼也無法享受美味的鮪魚啦。

　　對於一個短線投資人來說，生活就是這樣，這是一個好比要讓飛行員的操作如同平地走路一般穩定的危險、高壓的行業，在這樣的情況下，愛麗絲所嘗試著去做的就是投機幾個百分點，這就是一個在她的螢幕裡就能看見的基於各種市場投資人討價還價的純粹的動量投機。有時她在短短 30 秒鐘之內就完成一次買入和賣出，如果投資持續 5 分鐘，也許她可以獲得整整一個點的利潤。如果一個偶然的機會她恰巧持有一隻快速上升的股票，可能她會在上漲的過程中一直持有直到這一天收盤，這樣就可以把利潤帶回家。但是愛麗絲從不持有她的股票超過一天。

　　這就是短線投資者生活中一個簡單的例子，說明許多短線投資者除了關注眼前螢幕內的那斯達克二級市場之外從不留意其他東西，愛麗絲就是這樣一類人，他們僅僅關注交易並詢問機構投資者的投資方式，然後根據這些方式估計股票的趨勢並以此作出投資決策，這些短線投資者一點都不關心宏觀經濟新聞。

　　前面已經提到，最好的短線投資者對宏觀經濟新聞的重要性有十分清醒的認識。這是因為，正是宏觀環境對短線投資的環境形成了引導，一名

最好的短線投資者從不允許自己陷入到宏觀經濟資料的漩渦裡。引用一本很有意義的關於短線投資的書籍中的一段文字：

「專業的短線投資人會忽略大局」，這樣的說法是一種普遍的誤解。對於一些最適合這個行業、最優秀的、始終如一的投資人來說，他們一定會關注並正確分析宏觀形勢。對於市場清醒的認識如同心中明鏡一般，即使不能總是與自己的判斷完全吻合，也可以為投資者選擇市場中最好的股票有一個指導性的作用，可能是一檔股票、一個類別，甚至是整個股票市場，這些都會幫助他們避免大的災難和陷阱。

——費爾南多·岡薩雷斯和威廉·李

在上述案例中，愛麗絲損失了金錢，因為她恰巧在一些最新資料發佈之前數秒敲下了購買的按鍵，這些資料是不利的，指數在沒有預期的情況下大幅下挫，引起了一場恐慌性拋售，思科的股票隨之下滑。

愛麗絲用 1000 美元買到的教訓是：關注新聞、預估形勢、保持對時政的敏感以便最大程度地減少損失。

進入波段市場，分析波動的來龍去脈

班傑明是一名來自波士頓的波段交易投資者，他買股票並持有幾天甚至幾週，並希望能漲 2 到 5 個百分點，如果他夠幸運，可能會漲 10%。為了找到投資目標，班傑明訂閱了一些薦股服務，每一項服務都擁有一套十分優異的歷史紀錄，但因為一些原因，

班傑明的股票投資做得一直不像服務商自己描述的那樣優秀。

事實上，今天他打算投資 1000 股太平洋健康證券，他認為在幾天之內這檔股票至少會漲 2 到 3 個百分點，但是他估計錯了。在他購買之後不到兩個小時，股票就背離他的願望跌了 1.5%，當他從茫然中反應過來之後，他毅然地迅速拋售了這檔股票並承受了一小部分損失，這是一件好事，因為過了一週之後，這檔股票又跌了 3.5%。到底問題出在哪兒了呢？

具有諷刺意味的是，這是一篇好的經濟新聞導致虧損的情況。在早上，CPI 顯示通膨溫和，中午前，美聯準主席在國會前承諾為了長遠的利益不會加息，看到這條刺激股市上揚的新聞，包括眾多大型的共有基金在內的許多投資者把他們的錢從防禦性的醫保類別中撤出，轉身投向了投機性更強的技術類，例如生物技術、互聯網和半導體行業。由於類別的轉換，班傑明的股票下跌了 5 個百分點。

當然，班傑明埋怨他的薦股服務商誤導了他，但是班傑明也應當埋怨一下自己，畢竟他在當天兩則經濟新聞發佈之前的幾個小時購買了一隻支新的股票，而這兩條資訊每一條都有可能對他所選股票所屬的類別造成強烈的衝擊。

這個例子告訴我們：在進行各種交易之前，仔細地回味一下經濟新聞所描述的內容並設想未來可能發生的情景，然後去制定自己的計畫。哪一條經濟新聞會在交易的間隙中呈現出來，那些經濟數字的意義是什麼，那些數字怎樣影響這個廣闊的市場或者這些數位在出乎預料的情況下發佈會對某些特定的類別產生怎樣的影響，如果美聯準主席在國會中做出像現在

這樣的聲明，對市場會有什麼樣的影響，再或者有沒有其他的消息會影響你進入的這個市場和類別，這些都是需要考慮的問題。

長期持有型投資者

卡拉是一位長期持有型投資者，今年 55 歲，她的丈夫剛剛去世，她現在住在亞特蘭大郊區的一間小屋裡。幸運的是，卡拉已經去世的丈夫——一位退休的藥劑師給她留下了 100 萬美元的證券，一半股票一半債券，這讓她有能力應付生活的開支並可以透過股息和紅利收入生活得相對安逸一些，不幸的是，卡拉僅持有的三檔股票：J&J、默克和輝瑞都聚集在了她丈夫為之奮鬥終生的行業中。

今天，一份 50000 美元的長期債券到期，卡拉的經濟顧問喬‧巴特沃斯打電話來建議她把這筆錢投入股票市場，喬介紹說市場正在抬頭，並告訴卡拉 J&J 這檔股票現在處於可接受的價格，那是她丈夫曾經想讓她購買的股票。

於是，卡拉聽從了喬的建議，她丈夫一直都相信喬，即使他可能是一個在市場中製造混亂的騙子，因此喬幫卡拉多買了 500 股 J&J。

第二天，由於國會開始考慮新的立法，在醫療賠償時對處方藥物的價格限制可能會變得合法化，J&J 伴隨著默克和輝瑞兩檔股票大跌，卡拉所有股票的損失超過 50000 美元，這表示伴著她的養老金儲備損失了 5%，所有源於債券的收益也全部蒸發。

巨波投資者從來不會犯這種錯誤，因為巨波投資者擁有行業視角，而且用這樣的視角適當地選取多樣的投資組合，對於長期持有型的投資者來說，這可能就是洞察經濟波動最有力的方法。

除了有助於長期持有型投資者進行多樣化組合投資，一個宏觀經濟波動的視角也可以幫助這些投資者在持有股票的戰略投資選擇上多一點靈活性，例如，你可以打開書，回想一下艾德‧巴克的故事：艾德是一位退休的石油工程師，手中持有大量埃克森美孚、雪佛龍和哈利伯頓這樣的石油股票。和卡拉一樣，艾德的投資組合不僅十分單一，而且因為沒有在股價隨著油價飛速上漲的過程中賣出部分股票而錯過了一個可以賺取大量利潤的機會。

好，我們完成了時間維度的討論，關注了投資的類別和種類，現在讓我們轉到投資者如何選取他們的股票這一話題上來。在很多情況下，股票選取的方法像採集指紋一樣，每一個方法都是獨一無二的。儘管如此，仍有許多可行的選股方法，包括技術與基本面的對比，價值投資與成長型投資的對比，小盤股與大盤股的對比，以及像波動投資這樣的創新型技術與鎖定 IPO 這種方式的對比。

技術型投資者

迪特里西是一位芝加哥的技術型投資者，此時此刻，他剛剛對圖表進行了深入分析，以尋找下一隻爆發型的股票。可能勞雷工業公司就是他所尋找的對象。這檔股票 10 日、20 日、50 日的均線漂亮地一個壓在一個之上。而且淨額成交量顯示出雄厚的資

金積累，此外，KD 指標預示了過量賣空的狀態，因此這是一個極好的購買時機。最重要的是，三個月的圖表清晰地顯示 7 週的底部和一個杯狀形態，而且股票剛剛從突破點上漲 50%。

當迪特里西最後一次檢查過資料之後，他的手開始顫抖起來，再也沒有比這更好的股票了。於是他開始行動：1000 股勞雷工業公司的股票，他開始狩獵了！

不幸的是，迪特里西將要變成獵物而不是狩獵人，是的，他的確選擇了一隻從技術上來看十分穩定，而且如果遇到大幅拉升的情況可以整天在高點徘徊，甚至可以達到漲停的股票，但是這樣的成交量卻沒有出現。

更糟的是，第二天，技術上顯示這檔股票將要大跌並退回到支撐線附近。迪特里西的錯誤選擇將讓他在這次交易中失去一大筆錢。為什麼會發生這樣的事？因為迪特里西忽略了宏觀市場大勢。

事實上，當迪特里西沉迷於他的技術分析圖表時，忽略了上個月的消息，每一條有關經濟形勢的新聞都預示未來會出現經濟衰退，零售業、耐用品行業、消費者信心、商業庫存、房地產市場、就業率報告⋯⋯這些你能想到的資料，在現有水準上都顯示出一種蕭條的趨勢。

在所有事情中，最有意思的一件就是勞雷工業公司的價格在整個市場都經歷宏觀經濟最壞的時間段裡也會止不住地下跌。這確實是一支看似可以有大作為的股票，但是即使是一支技術特點十分堅挺穩定的股票也不會在整個市場走勢迅速走入谷底的時候上漲，一場退潮會將裡面的輪船一併吞沒，這就是當那斯達克在一週內狂瀉數百點時迪特里西的股票的下場。

為了把理論敘述得更清晰，看下面的表 10-1，這張表所列舉的 31 檔股

票都是在股票市場產生下滑趨勢的時候，投資者純粹基於兩週以來的技術走勢明確認為有潛力的股票。注意第一列是公司名稱，第二列是交易代碼，第三列是技術上顯示適合購買的日期，第四列是在購買時機形成時的交易價格，第五列反映了截止到特定日期所選股票的漲跌幅。事實上，31 只推薦股票中的 24 只在這個時間段上都是輸家，任何盲目所從賣方分析師的技術分析者都將會在這次下跌中損失一大筆錢。

　　舉這個例子的目的並不是為了貶低技術分析，事實上我自己在螢幕前分析股票的時候也把技術分析作為其中重要的一環，而且我很願意把它推薦成為巨波投資戰略的考慮部分。但是利用這張圖表我要說的是，在這兩週的時間裡市場在短線投資者不斷的拋售中持續下跌。這樣的情況讓即便是最好的技術型投資者所操作的股票也難以上漲。換句話說，操盤永遠不會脫離經濟趨勢的變化而獨立存在。

表 10-1　被市場大勢所淹沒的技術分析型股票

公司名稱	交易代碼	技術上顯示適合購買的日期	當時的交易價格	截至 2000 年 7 月 31 日的漲跌幅（％）
Gart Sport Co	GRTS	2000/7/10	6.88	27.18
Nextlink Comm	NXLK	2000/7/10	39.69	-16.86
Leap Wireless International Inc	LWIN	2000/7/11	54.62	13.05
Unitedglobalcom	UCOMA	2000/7/11	52.25	-5.49
Whole Foods Market Inc	WFMI	2000/7/11	46.19	-0.95
Broadwing Inc	BRW	2000/7/12	27.50	-2.51
Canadian National Railway Co	CNI	2000/7/12	30.56	5.73
WalMart Stores Inc	WMT	2000/7/12	62.00	-5.34
The Cit Group Inc	CIT	2000/7/13	20.25	-11.11

（續前表）

公司名稱	交易代碼	技術上顯示適合購買的日期	當時的交易價格	截至 2000 年 7 月 31 日的漲跌幅（％）
American Tower Corp	AMT	2000/7/14	46.50	-10.59
Gatx Corp	GMT	2000/7/14	37.88	1.80
Home Depot Inc	HD	2000/7/14	56.19	-6.23
Kenneth Cole Productions Inc	KCP	2000/7/14	45.00	-3.60
Ralcorp Holdings Inc	RAH	2000/7/17	13.56	-3.24
MBNA Corp	KRB	2000/7/18	30.16	10.68
MGIC Investment Corp	MTG	2000/7/18	54.06	6.14
Tyco International Ltd	TYC	2000/7/18	53.62	-1.87
Cerprobe Corp	CRPB	2000/7/19	19.88	-17.30
Gap Inc	GPS	2000/7/19	37.25	0.83
Motorola Inc	MOT	2000/7/19	37.62	-10.29
Pegasus Communication Corp	PGTV	2000/7/19	44.88	-5.99
Southtrust Cp	SOTR	2000/7/19	25.44	-2.95
Time Warner	TWX	2000/7/19	87.50	-13.85
Best Buy Co Inc	BBY	2000/7/20	75.44	-4.56
Burlington Northern Santa Fe Corp	BNI	2000/7/20	25.00	-2.48
Children's Place Retail Store Inc	PLCE	2000/7/20	26.12	-7.39
Razorfish Inc	RAZF	2000/7/20	20.62	-13.77
Yahoo Inc	YHOO	2000/7/20	134.00	-5.41
JP Morgan Chase and Co	JPM	2000/7/20	134.50	-3.02

低點買入還是高點跟進？

　　這是一個重點章節，所以先說些題外話，談論一下流傳於股票市場多年的一場偉大的爭辯，這場辯論的焦點是你應該像迪特里西那樣嘗試炒一支爆發性的股票，在高點買進在更高點賣出，還是應該像眾多投資人狩獵那樣嘗試著在低位持有高位賣出。

　　事實上，任意一項決策都可以幫你掙一大筆錢，也可能讓你損失一大筆。投資方式的選擇取決於與之相適應的市場環境。這就是為什麼擁有宏觀經濟波動的視角能夠獲益匪淺的原因。

　　首先，讓我們看看在低位買進、高點賣出的投資策略。這只是在股票市場處於所謂的交易區間時的一個掙錢的策略，在交易活躍的市場中，股票自身和市場指數一樣，在一個可識別的準確範圍內上下波動。在這期間，低買高賣的投資者總能在週期往復波動的範圍內賺取一筆可觀的小額利潤。相比之下，在一個趨勢性很強的市場下，股票和大市的指數都會持續性地出現價格的波動。對於整個市場來說，每一天的波動彙集成一週或者是一個月的波動，上升或下降的趨勢就會清晰地反映在市場之中，在這樣的趨勢很強的市場中，低買高賣的投資者可能完全被吞沒於市場之中，原因有二。

　　首先，堅持尋找支撐水準和底部支撐的股票，往往是那些與趨勢背離很遠的股票，換句話說，低買高賣的方法為尋找失敗者搭建了一個很好的平臺。其次，更糟的原因是，在牛市中，一檔股票會跟隨大勢不斷創新高，在市場原高點賣出股票，會錯失豐厚利潤。巨波投資最重要的原則之一是──讓你的利潤滾動起來。在這種情況下，低買高賣的投資者採用的卻

是一種背離的方法。

　　那麼關於迪特里西高點跟進的方法呢？他這種投資策略基於所謂的黑馬股之上。一支黑馬股，既可以突破區域的局限到達一個新的高度，也可以在股票跌破支撐水準的情況下轟然倒塌。像迪特里西這樣的技術型投資者，喜歡買入這種爆發力強的股票並在大跌的過程中賣出一小部分，因為一旦股票最終跌破支撐，更容易出現強烈的反彈。的確，這種高買高賣的哲學是《投資者商業日報》得出的重要結論，這一結論被數以百萬計的投資者踐行。

　　儘管如此，在一個交易活躍的市場，這種策略也可以讓你陷入和低買高賣的投資者同樣的麻煩，如果你嘗試著選擇背離市場趨勢的策略甚至可以讓你陷入更大的麻煩。一方面，在交易價格橫盤整理的活躍市場，對於絕大多數股票來說想要完成爆發型的突破是很難的，另一方面，市場行情不斷下跌時再強勁的股票也不可能瘋狂地上漲，看看迪特里西的勞雷工業公司就知道了。

　　正如剛才提到過的那樣，追高策略在趨勢性很強的市場中是一種很明智的選擇。在這樣的市場裡，你可以讓你的利潤實實在在地滾動起來並獲取最大的利潤。當然，更需強調的一點還是，巨波投資視角可以幫助人們更好地區分交易活躍市場和趨勢市場。仔細觀察宏觀經濟的指向還可以幫助人們更好地識別出趨勢來臨的信號，在無論哪一種情況下，你尋找的都是最適合市場環境的投資策略。

基本面投資者

埃文對選擇股票的熱衷不亞於對 NBA 達拉斯獨行俠的喜愛，作為一位基本面投資者，他分析股票的各種各樣的方法源於對股票金融市場關鍵信號的準確把握，市場資本化程度、每股收益、銷售利潤率、財務槓桿、所有權制度、波動性……你能想到的埃文都比較瞭解。

一旦埃文決定開始著手基本面投資，他也會仔細觀察公司的管理結構和類型，它是創新型的、創造型的、傳統型的還是反應型的企業，埃文都會考慮。甚至埃文還會十分細心地去觀察勞動市場的情況，比如工會是否會聯盟，如果是這樣，下次集體談判會議什麼時候舉行，勞動力的價格是漲還是降。

然而，儘管埃文做了充分的準備，但他還是犯了一個巨大的錯誤。他打算基於基本面分析買 1000 股一個做防彈衣的大企業的股票，但是到了第二年，埃文卻要承受一份與迪特里西完全不同的損失，不僅是一筆金錢上的損失，更重要的是他將失去獲取更多財富的機會，因為第二年，埃文買的股票所在的行業毫無起色，而其他行業基本面優良的股票價格卻更加堅挺，並會創出新高。

如果基本面投資者不好好分析宏觀經濟波動，將不可避免地掉進兩個陷阱中。第一個是在熊市中的好公司；第二個，也就是埃文陷入的，是錯誤的行業中的好公司。不論是哪種情況，基本面投資者都會抓耳撓腮，百思不得其解。

話雖如此，但是我承認，在這裡我對基本面投資方法稍作了改動。

事實上，真正的基本面投資者一開始就會研究目標公司的方方面面——從經營業績、股權結構到公司治理、市場競爭力。同時，他也會認真研究公司所處的經濟環境與政治背景。不過，太多自命為基本面投資者的人都止步於對公司自身情況的分析，因此不可避免地發現自己陷入了「埃文的陷阱」——選擇了錯誤行業中的好公司。

價值投資者與成長性投資者

　　弗蘭是明尼阿波利斯的一位愛狗族。她是一位價值投資者，將整晚的時間用於流覽雅虎財經、Motley Fool、Wallstreetcity.com 和 Smartmoney.com 等各大媒體論壇，希望找到一支價值被低估的股票，好以低價買入。

　　昨天晚上，弗蘭發現了一支絕佳的那斯達克股票：市值超過 1 億美元，本益比低於 10，市淨率低於 1。在躺下休息之前，弗蘭通過網上帳戶下了一個限價委託單，準備第二天一早購買這隻「雪納瑞犬」[10]。

像弗蘭這樣的價值投資者就是典型的價值投資者。他們尋找那些低本益比股票，以及那些他們認為目前市價低於內在價值的股票。他們認為，一旦市場最終認識到估價的偏差，股價就會上漲，他們便可以獲利。

當然，對於華爾街那些認為股票市場是有效市場的投資者來說，像弗蘭這樣的獵犬者和雪茄菸蒂投資者[11]都是很可笑的。他們聲稱對於任意給定

---

10 德國一種古老犬種，屬世界名犬，用以形容股票非常好。——譯者註。
11 獵犬者與雪茄菸蒂投資者都是指價值投資者。——譯者註。

的時間和給定投資者預期，股價總是反映一家公司的內在價值，因此沒有股票被真正低估，市場也不會有什麼所謂的錯誤。但是現實中有數百萬的價值投資者習慣於使用這個策略來時不時勝過標準普爾 500 指數和其主要競爭對手──成長性投資者。

　　成長性投資者選擇那些銷售增長率和利潤增長率都高於平均水準，並且被認為能持續增長的公司。對於這種投資者來說，奧多比公司和思科公司超過 50 甚至 100 倍的本益比並不是股價被高估的標誌，它們的股票也不該被拋售。這些只表明公司相當成功，並且會一如既往地成功下去。

　　到底成長性投資者與價值投資者誰更勝一籌，很難下定論。這個爭論基本上可以歸納為兩個方面，一是在什麼時候評估兩種策略，二是如何回答任何一種投資風格都必須面對的問題：市場的趨勢是什麼？行業的趨勢又如何？

　　在弗蘭的案例中，她選擇的股票屬於一個具有明顯週期性的行業。如果弗蘭在股市下行的經濟蕭條期購買該股，那將是個明智的選擇。因為像美國鋁業、開拓重工和杜邦公司這些具有明顯週期性的股票，它們最大的利潤往往產生在經濟剛剛復甦的起始階段。但是弗蘭並沒有這麼做。相反，她在經濟恢復的後期選擇了一支具有明顯週期性的股票，此時往往接近牛市的頂峰。這種情況下，任何看起來被低估的股票都絕不會被低估。即使是一支業績很好的股票，在市場持續走高的情況下，也不會帶來什麼利潤。更糟糕的情況是，一旦市場趨勢逆轉，這樣的股票會比其他股票下跌得更快、更劇烈。

　　成長性投資者投資中遇到的麻煩基本都與市場趨勢有關，這是因為成長性投資者的利潤大部分來自股票的價格增值，而當整個大市處於下行趨

勢或投資的行業正在下跌時，股價基本不可能上漲。

從以上的探討中我們就能很清晰地瞭解到，為什麼有時成長型股票表現好於價值股，為什麼有時正好相反。投資訣竅就在於弄清楚我們正處於經濟週期的什麼階段，而在這一點上，對經濟波動準確的把握能力將非常關鍵。

變波投資者

喬治是一位居住在華盛頓特區的變波投資者。他白天遊說國會，晚上進行新經濟股票投機。

用這樣的方法，喬治已經在 BEA 系統、藍石軟體、JDS Uniphase 以及風河系統公司上大賺了一筆——所有這些的淨利都超過了 200%。

今天，喬治又發現了新的賺錢機會——一家名為 Phone.com 的公司。該公司生產一種能使普通手機變成專業流覽器的專利產品。公司被市場稱作是「無線流覽器領域中的網景公司」，並且大量的手機製造商，從索愛、諾基亞到斯普林特、Nextel 通信都將以該技術為標準生產產品。這在喬治看來是個很明顯的機會。因此，他立刻通過保證金交易買了 1000 股。

但是在一週之內，喬治就接到了追加保證金的通知，但是他已身無分文，這檔股票令喬治傾家蕩產。他的問題就在於：他陷入了一個佈滿尖釘的盈利陷阱 [12]。

---

12 盈利陷阱是指公司實際盈利水準與之前市場預計的盈利水準之間有差距。——譯者註。

變波投資是華爾街近幾十年來興起的最熱門、最令人激動的投資風格之一。你也許會為了三個疑問而想好好研究一番。第一，為什麼投資於某個行業會如此賺錢。第二，如何根據投資目的將行業再細分為不同子行業。第三，為什麼這種投資風格迄今為止的成績會令人如此震驚。

儘管如此，像喬治這樣的變波投資者也會因為對宏觀經濟波動的判斷失誤而陷入困境。的確，其他投資者適用的基本原則同樣也適用於變波投資者。在這個案例中，手機業巨頭諾基亞公佈了不錯的季報利潤。但是在緊隨其後的新聞發佈會上，諾基亞的首席執行官提出警告，聲稱下一季度的利潤將會大大低於預期。這個消息立刻讓諾基亞的股價下跌了 25%。糟糕的是，這個壞消息立刻吞沒了愛立信、Nextel 通信以及其他手機生產商。Phone.com 當然也受到牽連，受到了重重一擊，股價緊接著就暴跌。

在喬治破產六個月後，Phone.com 漲幅超過了 1.5 倍，對於喬治來說真是太可惜了。

當然，我還能提供更多的例子說明不同的投資風格與策略。比如，有人專門投資小市值股票，也有人專門投資大市值股票；有人關注進行資產重組的公司，有人熱衷於打新股；還有一些投資者不遺餘力地尋找被收購對象。但是至此，我想你已經清楚概況了。

如果你能用你對宏觀經濟波動的理解做好以下三件事，那麼無論投資策略與風格如何，你的投資組合都會有不俗的表現。一是緊跟市場趨勢，二是緊跟行業趨勢，最後是弄清股票市場上不同行業之間的關聯，以及股票市場、債券市場與外匯市場的關聯。

在下一章中，我們將介紹如何逐步達到這三個目標。這將檢驗每個巨波投資者在交易前是否都做了認真的準備。

第**11**章

巨波投資者的股票交易法則

　　加拿大銅礦山礦業公司眾所周知，如今那兒的夥計可能不會那麼高興了。我相信這些人都在非常努力地工作，並且他們公司的收益也非常好，每股收益達到 24 美分，華爾街對公司股票的預期價格是 23 美元，但不幸的是這家公司的股票正在不斷下跌，目前其股價已經從 100 美元左右下跌到約 24 或 25 美元。股價不斷走低的根源在於市場傳言每股收益會達到 28 美分。我聽說的也是這個數字……

　　——安迪‧瑟爾威爾，《富比士》出現在美國有線電視新聞網的

致富頻道

●　●　●

　　在每次飛機起飛之前，一名優秀的飛行員會有條不紊地檢查整個操作規程。他這樣做的目的在於，盡可能使意外發生的風險最小化，從而保護他所駕駛的飛機和機上的乘客，並將貨物安全運送到目的地。同樣道理，謹慎的巨波投資者在投資一隻新的股票之前，也會從頭到尾遵循一份詳細的交易法則清單。這樣做的目的無非是使交易風險最小化且保護交易資產的安全。巨波投資者的交易法則包括以下三個類別：

- 評估整體市場走勢；

- 評估單個行業的趨勢；

- 挑選潛在的投資目標。

最終，巨波投資者的交易主要依據這兩個黃金法則：
- 市場大勢走牛時，購買強勢行業中的強勢股票；

- 市場大勢走熊時，賣空弱勢行業中的弱勢股票。

對於任何個人交易者來說，單純遵照這兩條法則並不能保證一定會盈利。但隨著時間的推移，巨波投資者會知道，嚴格遵守這些法則將會增加青睞的股票投資成功的可能性，從而提供了一條通向長期成功的阻力最小的路徑。下面，我們通過兩個虛擬的交易者，查理斯和安吉拉，來具體分析巨波投資者的交易法則。

查理斯是一個生活在加州長灘的巨波投資者。他的職業身分是一名在美國休斯空間通信工廠的航太工程師。根據東海岸時間，股票交易所在早上 6：30 開市，而查理斯並不需要在上午 8：30 之前到達辦公室，所以他每天至少有一個小時的交易時間。同樣，在查理斯 12 點到下午 1 點的午餐時間段中，他也有閒置時間可以在股市收盤以前進行交易。想要投資賺錢的話，總會有充足的時間，但查理斯對其所投資股票的研究分析，像他在休斯工廠的作業研究一樣一絲不苟。

而安吉拉是亞特蘭大航空公司的一名飛行員。在她不用執行駕駛波音 767 航班飛抵倫敦、馬德里或東京的任務時，她會積極地進行股票交易。和查理斯一樣，她總是會仔細地做好各項投資交易準備工作。正如你可以從

不同的角度來觀察這兩個截然不同的人一樣，也有很多不同的方法來評估市場和行業趨勢，並選擇你的交易目標。

　　事實上，最終的結果是你個人形成一種你自己獨有的巨波投資風格。儘管如此，觀察查理斯和安吉拉是如何研究自己的交易法則的，將會使你在同樣的分析過程中有所收穫。因此，讓我們先從查理斯和安吉拉如何以自己的方式去分析把握市場整體走勢開始吧。

騙我一次，以你為恥

　　當華爾街在不正常的悶熱天氣下汗流浹背地工作時，技術股在被高估的憂慮之下交易萎縮，一篇《巴倫週刊》的文章質疑了思科股票的價格和本益比，還有公司的收益和會計利潤，引發了一場科技股票的恐慌性拋售。

——CNN

　　查理斯的投資箴言是：騙我一次，以你為恥；騙我兩次，以己為恥。2000 年的那斯達克股市泡沫破滅中，查理斯同樣遭受了慘重的損失，他從此決定，以後再也不能被這種虛假繁榮所欺騙了。事實上，如果這次股市崩潰能給查理斯帶來一些啟迪的話，那便是重要的宏觀經濟事件在影響市場走勢中的突出作用。這也是為什麼每週六早上，查理斯通常先打開信箱取出《巴倫週刊》，並直接翻到本週預覽這一版面，以這種方式開始自己一週的投資交易生活。

　　這一版面提供了將會公佈的宏觀經濟指標的詳細日程表。例如在每個

月的初期公佈的指標有汽車銷售額、建設支出和個人收入，每個月末公佈的指標有消費者信心指數和聯邦預算。

當他觀察這些指標的列表時，查理斯總是會將每個報告的具體公佈時間銘記於心。他同時也會記錄哪些報告相對更重要，如零售業銷售額、消費者物價指數以及就業報告；同樣也會記錄哪些報告相對不太重要，如連鎖商店銷售額和消費者信用。然後他開始對不同的指標報告進行分析，並對下一步的政策走向進行推測。舉個例子，假如公佈的消費者物價指數比預期的要高，美聯準也許就會在下一次例會上提高利率水準，這樣就會導致整體市場走勢下行。或者，就業報告顯示失業率上升，實體經濟正在感知通膨壓力時，這會是一個利好消息，給市場一個好的預期。當然，查理斯也清楚地知道，如果失業率的升高被解讀為經濟衰退的早期信號時，市場的反應將是非常消極的。

當查理斯完成了宏觀經濟各項報告的解讀之後，他會接著閱讀《巴倫週刊》的專欄作家評論和正文部分。基本上，他會尋找兩方面的資訊。首先是在市場上過去一週的不同觀點，更重要的是，由此判斷市場未來可能的走勢。第二個與預測走勢相比，更多的是關注具體的股票挑選。確切地說，查理斯想確定是否有任何特定的股票或行業正在受到現實中有利或不利的新聞報導影響。事實上，查理斯曾經因為《巴倫週刊》的一篇報導而對思科公司的股票鍾愛有加，卻因此蒙受了巨大的損失。所以他不希望有同類事情再次使他產生投資衝動：騙我兩次，以己為恥。

一旦查理斯完成了專欄作家評論和正文部分的閱讀之後，他便認真地開始了自己的正式分析工作。這時候，他會戴上老花鏡，開始認真梳理這些重要資訊。比如，他最喜歡的部分之一便是短期利率調查報告，以反映

賣空數量是否正在增加或減少。查理斯堅信賣空數量的大幅下降通常預示著一個上漲的市場走勢。

除此之外，查理斯也會仔細地觀察其他一些市場情緒指標。他最看重的是投資顧問信心指數和看跌解讀。這種逆向指標通過抽樣調查反映投資顧問對未來市場走勢的判斷。查理斯知道，當看漲的人比例過高時，市場上便不會有足夠的新增入市者來保證股價上升，從而可能會導致市場下行。同樣的道理，當市場上看空的比例提高時，場外會有很多持有現金的觀望者為股市的下一輪上漲備足資金。

而安吉拉並不會像查理斯一樣早起閱讀《巴倫週刊》。相反，當她沒有出航任務時，她總會在週六睡一下懶覺，一部分原因是她的長期飛行時差，但是主要的原因在於，大多數夜晚她會熬夜上網直到淩晨兩三點，目的是為了尋找新的目標股票和分析市場發展趨勢。

安吉拉更喜歡通過網路來獲取各種宏觀經濟資訊，這也是她為什麼會在週六下午流覽諸如 Dismalscience.com 一類的網站的原因。這些網站不僅羅列各種即將發生的事件，同時也提供各種宏觀經濟報告的深度解讀。安吉拉就是通過這種電子資訊管道來完成自己的市場趨勢判斷的。

看美國全國廣播公司財經頻道 —— 洞察市場動態，把握盈利機會

在一天當中，美國全國廣播公司財經頻道的節目諸如深度新聞報導和經理人澄清市場流言的訪談都會影響股票價格。因為這些新聞報導總是會影響與之相關聯的股票的供求關係。

—— 克里斯多夫・法瑞爾（Christopher Farrell）

儘管查理斯和安吉拉居住在不同的時區，並且有著截然不同的睡眠習慣，但是在週一早上，也就是一週的市場交易正式開始的時候，他倆都會做兩件重要的事情。第一，都會將電視調至商業新聞；第二，都會特別關注東部時間上午 8:30 至 9:30 這一時段的新聞。在股票開市之前的早間新聞時段是屬於宏觀經濟資料的魔幻時段。在這個時段裡，政府的許多資料報告都會公佈，儘管股票市場尚未開盤，但是債券市場已經開市。查理斯和安吉拉都知道，債券市場對於第一天新聞的反應是即將開市的股市的良好風向標。

舉個例子，消費者物價指數或者國內生產總值指標出乎意料的上升可能是通貨膨脹的預兆。假如針對這一消息，債券價格急速下行，這表明債券市場的反應是基於美聯準可能提高利率水準的判斷，這意味著股票市場可能會開盤走低。

不僅僅是宏觀經濟資料發佈使得 8:30 至 9:30 這一時段如此重要。在這一時段，芝加哥期權市場開始交易。這意味著人們正頻繁地交易標準普爾期貨和那斯達克期貨；查理斯和安吉拉密切地關注著位於電視螢幕側邊框的期貨價格走勢。假如這些和實際指數及自身的公允價值都息息相關的期貨有明顯的價格上漲，這意味著股市會有美好的一天。同樣，如果期貨價格走低，便是封倉或者做空的時機。

對於兩人都看的電視節目而言，安吉拉會比較偏向於選擇彭博電視臺。部分原因在於彭博能夠比較全面地覆蓋歐洲和亞洲的新聞，而這些區域也正是她一直飛來飛去的地方。這些新聞能夠幫助安吉拉即時跟蹤其包含不同國家股票的投資組合，比如波科海姆科技有限公司、德國電信以及愛立信公司。更為重要的是，安吉拉相信歐洲股票市場的走低通常預示著美國

股市同樣走低，因此這是個很重要的市場趨勢指標。

　　相反，查理斯則認為歐洲股票市場的走勢通常是基於美國前一天的新聞而做出的反應，因而並不是美股當天走勢的預測指標。因此，他通常只看美國全國廣播公司財經頻道，主要關注的就是美國市場的各種動態。其中包含許多不同類型的分析方式，許多都具有鮮明的特性，比如蜜雪兒‧卡盧梭的行業觀測，瑪麗亞‧巴蒂羅姆在市場開始交易前的快速分析，湯姆‧科斯特洛的那斯達克市場線博弈，喬克南對市場贏家和輸家的冷嘲熱諷，以及查理斯所鍾愛的，債券市場分析員中的脫口秀王者里克桑特利。

巨波投資者的日誌

　　　　5 月末的一系列經濟資料，諸如住宅、製造業以及就業趨勢，提升了市場需要提高利率水準來阻止過於紅火的經濟步伐的願望。但是在週五公佈的比預期要強勁的 6 月零售業銷售額後，政府債券的價格下滑。市場價格現在正反映市場參與者的一種不斷增強的預期，即中央銀行將在 8 月 22 日的會議上提出收縮信貸的決定。

　　　　　　　　　　　　　　　　　　　　——《投資者商業日報》

　　有趣的是，除了都對股票市場節目情有獨鍾以外，查理斯和安吉拉還有一項共同之處，就是他們的電腦旁邊都有一本記錄核心經濟指標運行表的日誌。表 11-1 說明了安吉拉的記錄方式。在表格的第一列中，按順序列明按月或者是按季公佈的核心經濟指標，其中按季公佈的用斜體標出。

而對於第二列，評估了該項報告對市場可能帶來的影響程度，對於一個像消費者物價指數這樣的四星級的報告肯定要比個人收入和消費的二星級報告給市場帶來的影響要大得多。同時可以看到，其他列使用的是字母，其中 U 表示上行，D 表示下行，N 表示中性，用哪個字母源於安吉拉根據最新的指標所做出的市場走勢判斷。

舉個例子，假如 5 月分的建設支出報告表明支出適度增長，且通貨膨脹不會構成威脅，這是一個利好消息，基於這條消息會對市場有正向的推動作用的判斷，安吉拉就會標記一個字母「U」。同樣，如果經理人消費指數下降進入一個衰退區間，這是一個利空消息，會導致市場下跌，安吉拉就會記下一個「D」。

現在觀察一下安吉拉的表格中的符號，在一些情形下可以看到，比如第三列，5 月分的所有指標影響預測是比較混合的。有些報告對於市場是利好消息，有些是利空消息，有些則是中性的。這種情況本身就是一個非常有用的資訊，因為它常常可以提供一個側面的視角或者說明市場走勢充滿不確定性。安吉拉喜歡在這種市場環境下進行低買高賣的交易，因為這種市場交易機會多，價格漲到阻力位後總會回落到支撐位。這是進行低買高賣的絕佳市場環境。

但是，觀察表 11-1 的第四列可以發現，幾乎所有的經濟指標都是看跌的。這無疑表明市場將形成明確的下跌趨勢。然而，如果你們沒有像安吉拉這樣記錄一本日誌，你也許就會忽略這種清晰的市場趨勢，未來便可能在股市下跌中蒙受損失。但是安吉拉不會，因為她會選擇在那個月全部賣空。

表 11-1　安吉拉使用的用於市場預測的宏觀經濟指標

指標	級別	5 月	6 月	7 月	8 月
建設支出	*	U	D		
經理人購買指數	***	D	D		
轎車和卡車銷售	**	N	D		
個人收入和消費	**	U	D		
新房銷售額	**	U	D		
連鎖商店銷售額	*	N	U		
工廠訂單數	*	D	D		
職業報告	****	U	D		
領先指標指數	*	N	U		
消費信貸	*	D	D		
產出和成本	****	U	D		
零售業銷售額	****	N	D		
工業產出和產能利用率	***	U	D		
商業庫存	*	D	D		
生產者價格指數	***	N	U		
消費者物價指數	****	U	D		
新開工住宅面積	***	U	D		
國際貿易	***	D	D		
消費者信心	***	N	D		
聯邦預算	**	D	D		
耐用品訂單數量	**	U	D		
雇傭成本指數	***	D	U		
現房銷售額	**	U	D		
國內生產總值	***	D	D		

　　安吉拉在做趨勢判斷時，很大程度上依賴《投資者商業日報》和《華爾街日報》對於各種報告的解讀和分析，同樣也會參照 Dismalscience.com

網。她同樣也會認真地閱讀 IBD 的宏觀概覽專題。這個有關股市運動的專題既反映了最新的宏觀經濟資訊，又體現了其他的市場走勢催化劑，如意外收入，公司合併及新政府立法。

一些有用的市場指標

在確定怎樣使各種宏觀經濟運行指標判斷得出的整體市場走勢與基本分析得到的類型相一致時，查理斯和安吉拉都很好地運用了一些技術性趨勢指標。查理斯最常用的是「跳動指數」，這個指標使用的代號是 $TICK，並包含在他的線上投資組合當中。你也許會記得在之前的討論中，跳動指數是一種簡易的統計數字，等於紐約證交所正在上漲家數減去下跌家數。查理斯認為，如果交易當天跳動指數為正，意味著牛市行情有所加強。相反，如果跳動指數的結果為負，則表明下跌趨勢占優，不過熊市尚可控制。

安吉拉同樣喜歡使用跳動指數，但是她同時也要觀察阿姆氏指標（TRIN）和標準普爾期貨指數。當 TICK 指數平穩地居於零以上，而阿姆氏指標位於 0.5 和 0.9 之間，且標準普爾期貨呈上升趨勢，安吉拉一整天都可以給其低買高賣代理人打電話委託進行投資交易。然而，當 TICK 指標和 TRIN 指標的方向相反時，安吉拉明白市場正充滿風險。多方和空方正在進行鬥爭，如果她選擇在交鋒的中間進入，則會遭受嚴重的損失。這也是她為什麼經常在跳動指數和廣量交易指標衝突的時候選擇旁觀的原因。

行業觀察

　　下面讓我們分析查理斯和安吉拉是如何通過自己的方式來評估行業趨勢的。下列問題很重要：哪些行業走勢強勁而哪些行業走勢低迷？哪些行業在改進而哪些在惡化？行業轉化的模式是什麼？舉個例子，資金是否從電信和電腦行業轉移到如食品和醫療保障等防禦性的行業？資金流向哪些行業方向？

　　作為一個習慣閱讀紙質媒體的傢伙，查理斯透過閱讀《華爾街日報》的一些版面來試圖解答這些問題。一個版面是「道瓊工業組織表格」，其中列示了前幾天領先的行業和落後的行業，同時包括這些行業中的最強勢和最弱勢的股票。另一個版面是「道瓊全球行業最具波動者」，這個表格同樣列示了領先和落後的行業以及代表性的股票，但是這個表格會更加詳細，同時具有全球性的視角。為了進一步獲取子行業的詳細資訊，查理斯也會流覽《投資者商業日報》的「工業價格」版面。其中列示了根據過去六個月的價格表現排名的 200 個行業和子行業。同時也會特別標示出前些天的最佳和最差市場表現者。

　　相反，安吉拉則是完全透過互聯網進行行業觀察。在她對行業進行技術分析時，她採用市場邊界的產業集群分析法，這個工具可在不同的時間區間、使用不同的技術標準對所有的行業依照最強到最弱的順序進行排序。同時，這個工具也可以揭示哪些行業在不斷改進，而哪些行業在不斷惡化。值得注意的是，這個工具同樣也可以幫助安吉拉很容易地對某一個行業內的從最強到最弱的股票進行識別。當部分地遵循股票交易黃金法則，即只買上漲的股票，只賣下跌的股票時，這個工具會很有幫助。同時，安吉拉

總是會細心地閱讀《美國財經》（Smart Money）的「行業追蹤」版面，以及市場顏色編碼圖。後者是一個用來監測整個交易日行業輪換的特別有用的工具。

尋找有投資機會的目標

除了分析市場和行業趨勢，查理斯和安吉拉每週都要做的一項重要工作便是找出具有投資機會的目標。因為他們都是巨波投資者，他們都明白完成這項工作的最佳途徑是基本分析和技術分析。然而，對於這兩個人而言，有趣的是其篩選股票的順序有所不同。

查理斯是一個革新的價值投資者，他早期的偶像是班傑明・葛拉漢和華倫・巴菲特。因為其遵循價值投資的原則，查理斯採取自下而上的方式來完成他的巨波股票投資研究。根據他的方法，他首先分析股票的基本面。只有當他找到基本面比較突出的股票之後，他才會對目標股票的技術面情況進行分析，以確定是否適合投資。

查理斯的股票調研方法是兼收並蓄的。當然，他是一位狂熱的藍籌股雜誌讀者，比如《彭博個人理財》、《商業週刊》、《經濟學家》、《家庭理財》（Family Money）、《富比士》、《財富》、《吉普林》（Kiplinger's）、《錢》、《美國財經》和《價值》。但是，查理斯也會訂閱其他不同種類的雜誌，比如《積極投資者》、《個人投資者》、《紅鯡魚》及《股票和商品》。在他狂熱的閱讀過程中，他總是能不斷地發現新的股票來研究。一旦查理斯發現了一檔新股票，他才會不情願地登錄網路去獲取資訊。這是因為就連查理斯也不得不承認，目前互聯網會比任何紙質資訊來得迅捷

並且高效。事實上，也正是這個原因，查理斯最終毫不客氣地拋棄了他已有十五年訂閱歷史的《價值》雜誌。

如今，查理斯也會使用諸如美國全國廣播公司網、財經萬維網、胡佛網和華爾街城市網等金融類資訊網站。這些網站都有一些非常複雜的股票篩選工具，基於不同的分析基礎，諸如現金流、股息升息率、市值和每股盈利、本益比以及機構持有者數量，可以篩選出不同類別的股票。同樣這些網站也提供歷史價格資訊，查理斯可以用來進行停損點分析。作為一名一絲不苟的工程師，他也會流覽雅虎金融和 Earningswhisper.com 來分析他的潛在投資目標的利潤盈餘。他不僅想知道下一次盈餘分配的具體時間，也想仔細比較那些行業分析師對市場傳言的看法。查理斯的這種想法無意識地落入了「盈利陷阱」。

一旦查理斯完成了他的基本分析，就開始進行股票挑選過程中的技術分析。不過，查理斯承認他的技術分析是十分簡單且粗糙的。事實上，他唯一要做的就是打開 Bischarts.com 上的一個表格，然後看一下這檔股票 50 日和 200 日的均價。查理斯的經驗法則是：如果股價低於這兩個均價中的任何一個則決不買入。他清楚地知道，如果這兩個平均價格被擊穿，共同基金便會開始大量拋售這檔股票。這樣會導致股價下跌速度異常加快，好比沒有降落傘的跳傘運動員的下降速度。

與查理斯自下而上的選股順序明顯不同的是，安吉拉更傾向於自上而下的選擇路徑。有些時候，她也會使用她的賽博公司的交易軟體來做自己的技術分析。每天，她也會查看 Market Edge 網站的「Money Runner」頻道來獲取當天的市場交易情況，同時她也會訂閱一些股票篩選的服務，如 Pristine Swing Trader、eGoose.com、Changewave.com。Money Runner 這個

技術工具可以在分析一系列技術特徵的基礎上同時識別出買和賣的交易目標。這些技術特徵不僅包括簡單的移動平均值，同時包括一些更複雜的統計資料，如隨機震盪指標、相對強度指標、布林帶、移動平均的收斂發散指標。同時，Market Edge 網站的「Second Opinion」欄目提供很好的股票支撐和阻力位參考，安吉拉可以用它們來幫助自己的股票買賣交易。

　　不過，安吉拉對於技術分析或者是股票類期刊訂閱服務是非常謹慎的。她不僅從痛苦的經歷中明白所謂的最佳購買或大力推薦和行業趨勢、市場走勢一樣，僅僅表明這個點位可以進入投資，同時也清醒地認識到技術分析師們所推薦的股票中，建議購買的股票其基本面可能糟糕透頂，而一些他們建議拋售的股票基本面則可能十分優良。在這種情況下，單純依賴技術分析建議來指導市場操作是蘊藏巨大風險的。

　　這也是安吉拉對於經過技術分析篩選出來的股票都要進一步仔細查看基本面的原因所在。為了節省時間，她通常會使用一個非常簡單但是很有效的工具。這便是《投資者商業日報》為每一天的股票進行排名的五類排名系統，這個系統包括每股盈利的排名、相對價格優勢排名、行業集團的相對強勢排名、銷售利潤率和股票累計盈餘分配排名。在使用投行的資料輔助決策時，安吉拉的決策規則十分簡單。她只在每股收益排名前 85 位並且銷售毛利率排名在 B 及其以上的股票中進行買入操作。同樣，她只會在一檔股票的每股收益排名低於 50 並且銷售毛利率排名在 C 及其以下時才會進行賣空操作。

　　至於可能陷入盈利陷阱的情況，安吉拉絕不會允許這種失誤再次發生。在幾年前的短短兩週時間裡，她在諾基亞、威視和世界通訊這三檔股票上損失超過 25000 美元。它們都是因為負面消息的影響，導致其股價大幅下

跌。事實上，為了忘記這段痛苦的經歷，在每年上市公司公佈年報和季報
的季節，安吉拉都會精心安排她的飛行計畫和度假方案，這樣也可以抑制
自己非理性的投資衝動。

此外，安吉拉在其投資生涯的早期因為持有一系列的醫藥行業股票而
遭受損失，原因是當時的克林頓政府提出一項衛生保健法案，從而釀成了
製藥行業和克林頓政府的雙重災難性慘敗。因此，安吉拉明白自己也必須
要很認真地閱讀並分析政治和立法方面的新聞。事實上，她自己是她所知
道的唯一定期閱讀《華盛頓郵報》網路版的投資者。

一些補充性股票篩選方法

更廣泛地說，安吉拉和查理斯都會一直關注他們潛在投資對象的最近
消息。他們尤其關注監管或者是立法方面的最近進展情況，因為這些消息
可能會對某檔股票、該股票所在的行業或者是行業中的領頭羊產生影響。

查理斯通常使用 Redchip.com 網來完成他的日常新聞閱讀。這個網站甚
至可以提供一個包括 90 檔股票的投資組合的跟蹤服務功能，通過郵件將查
理斯的投資組合中的股票的最新消息發給他。相反，安吉拉傾向於使用哥
倫比亞廣播公司的市場監測網來完成她的市場訊息篩選。因為經常受到一
些粗魯的語言冒犯，查理斯會拒絕使用股票分析聊天室來獲取資訊，但是
不同的是，安吉拉總是會查閱各大網路論壇。儘管論壇中充斥著粗俗的言
語，甚至總會有一些別有用心的人散佈各種流言來誤導別人以期帶來股價
的上下波動，謀取非正當收益，但是安吉拉總是相信從這些論壇中可以採
集許多寶貴的資訊，以為己所用。

　　當安吉拉流覽網上論壇的時候，她總會短暫地訪問（NET.com）。在這個網站中，她可以輸入任何股票的代碼，然後搜尋引擎都會從她最鍾愛的四個版面中搜出所有與這檔股票相關的資訊，這四個版面分別為「各色傻瓜」、「憤怒的公牛」、「矽谷投資者」和「雅虎金融」。在查理斯和安吉拉最後一步的股票篩選中，他們都會進一步確定某檔股票在其特定的行業中是領導者還是落後者。這樣一來，《投資者商業日報》給出的排名會給他們提供參考。同時，查理斯和安吉拉都特別喜歡使用 Bigcharts.com 的行業分析版面。這個版面提供了在不同的時間段市場表現最優和最差的股票名單列表，時間段分為一週、一個月、一年或者是五年四種。

　　查理斯和安吉拉都明白需要做很多的功課才能進入股市、把握市場走勢，並且發現突出的股票交易機會。但是從他們個人的經驗來看，他們都深深明白，認真地遵循巨波投資法則來為未來一週的投資交易做準備是何等重要。這也正是他們都能用自己的方式成為一名優秀的巨波投資者的原因所在。

第三篇

巨波投資實操演練

第 **12** 章

領先、落後或者閃一邊

　　在本章的開篇，我還想強調一下本書序言中的一段重要文字：

　　聯邦準備理事會提高利率、消費者信心下降、巴爾幹半島爆發戰爭、巴西遭遇嚴重乾旱使咖啡減產、鹿特丹油價飆升、國會通過醫療法案嚴格控制處方藥品的價格、美國貿易赤字再創新高……這些宏觀經濟事件，即使其中一些遠離美國本土數千公里，也會影響美國股票市場。雖然其影響方式千差萬別，但仍然具有系統性和可預測性。無論你的投資風格如何，如果你能瞭解一些宏觀經濟事件對股票市場的影響邏輯，你就會成為一個更好的投資者。這就是根據宏觀波動進行投資的魅力，也是本書要詳細討論的內容。

· · · ·

　　本書第三部分旨在更詳細地闡述宏觀經濟事件對股票市場及各行業的系統性影響及預測方式。目標在於幫助交易員或投資者使用宏觀經濟資訊，更好地安排交易時間，更準確地選擇投資行業。

　　為了實現這一目標，我們必須學會各種宏觀經濟指標，這些指標定期（每週、每月或每季）發佈。學會這些指標有時有些困難，為了幫助你，

我必須按宏觀經濟問題對指標進行分類，每個經濟問題都涉及與之緊密相關的宏觀經濟指標。

例如，在第 13 章中對經濟衰退時期投資時間安排問題進行討論時，將為你介紹兩個最重要的反映經濟衰退的指標——新屋開工數和汽車銷售量的減少。同樣，在第 15 章「捕捉通貨膨脹之虎」中，你將會深入瞭解與通貨膨脹緊密相關的兩個重要指標——CPI 和 PPI。但請注意，在後面我會按照不同的專題把這些指標分章介紹，不過這種安排純粹是人為劃分。實際上，在任何時候，任何一個宏觀經濟指標都會提供某一個宏觀經濟問題的一些重要資訊。因此，我們利用宏觀經濟資訊指標提高我們的股票投資業績時，必須把這些指標放在特定的經濟環境中去理解和使用。

好消息或許也是壞消息

> 新的就業機會急劇增加，美聯準調低利率的期望落空。買盤壓力增加，股市應聲下跌，那斯達克和標準普爾 500 高達 1820 億美元的市值瞬間蒸發……這些壞消息的起因，竟然是一則好消息——勞工部今晨報告，失業率在 2 月分下降到 5.5%，全美新增就業人數 70.5 萬人。
>
> ——《錢線》（Moneyline）

這段話是否讓你明白我們一直強調決策環境很重要的原因了嗎？在華爾街這個神奇的迷幻世界裡，好消息或許就是壞消息，壞消息反過來也可能是好消息，只有這些消息發佈當時的經濟環境可以幫助我們做出判斷。

例如，在經濟開始下滑時，失業率增加、工業生產下降、消費信心下滑，這些消息對於華爾街都是壞消息，會導致股價急劇下跌。在經濟開始下滑的特定情況下，華爾街彌漫著對衰退的一種恐懼，這些壞消息無疑會強烈地加重這種恐懼心理。

但是，情況也可能完全相反：如果經濟處於過熱且通膨階段的後期，失業增長、生產減少、消費信心下滑，同樣是這些看似不好的消息，卻可能被華爾街看作好消息，股價隨之飆升。在這種情況下，華爾街最為擔心的是美聯準提高利率，而不是經濟停滯。在這種特定情況下，任何經濟放緩的信號都有助於降低這種恐懼，恢復市場的信心。因此，在閱讀後面幾章內容時，對任何一個經濟指標的理解和把握，都應該切記：環境至上。

接下來，在將指標分類之前，我們還需要完成兩個重要的任務：一個是對領先指標、滯後指標、同步指標進行區分，這個區分極其重要；另一個任務是瞭解在股票市場變化中預期的重要作用。

並非所有指標同等重要

領先指標會告訴我們即將發生什麼。例如，建屋許可數會在經濟真正進入衰退的前幾個月就開始下降，或者說，建屋許可數開始下降意味著數月後經濟會真正進入衰退。因此，建屋許可數就是經濟衰退的一個領先指標，巨波投資者喜歡這類指標，因為可以用這些指標很好地預測股市和行業趨勢的變化。

相反，一個滯後指標只在商業環境已經發生變化之後才會顯現這種變化。例如，平均失業時間就是一個典型的滯後指標。這是因為，平均失業

時間的縮短總是出現在經濟擴張之後；而平均失業時間突然拉長往往可能會出現在經濟開始衰退之後。從這個意義上來講，滯後指標提供的資訊僅僅是對已經發生的經濟事件的事後確認。儘管對於確認變化趨勢很重要，但滯後指標對於巨波投資者的作用較小。

　　至於同步指標，其變化與經濟發展趨勢一致，用來反映經濟現狀，比如非農業薪資、個人收入和工業產值。巨波投資者發現，同步指標可以更好地確認或否定領先指標預示的經濟發展趨勢，而在預測經濟趨勢變化方面的作用要弱一些。表 12-1 列出了一些主要的領先指標。一些非營利組織在每月的第一週發佈這些指標資料以預測隨後兩個月的經濟趨勢。表中左側列出指標的名稱，右側是關於指標的說明。

表 12-1　主要領先指標一覽表

領先指標	說明
平均工作週數	工作時間長，意味著繁榮擴張；工作時間短，意味著蕭條衰退。
首次申請領取失業救濟金的人數	首次申請人數增加意味著進入衰退，減少意味著即將繁榮。
延時交貨的公司的百分比	延遲交貨意味著公司繁忙，提前交貨意味著公司業務較少。
工廠接到的新增消費品訂單數	這是生產的第一步。訂單增加，生產跟進；訂單減少，將會減產。
建屋許可數	當美聯準提高或降低利率以抑制或刺激經濟時，該指標最先顯現。
消費者信心指數	當消費者信心開始上升時，經濟也就會進入上升通道；當信心下降，經濟也會隨之走低。
工廠購進投資品的新訂單數	不斷增長的投資意味著擴張和牛市；不斷下降的投資意味著收縮和熊市。

（續前表）

領先指標	說明
標準普爾 500 指數	從歷史上來看，在經濟衰退襲來的數月前，該指數會達到頂峰；在經濟復甦開始的數月前，該指標就會顯示出谷底。
貨幣供給（M2）	更多的貨幣供給意味著較低的利率和更多的投資機會；反之亦然。
利差（10 年期債券利率減去聯邦基金利率）	當短期利率超過長期利率時，這種倒置預示著衰退。

　　如果你曾經對宏觀經濟指標有所涉獵的話，一定會對表中的一些指標有所瞭解，因為這些指標得到媒體的廣泛關注。當然，具有諷刺意味的是，這些領先指標在經濟週期中準確預測拐點的情況極少。的確，華爾街上令人啼笑皆非的故事是，這些指標將最近的 5 次衰退預測為 10 次。更為重要的是，這些指標對股市的影響遠不及我將要討論的一些指標。主要的原因在於，這些指標反映的是過去的歷史資料，因此，從各方面來考慮，截至資料發佈時，領先指標作為陳舊的消息，對股市的影響早已被股市消化。在隨後的幾章中，你將會徹底明白我的意思。在此之前，作為本章的結束，我將討論一下「預期」在股市的重要作用。

事情尚未發生，但其影響確實已經存在

　　為了更好地理解預期對股價的影響，我首先向你介紹「事件研究」這種技術方法。事件研究法用來測量宏觀經濟資訊對股市的影響，其本質在於，將沒有預期到的宏觀經濟事件發生前與發生後的股價進行比較。注意，必須是沒有預期到的，這很重要，是問題的核心所在。

　　幾乎所有華爾街最優秀的職業投資者都在仔細研究宏觀經濟事件。有經驗的投資者在仔細研究宏觀經濟事件的同時，也會形成預期。華爾街的投資分析師和經濟學家會定期提出他們對未來公佈資料的預測。

　　更重要的在於，這些有經驗的投資者不僅會形成自己對宏觀經濟事件的預期，而且，他們也在這些事件真實發生之前根據預期進行交易。比如，假定華爾街一致預期 CPI 將大漲，此時，這些有經驗的投資者很可能會從對通貨膨脹敏感的一些行業轉向防守型的行業。因此，當這些預期變為現實時，市場不會再有大的反應。原因在於：市場已經調整過了！

　　華爾街根據經濟預期進行交易的情況，使得統計師計量宏觀事件對股市的影響甚為困難。有一個特定的例子，假定一個名叫笨蛋的教授正在觀察 CPI 指標公佈前後的股價。因為他沒有看到股價有什麼變化，他就武斷地做出一個結論：CPI 對股價沒有影響，並且在統計上極為顯著。當然，我們明白，這簡直是胡說八道！笨蛋教授沒有注意到的是，股價在很難準確界定的一段時間──也許是三天、四天、一週，或許是兩週或一個月──之前已經對通膨預期做出了反應。

第 **13** 章

馴服經濟衰退大熊

在過去短短不足 16 個月的時間內，美聯準調高利率 16 次之後，羅伊心中盤算，格林斯潘一直在收緊經濟的韁繩，現在該是最終控制住經濟過熱局面的時候了。正因為如此，汽車銷售連續兩個月出現下降、新屋開工數連續三個月減少、平均週工作時間也出現縮短等消息公佈時，他幾乎沒感到驚訝，認為在情理之中。

羅伊心想，該進行投資調整了，並且他的調整也極其迅速果敢。他賣出了全部股票，包括他極其推崇的甲骨文公司的股票，轉而投資於債券。

四個月之後，正如羅伊預測的那樣，經濟衰退如期而至。在接下來的一年中，由於美聯準將利率調低 200 個基點，整個債券市場和羅伊的債券投資的價值大漲，而此時，道瓊和那斯達克股指處於 5 年來的最低水準。

在股市不景氣的漫漫黑夜裡，羅伊夜夜都可以進入香甜的美夢之中。在經濟蕭條的美國，尚能購置豪華轎車的消費者鳳毛麟角，他是其中之一。羅伊炫耀著自己的小轎車——流線型的新款保時捷，並極富感情和寓意給它起了個綽號：熊。

· · ·

羅伊明白，經濟衰退開始就會給股市帶來災難，其後會進入令人恐懼的漸進式螺旋下降過程。

提高利率會增加美國大部分行業做生意的成本。成本增加導致價格上升，進而引起需求減少，更何況消費信貸因利率提高也受到抑制。隨著消費需求的減少，企業產品庫存增加，工廠不得不削減工人的勞動時間。隨著雇工收入的減少，他們的消費變少，企業銷售下降，更多的商品庫存開始堆積，很快，企業開始解雇工人。這並不能解決問題，卻意味著消費會更少，銷售會更低，生產會更加減少，失業會更多。衰退通道裡的這種螺旋式下降，最終會影響到每家公司的淨利潤，由於股價最終受淨利潤的影響，所以在經濟衰退時期，股價勢必下降。

至於衣冠楚楚的「殯葬業者」——也叫做債券交易人——正興高采烈地為經濟衰退收屍。他們知道，經濟衰退襲來時，美聯準一定會啟動降息政策。由此導致債券利率下降，既然債券的價格與利率呈反向變動，這意味著債券的價格一定上升。利率正在上調至最高峰，且經濟衰退正要開始的時候，果斷地買入債券是你致富以購置豪華別墅的最理想的一條道路，其原因大概在此。

當然，問題在於，你如何識別何時經濟衰退就隱約出現了呢？至少在表 13-1 中你會找到部分答案。該表列出了一些關鍵的衰退指標，並按照市場反應進行一星到五星的評級。

從表中可以看出，機智的巨波投資者需要關注兩套報告，一套是汽車銷售報告，另一套是房地產行業的報告。在經濟步入衰退或走出衰退時，這兩個行業會最先顯現出來。

表 13-1　關鍵的衰退指標

指標名稱	市場反應評級	資料來源	數據發佈
汽車銷售	***	商務部	月度；每月的第三個工作日
新屋開工數、建屋許可數	****	商務部	月度；每月 16 日到 20 日之間
成屋銷售	**	全美房地產經紀人協會	月度；每月 25 日左右
新屋銷售	**	商務部	月度；大約在每月的最後一個工作日前後
營建開支	*	商務部	月度；每月第一個工作日
失業救濟初次申請人數	***	勞工部	週報；每週三
就業報告	*****	勞工部	月報；每月的第一個週五

　　另外，美國勞工部發佈的相關報告中有兩個反映經濟衰退的極為重要的報告。失業救濟初次申請人數反映上週有多少因失業申請救助。就業報告更為重要，重要程度為五顆星。該報告不僅分行業、地區報告失業率，而且還提供平均週工作時數和平均小時薪金等有價值的資訊。下面我們仔細分析每一個指標。

客車與貨車銷售——通用汽車的好消息是什麼？

　　汽車製造幾乎占美國經濟產出的 4%，所以，汽車行業的狀況對經濟很重要。汽車銷售額是經濟衰退的一個領先指標，它經常會有大的變動。就銷售額和占全球經濟產出的份額來講，通用汽車和福特汽車是全球最大的兩家公司……

——《紐約時報》

　　幾年之前，該指標僅指轎車銷售。然而，隨著家用小型貨車和高耗油的越野車進入家庭，這兩類車作為輕型卡車也被包含在該指標中。三大汽車製造商——戴姆勒克萊斯勒、福特和通用分別報告自己的汽車銷售。商務部匯總這些報告，計算出年度汽車銷售增速。市場對此極為關注，該資料通常在每月的第一週內予以公佈。

　　汽車銷售報告一直以來重要程度為三顆星，你應對其給予相當的關注。在市場處於關鍵的拐點時期時，你對該指標應更加關注，此時給其重要性以五顆星才算恰當。如果你準備購進汽車行業的股票時（比如輪胎、汽車玻璃、鋁合金和汽車鋼材等），你對汽車銷售報告應給予特別的關注。

　　該指標之所以重要，是因為在經濟開始走向衰退時，它和新屋開工數指標最先顯現。這是因為，當消費者開始擔心經濟前景時，他們最先考慮的就是推遲或取消汽車和房屋等大額消費支出。因此，汽車銷售指標應該是巨波投資者關注的重要領先指標。

住房報告——煤礦中的金絲雀

> 　　住房產業會影響經濟當中的其他部門。當房屋銷售減少時，人們的家居消費、家電消費和房屋陳設消費都會減少。結果導致零售額減少和這些行業就業機會的減少。
>
> 　　　　——《里士滿時報》（The Richmond Times Dispatch）

　　住房產業在經濟中占比很大，占所有投資支出的四分之一還多。關注這個行業需要瞭解的報告包括：新屋開工與建屋許可、新屋銷售、成屋銷

售和營建支出。在這四個報告中，最為重要的是新屋開工與建屋許可。與汽車銷售指標一樣，它是非常好的經濟衰退的領先指標。

新屋開工與建屋許可——清晨的鐵錘敲擊聲悅耳動聽

> 新的經濟資料表明經濟發展適度，減輕了人們對通膨預期的恐懼程度，因此，週二的股票交易活躍，創下上次下跌逆轉後的新高……新屋開工數大幅降低的消息一經公佈，股票開盤價就驟然變臉，隨後，債券市場的價格急速上升……儘管住房資料引起了人們對衰退的關注，但股票評論員說，市場認為這是好消息，因為它表明經濟在慢慢降溫，也會降低通貨膨脹。
>
> ——美聯社

商務部每月 16 日到 20 日之間報告新屋開工和建屋許可的資料。這份重要程度為四顆星的報告按照中西部、東北部、南部和西部分區報告，然而地區資料因受天氣變化和自然災害的影響變化無常。

新屋開工與建屋許可是非常重要的領先指標，我們也已經注意到，美國經濟諮商會的領先指標表中已經包括建屋許可指標。與汽車銷售指標一樣，它們在經濟衰退時最先下降；經濟復甦時最先上升。的確，過去 50 年中，幾乎每一次經濟好轉都是由這兩個部門先行好轉推動的。

與我們所有的報告一樣，想知道股票市場對建屋許可數變化如何反應，我們需要知道經濟處在經濟週期的哪個階段。正如對美聯社文章的摘引，在經濟擴張的中期或後期，如果人們關注通膨，新屋開工的增加被股市解

讀為熊市的兆頭；而在經濟週期的谷底或擴張的早期階段，新屋開工數的增加被認為是牛市的徵兆。

新屋和成屋銷售──抵押貸款的美國夢

全球經濟的混亂可能於下一年波及美國，受這一消息不斷增強的影響，股市連續兩天暴跌 200 多點……本週股價的下跌由來自全球的一系列消極消息所致，經濟學家們的判斷更加加重了沮喪氣氛的瀰漫……美國製造業連續四個月的下滑主要是因為出口的不斷減少。新屋和成屋的銷售額連續兩個月來也在不斷減少……「將所有零星的塊塊，像拼圖一樣拼起來，正在顯現出來的圖像並不怎麼美麗！」波士頓伊頓萬斯投資管理公司的副總裁兼投資經理羅伯特先生說。

──《奧斯丁美國政治家日報》（Austin American Statesman）

全美房地產經紀人協會於每月 25 日左右公佈上月的成屋銷售情況。該銷售額對抵押貸款利率的變化極其敏感，反應迅速，僅有幾個月的滯後。

除了銷售資料，該報告還提供存量和中間價格的資訊。存量資料也很重要。較低的存量水準是新屋開工數可能增加的一個信號。與此同時，中間價格是房產市場通貨膨脹的一個好指標。

商務部大概在每月最後一個工作日發佈新屋銷售情況的資料。新屋銷售情況是對房屋需求的測量，而新屋開工是對房屋供給的測量。的確，經濟走出衰退時，新屋銷售可能會急劇增加。因為經濟處於衰退期時，一部

分謹慎的消費者將大額消費支出推遲，這種積壓的需求一旦釋放將導致新屋銷售的激增。

請注意，新屋銷售和成屋銷售都是重要性僅有兩顆星的指標，原因在於它們總在被修改調整。還需要注意，這兩個指標對於股票和債券市場來講，是典型的舊消息，往往是在對股市的影響產生之後指標才被公佈。因為，這些指標和新屋開工指標有前後關係，新屋開工指標先報告，新屋銷售情況與之高度相關。

但是，最後還需注意，上文對《奧斯丁美國政治家日報》中新聞的摘引，即使是相當不重要的一個報告，在特別的時期，也可能是一塊重要的拼圖，要將其拼上去，去看其構成的更大的宏觀經濟的圖像。

營建支出——夜長夢多

營建支出在連續上漲四個月之後，於 6 月分下降 1.1%，主要是受居住與商業住房建築減少的影響……華爾街對此報告的反應甚為冷淡。

——《哥倫布日報》（The Columbus Dispatch）

前兩個月的營建支出資料由美國商務部在每月的第一個工作日發佈，發佈前，華爾街經常是用一個大大的哈欠來歡迎這份報告。該指標極易變化，並總會進行重要的修訂，所以，僅給予其一顆星的評級。但仍有一些分析家分析該報告，瞭解長期的變動趨勢。另外，該報告可以反映居住支出的組成部分的情況，居住支出的開始恢復往往要比整個經濟稍早一些。

失業救濟初次申請人數報告 —— 發現自己如何淪為失業大軍

4 月分的第二週，因失業初次申請救助的人員從 47000 人攀升到 498000 人，這表明尚無跡象擺脫經濟衰退。消息一經公佈，股市連連受到重創。

—— 《華盛頓郵報》

每週四的早晨八點半，勞工部公佈失業救濟初次申請人數。這份重要程度為三顆星的報告非常及時，但資料也總在變化。所以，大多數分析師更願意看四周的移動平均數。移動平均數的優點在於它平滑了波動，可以更好地瞭解趨勢。正如前面提到的，初次失業申請也是領先指標。顯然，新的失業人員預示著生產狀況不會很好。同樣，在經濟復甦之前，失業救濟申請人數會下降。

就業報告 —— 征服錢海的大魔法師

「華爾街上沒人敢碰就業報告，它威力無窮。」阿波爾交易公司的首席研究員吉姆說。絕大部分的交易員在就業報告公佈之前都會結清頭寸，因為就業報告公佈的當天，股票和債券市場都會大幅跳空低開。「持有頭寸是在冒職業風險，」吉姆說，「幾分鐘之後也許你就會失業。」

—— 《今日美國》

就業報告包括失業率、非農業就業人口、平均每週工作時間、平均小時薪金等重要資料。勞工部通常在每個月的第一個星期五公佈前一個月該資料的統計結果。像其他資料一樣，在早晨八點半股市開盤之前予以公佈。與其他資料不同的是，這份報告的確是征服錢海的魔法大師，至少有兩個原因：

首先，就業報告有助於華爾街確定當月經濟狀況的基調，也可以用於預測經濟趨勢。這不僅因為失業率和平均每週工作時間是兩個重要的經濟資料，而且使用該報告可以預測其他的宏觀經濟指標。

例如，如果我們知道從事工作的人數，如果我們已經知道他們工作了多少時間，加班多久，我們就可以預測他們的產出大概有多少，而工業產值報告要兩週之後才能發佈。同樣，如果我們知道付給工人的薪資，就可以合理預計個人收入情況。當我們關注一個特定行業，比如建築行業時，也有利於我們預測新屋開工數。

給就業報告評級五顆星的第二個原因也很重要。該報告反映的失業率，如果和通貨膨脹率同時發生，那就會危及政治格局。 的確，失業率的急增很可能會導致貨幣或財政政策的迅速反應——在大選年度尤其如此。

失業率——橫在政治家面前的第三道檻

在大選年度最具政治敏感度的經濟指標——失業率——於 6 月分激增。今天，在發佈了報告幾分鐘之後，美聯準迅速做出反應，調低利率，以刺激不斷走向下滑的經濟……分析家說，失業統計如此糟糕，以至於中央銀行別無選擇……鑒於經濟疲軟，紐

約股市今天出現下跌……然後，既然美聯準的降息措施引起長期利率下跌，債券的價格隨之上升。

——《紐約時報》

　　在華爾街，通常不把失業率看作領先指標。儘管如此，失業率的變化對於市場非常重要，它具有政治影響，很可能引起財政或貨幣政策做出迅速的反應——正如上面對《紐約時報》的摘引所反映的情況。

　　失業率指標之所以重要的原因還在於，城鎮居民和美國的政治家總是喜歡低失業率，但華爾街在失業率接近所謂的自然失業率時卻會極度緊張。在第 2 章我們曾經提到過自然失業率，知道如果失業率下降到自然失業率以下，通貨膨脹的壓力就開始出現。這是因為，勞動力短缺導致企業提高薪資，與其他企業在勞動力市場競爭。因此，失業率接近自然失業率時，華爾街開始關注失業率的變動，尋找通膨的信號而不是衰退的信號。

　　關於這個指標，最後一點需要說明的是，你應當知道，每年夏季學生結束學業進入求職市場時，該指標會出現異動。例如，當進入求職市場的學生比預期要少時，季節性調整後的勞動力總數會有所下降，也因此會引起失業率下降。相反，在秋季，學生中的實習生返校後，失業率又會增加。更廣泛來講，這些資料具有高度的波動性。

非農就業人口 —— 讓美國人去工作

　　人們一直認為美國經濟正在好轉，殊不料，6 月分又有十萬餘人失業，把美國失業率推向了八年來的最高點……驚恐的美聯

準迅速降息，希望避免新一輪的經濟不景氣或真正的經濟收縮。

商業銀行也緊跟著降低了針對優質客戶的主要利率……在華爾

街，道瓊 30 種工業股票的平均指數也下跌……

——《波士頓環球報》

作為衡量失業水準的第二個關鍵指標，統計報告對非農業就業人口的統計存在一個重大的問題：重複計算。

為了看清這個問題，假定你目前從事全職的工作，同時也假定你為了給交易帳戶賺點外快，也在從事兼職工作。然後，當你的交易開始獲利時，你辭去了原來的兼職工作。在就業報告中，似乎會看到一個失業的增加，但這種失業並非真正的失業。非農就業人口統計資料存在的第二個問題是勞動者罷工。當工人開始罷工時，非農就業人口資料會大幅下降。當然滑稽的是，這樣的罷工通常出現在勞動力供不應求、工會談判力量處在巔峰、經濟極度繁榮的時期。千萬別把罷工引起的就業減少當作經濟走向衰退。

還有第三個問題需要注意，政府招募人員的激增會扭曲統計資料。聯邦政府定期雇傭進行人口普查的人員就屬於這種情況。即使私人部門的工作機會在減少，這種政府雇工的激增也會給人以經濟正在快速增長的感覺。請記住：拋開數位看本質，千萬別被數字所愚弄！

最後，還有第四個，也是比較實用的問題，對巨波投資者也非常重要。在分析這個資料時，請注意：是各個行業的工作機會同時增加或減少，還是只有某個或某些特定行業在增加或減少？這非常重要。比如，服務行業的工作機會在增加，而製造行業的工作機會在減少，這就不是一個健康的經濟增長的信號，不如所有行業都是異常忙碌且工作機會同時增加。

每週平均工作時間——加班還是減少工時？

> 　　出人意料的，就業疲軟報告以及政府領導預測指標的下降讓
> 一些經濟學家懷疑經濟的軟著陸是否正在轉變為衰退……平均時
> 薪下降，平均每週工作時間也下降——這是企業減產的明顯跡象，
> 但也表明幾乎沒有通貨膨脹產生工資壓力。
>
> 　　　　　　　　　　　　　　　　　　　　——《晚間商業報導》

　　除了我們談到的兩種衡量失業率的方法外，就業報告也披露每週平均工作時間。這一資料計算人們一週的工作小時數，由於這是一個經濟活動的領先指標，所以非常重要。因為企業在招募員工之前，更傾向於增加現有職工的工作時間。經濟衰退時，在進行裁員之前，企業通常會先減少工人的勞動時間。

　　更廣義來講，經濟週期的早期，每週平均工作時間的增加，可能是雇主增減薪資的最早信號——也是經濟景氣看好的信號。相反，經濟週期的晚期，當每週平均工作時間的減少時，週薪資薪金的上漲預示著勞動力市場勞動短缺或潛伏著薪資性通膨——這是經濟不景氣、前景看淡的信號。

　　除了信號價值，每週平均工作時間有助於預測其他月度指標的方向和數量，比如工業產值和個人收入。如果我們知道正在工作的人數、他們正常的工作時間以及累計加班的時間，那麼我們就可以預測這些工作的產出。

為什麼債券垂青經濟衰退之熊，其他則不然

　　事實的確如此。統計資料釋放出經濟衰退信號時，降息的預期會導致債券價格上升——假定沒有通貨膨脹的壓力。相反，同樣的降息預期卻會導致美元貶值。這是因為，利率下降，外國投資者會離開美國金融市場，對美元需求的減少，引起美元價值下跌。

　　經濟衰退之熊來臨之時，股市反應如何？道瓊和那斯達克因盈利預期減少很可能會下跌。在經濟的下降通道中，市場中的每一個行業相對於其他行業表現如何？讓我們把這個問題留待下章來討論，並仔細研究重要的巨波投資概念——行業轉換。在瞭解了這個重要概念後，我們將要看看華爾街的「聰明基金」是如何有計劃地進入或撤出某個行業、部門，不僅研究他們在衰退時期，而且還要看他們在整個經濟週期中是如何做的。掌握了股票市場週期和經濟週期的特點後，通過行業的準確轉換，可以使我們獲得豐厚的利潤。

第 **14** 章
經濟週期中的股價波動

　　每年 9 月，加州大學財務學教授阿姆斯壯會休假三週，去歐洲參加世界資深業餘自行車錦標賽。儘管阿姆斯壯教授在過去五年中曾獲得過三次冠軍，但朋友們稱他「週期高手」卻不是由於這個原因。而是因為他在投資中成功採用行業轉換策略，獲得豐厚回報。

　　現在，經濟正在跌入衰退的底部，股市也處於熊市末期，阿姆斯壯教授已經開始從食品和醫藥等防守型行業撤出資金，轉入幾個重要的週期性行業，如汽車和住房。阿姆斯壯教授知道，絕大多數時間，這些週期行業類股票都是賤狗。他也知道，隨著股市週期從熊市末期走向牛市早期，這些股票絕對會走出一波好行情。在它們之後，股市進入牛市中期階段，先轉換行業進入科技股，隨後再換股進入銷售設備和基本原料的股票。

　　最後，在經濟週期接近高峰，股市進入牛市末期時，阿姆斯壯教授只操作能源股。能源股和週期股一樣，大部分時間都是賤狗。但是，請注意，世界主要經濟正從牛市末期轉向熊市早期時，正好就是能源股大有作為的時候。

　　當然，一看到形勢不妙，阿姆斯壯教授會迅速轉入熊市早

期操作策略。這時,他會重新轉投防守型股票。壞消息是,防守型股票的獲利最多只有個位數。好消息是,雖然防守型股票只有 4%、6% 或 8% 的報酬,但大盤和其他類股票可是只賠不賺。阿姆斯壯教授非常討厭輸——就像每年的自行車錦標賽,他也表現得極為爭強好勝。

• • •

請你注意!這一章不僅在本書中重要,而且有時是你最需要的內容之一。現在你需要花費點精力去完成經濟週期理論和經濟報告的學習,之後就是進行複雜的行業轉換的分析基礎。

開始討論之前,請記住巨波投資必須遵循的兩個重要的原則:

1. 在市場上漲時購進強勢行業的強勢股票;

2. 在市場下跌時賣空弱勢行業的弱勢股票。

圖 14-1　經濟週期與股市週期

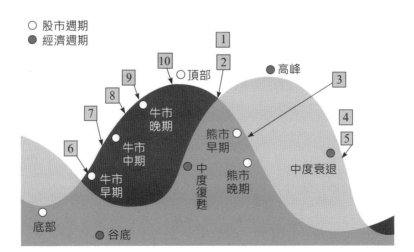

1. 非週期性消費品（如食品、藥品、化妝品等）
2. 醫療保健行業
3. 水、電、公共交通等公用物品
4. 週期性消費品（如汽車、住房消費）
5. 金融行業
6. 交通運輸業
7. 技術
8. 投資品行業
9. 基礎行業（如鋁、化工、造紙、鋼鐵等）
10. 能源

　　記住這些規則，再來看圖 14-1，該圖我們在第 1 章曾經介紹過，它可以幫助我們找出強勢和弱勢行業。

　　看這個圖，至少需要注意三點：

　　第一，圖中存在兩個週期，一個是股票市場的週期，另外一個是經濟週期，它們都有各自的不同階段。例如，在經濟週期中，我們可以看到經濟極度繁榮時存在一個高峰，經濟極度衰退時存在一個谷底。同時，在經濟高峰和谷底之間存在一個中度衰退，在谷底和高峰之間存在一個中度復甦。同樣的情況也存在於股票市場週期中，在熊市走熊的過程中，存在熊市早期和熊市晚期；在市場走牛的過程中，存在牛市早期、牛市中期和牛市晚期。為什麼不存在熊市中期，原因很簡單，因為從早熊到晚熊很快，往往中間不存在一個持續的時間段。

　　第二，股票市場週期和經濟週期一前一後出現，通常股票市場週期是經濟週期的先行指標，其週期出現在經濟週期之前。這一點非常非常重要，但也很簡單。你看圖 14-1，熊市晚期出現的股票市場週期的底部往往在經

濟週期谷底之前。同樣，你也可以清楚地看到，在經濟週期達到頂峰時，股票市場週期已經先行進入了熊市的早期。講了這麼多，最重要的應該知道在股票市場週期的不同階段，哪些行業是強勢行業，哪些行業是弱勢行業。關鍵就是要明白如何在不同行業進行有效的投資轉換，提高巨波投資的效率。

第三，注意各階段的強勢行業。在表中可以看到，從牛市的早期到熊市的晚期，依次出現 10 個不同的行業部門，從熊市早期的交通運輸業、科技業到熊市晚期的金融業、耐用消費品業。現在的任務是用巨波邏輯來理解為什麼在股票市場存在這樣的週期性。

經濟週期一波又一波，「聰明基金」如何選股？

讓我們從股市週期的頂部，即股市從牛市末期向熊市早期的轉換談起。在那個時期，經濟週期處於擴張期的末期，正在走向熾熱，甚至可能正走向白熱化。這時，美聯準或許已經提高利率三四次甚至五次，以期使高速飛漲的經濟軟著陸。

不過，儘管美聯準多次調高利率，失業率依然非常低，零售額繼續像聖誕購物季節一樣狂熱增加，雖然消費者信用過度擴張，但消費者信心依然高漲，工業生產和產能利用率撞擊著通貨膨脹的大門，能源價格飛漲，而且每一份新公佈的經濟報告，都顯示通貨膨脹的壓力在不斷增加，華爾街的恐懼心理與日俱增。也正是在熊市早期階段，華爾街上的聰明基金開始採取防守策略，轉向投資於醫療保健行業股票和非週期性的消費類股票，例如化妝、食品和醫藥製造類股票。聰明基金之所以這樣做，是因為它知

道利用貨幣政策，微調經濟的難度很大。的確，在這個時候，專家們賭的是，美聯準將提高利率太多次，經濟將一下摔至衰退之穀——不會有一個枕頭墊在下面，讓它軟著陸。

當然，一旦經濟由盛轉衰，產量下滑、消費者信心下降、失業率增加、每週工作時間減少、工廠產能閒置日增，美聯準就會停止那些讓人苦不堪言的政策。糟啦！利率煞車踩得太狠，飛機墜落啦！

意識到這一點——無疑是在咬緊牙關幾個月之後——美聯準最終改變政策，開始降低利率，對被它剛剛殺死的人，進行心臟復甦。但是在衰退的中期，美聯準會處於兩難境地：銷售額下降，存貨日益堆積，企業高管根本無心利用美聯準銀根放鬆後充裕的資金供給。因此，這些高管避免新建廠房、添置設備，以及其他刺激疲軟經濟的投資。即使利率已經降低，機警的消費者——害怕像鄰居一樣進入失業大軍——也不可能大肆消費。由於企業和消費者對美聯準的降息政策不買帳，美聯準可能採取的連續降息行動中的第一次，對經濟的影響很小，甚至毫無影響。經濟繼續探底，即使人們不願看到的深底，也終將到來。

到了這一點，就是底部附近，股市走向熊市末期。在這個階段，聰明基金開始換股，先是轉投公用事業股，再投資週期性消費類股票和金融行業股票。公用事業股吸引人的原因是，它們屬於資本密集型行業，盈利對利率水準非常敏感。同時，到了熊市末期，由於整個衰退期石油、天然氣和煤的全球需求不斷下降，能源成本一直走低，這對公用事業的盈利也有好處。

至於汽車、住房等週期性消費類股票，在需求日益疲軟的情況下，股價通常已經跌至最低。由於利率走低，這兩類股票都可能走高，因為消費

者對這些商品的需求已經被壓抑很久，現在終於釋放出來開始購買。這對金融業裡的銀行、住宅金融等重要部門也十分有利。利率降低，對證券經紀和金融服務等其他金融部門也有幫助。

現在，利率降低對各個行業的綜合效果就是，給整個經濟回暖的動力；有了動力，更大範圍的經濟部門很快就開始動起來了。當然，經濟回暖的第一個信號出現在鐵路和貨運等運輸類股票，這是因為聰明基金在市場進入牛市初期時，大舉轉投運輸類股票。的確，在這個時候，企業開始穩步提高產量，銷售額也開始增加，一切都正朝好的方面發展。

有趣的是，在這個時候，企業仍不會投資於新廠房和設備。不過，聰明基金非常清楚，隨著經濟步入牛市中期，設備會開始老化，且在產品需求增加的情況下，需要擴大產能。由於這個原因，在股市進入牛市中期、工廠訂單開始增加後，聰明基金首先會轉投科技類股，再投入到因投資品繁榮而受益的所有部門——從農業設備、工業機械到基礎電子。

現在，整個經濟全部動起來了。在這個階段，零售業銷售額天天都在增加；就業報告顯示，經濟處於充分就業狀態，且週工作時間很長，加班時間也多；全美採購經理人指數大幅上升至 60 以上，並且交貨十分緩慢；工廠訂單和產能利用率也上升至本週期的新高水準。這是聰明基金換股基礎工業和基本原料類股票的明顯信號，因為鋁、化工產品、紙、鋼鐵的需求十分迫切。

但是猜猜，誰會把這場盛會的酒杯拿走？沒錯，就是美聯準，這時，它又有可能出手，開始提高利率，以防通貨膨脹的發生。也是在這個時候，能源需求開始飛升。的確，由於供給緊俏，石油輸出國組織開始企圖操控油價，燃油和汽油的供應可能開始出現短缺。這時，聰明基金早就開始轉

投能源股。能源股向來波動劇烈，不久就會追隨油價躍升。

最後，由於美聯準不斷提高利率，能源價格的震盪不斷打擊企業和消費者，經濟週期不可避免達到頂峰。在這個轉捩點，經濟資料令人迷惑。消費者物價指數和生產者價格指數等經濟指標繼續顯現通貨膨脹的信號。零售業銷售額和首次申請失業救濟人數等其他報告則顯示經濟日趨萎縮。與此同時，一家又一家公司，受美聯準提高利率的衝擊，開始出現盈利水準不及預期的情況。到了這個階段，心懷不滿的投資人開始拋售一隻檔股票，直到科技和電信類股也跟著下滑。當然，聰明基金早就意識到市場會進入熊市早期，不是已經賣空正在下跌的股票，就是重新回到食品、醫藥和醫療保健類股票，以保投資安全。隨著經濟衰退繼續加深，我們又回到原來的起點，開始重複新一輪的週期。

哇！這就是週期旅行，不是嗎？但是，應該十分清楚的是，在這段如坐過山車的旅行中，有許多操作機會出現。現在要做的事情，就是探討股票操作如何與經濟週期、股票週期相匹配。因此，需要介紹一組經濟指標，這些指標匯總列示於表 14-1。

表 14-1　關鍵的經濟週期指標

經濟週期指標	市場反應評級	資料來源	公佈日期
國內生產總值 (GDP)	***	商務部	季度報告，每月的第三或第四週
消費指標			
零售業銷售額	****	商務部	月報，每月 1 日到 14 日間
個人收入和支出	**	商務部	月報，每月第一個工作日報告前兩個月的資料
消費者信心	***	美國諮商局	月報，每月的最後一個週二
		密西根大學	初步報告，每月第二週的週五

（續前表）

經濟週期指標	市場反應評級	資料來源	公佈日期
		調查研究中心	最終報告，每月的最後一個週五
消費信貸	*	美聯準	月報，每月第五個工作日
投資指標			
採購經理人指數	*****	全美採購經理人協會	月度，每月第一個工作日
耐用商品訂單	*	商務部	月報，每月第三或第四週
工廠訂單	**	商務部	月報，耐用品報告公佈後的一週左右
商業庫存和銷售	*	商務部	月報，每月的 15 日左右
工業產值和產能利用率	***	美聯準	月報，每月的 15 日左右

國內生產總值——你能增長得多慢？

> GDP 報告公佈後，股價下跌，道瓊指數跳水 230.51 點……
>
> ——《華盛頓郵報》

　　商務部在每月第三或第四週公佈上一季度的 GDP 資料，GDP 是消費支出、投資支出、政府支出和淨出口的和。調整通貨膨脹之後，真實的 GDP 資料能夠最準確地計量長期的經濟增長速度、短期的產出和消費。

　　也許，你現在認為 GDP 報告最重要，它讓我們瞭解到經濟發展的速度及目前經濟週期所處的階段。但是你錯啦！在所有的季報當中，當然這份報告重要，而且也是最基本的。但是，這份報告的重要性等級只有三顆星，原因有以下三個方面：

首先，這份報告每季度才報告一次；其次，資料高度不穩定而且還極易修改；第三，也是最重要的，等 GDP 公佈的時候，我們已經從很多其他的資訊來源清楚地知道 GDP 的資料應該是多少。這是因為幾乎所有的其他指標都在從不同側面報告 GDP 的某一部分。

因此，當你要瞭解經濟的增長速度和經濟週期的階段時，最好看每月的消費和投資資料，因為消費和投資是 GDP 最重要的組成部分。

消費──GDP 的金剛

「消費衰退」和「生產衰退」之間有明顯的區別。2000 年的經濟下滑的確是生產衰退，而不是消費衰退。住房產業仍然保持強勁，而製造業卻垮了。如果當時是消費衰退，住房產業也會垮掉。識別這種區別對選擇恰當的交易和投資有好處。

──皮傑曼‧哈米德（Pejman Hamidi）

消費支出占 GDP 的三分之二，因此，當消費出問題後，經濟的下滑就為時不遠。

關於消費，巨波投資者至少要看四個指標：消費者信心、消費信貸、個人收入和消費、零售業銷售額。在這四個指標中，零售銷售最重要，消費者信心次之。

零售業銷售額──是福是禍？

零售業銷售額激增，美元貶值，投資者擔心通貨膨脹的到來，
從而股票市場的藍籌股在最近兩週發生了驟跌，債券的價格也跌
了不少。道瓊工業平均指數下跌了 120 點，直逼 10 910 點。

──《錢線》

零售業銷售報告的評級至少四顆星──也許因為其對商品的好的計量
還可以再給半顆。這份報告非常重要，因為它給我們提供了上月消費狀況
的首份證據，也是消費狀況最及時的指標。因此，一般認為它是影響股市
最重要的指標之一，出乎預料的零售業銷售報告的負面消息，可能會造成
股市大跌。

商務部每個月對全美大小、類型迥異的 15000 個商店進行調查，收集
零售業銷售資料。每個月 11 日到 14 日，商務部發佈零售業總收入數據。
大約 35% 的銷售額來自汽車、建材、家具、家電等耐用品；其餘來自衣服、
飾品、藥品、汽油、食品、酒類、郵購和其他雜貨等非耐用品。

分析零售業銷售額時，最好剔除占 25% 左右的客車和貨車銷售額，因
為客貨車銷售額的月度波動很大，可能影響對大趨勢的判斷。另外，衡量
汽油和食品對零售額的影響也很重要，因為這兩項的變動與這些產品的價
格變化往往密切相關，而和消費者需求的實際變化不是那麼相關。所以，
如果不考慮這些情況，可能做出錯誤的判斷，認為消費正在增長，但事實
並非如此。除了認清汽車、汽油和食品造成的不同影響，精明的巨波投資
者也會從各類股票的視角分析資料。尤其必須注意消費模式是普遍發生變

化，還是由某些特定部門造成的。

　　分析零售資料時，還需要最後提醒幾件事。首先，雖然華爾街非常重視這些資料，但它們的波動性很大，需要修正，所以務必小心。其次，零售額不包括任何服務支出──而服務卻占整個消費支出的一半以上。所以，在零售業報告中，看不出消費者在航空旅行、衣服乾洗、教育、理髮、保險、法律和其他服務方面的支出。服務業的資料必須等到零售業報告發佈後兩週才提供，包括在下面即將討論的個人所得與消費報告中。

個人所得與消費──分析服務消費

　　去年秋季個人真實消費下降 3.4%，本年第一季度再跌 3%。
華爾街經濟學家霍裡曼說：「前景一片黯淡」。
　　　　　　　　　　　　　　　　──《聖地牙哥聯合論壇報》

　　商務部每月第一個工作日發佈兩個月前的個人所得和消費資料。個人所得中最大的部分是薪資。這部分占比很高。其他的項目包括租賃所得、政府轉移支付（如支付給退休人員的社會福利）、補貼（如福利）、股利和利息所得。

　　這項報告的用處不大，但它彌補了零售業報告不包括服務業資料的空白。不過，由於服務業開支的增長率非常穩定，所以，個人所得和消費報告相當容易預測，因此，其重要性也就低於零售業報告。這項報告中至少有一項資料來自零售業報告，所以其重要性就更低。的確，從華爾街的反應來看，給該報告的評級最多兩顆星，因為其中很多資料都已過時。

消費者信心——除了信心本身，沒什麼更可怕

消費者信心是經濟持續擴張的原動力，目前已上升到自有該
項統計資料 33 年以來的最高水準，主要原因在於股市持續牛氣沖
天和就業機會隨處可得。

——《查塔努加時報》（Chattanooga Times）

每個月公佈消費者信心指數的民間組織主要有兩個——一個是經濟研究聯合會，另一個是密西根大學消費者信心研究中心。對這個評級為三顆星的報告，需要注意的是消費者信心的未來預期，因為這被認為是領先指標。這應該是非常直覺性的東西：如果消費者看了水晶球，發現一場風暴即將來臨，他們當然就會削減開支。這個信號像衰退波，很快波及整個經濟的各行各業。這也正是將消費者信心作為領先指標的重要原因。

經濟研究聯合會和密西根大學消費者信心研究中心的實際衡量方法非常相似。經濟聯合會每月調查 5000 戶家庭，請消費者評價經濟現狀，也詢問他們對未來經濟的預期。聯合會也會問他們一些比較明確的問題，比如，是不是準備購買住房、汽車或家電等高價商品。由此測算出來的消費者信心指數，在每個月的最後一個星期二公佈。報告中，預期占指數的 60%，經濟現狀占 40%。

雖然密西根指數和聯合會指數很相似，但也存在一個重要的差異，即密西根資料每月發佈兩次。第一份初步資料在每月第二個週末之後的週五發佈，最終資料則於第四週週末後的週五發佈。

對於這兩種指數，最需強調的是：自從美聯準主席格林斯潘給予好評

以後，從 20 世紀九〇年代起，它們對市場就一直很重要。在這方面，請注意這兩種指數在預測消費狀態突然大幅波動時作用很大。但大部分時間，指數的小幅波動都是市場噪音，可以忽略不計。

消費信貸——暫時欠著

> 8 月分消費信貸增長率急劇回升，超過預期。月增加額高達134 億美元，比大多數人一致的預期水準高出約 30 億美元。周轉信貸的增加尤為驚人，折合為年增長率高達兩位數……消費者信貸及其基於消費信貸的消費支出必須減緩。但令人坐臥不安的是，消費者信貸增長率再次超過個人所得增長率，負債規模繼續攀升。
>
> ——Dismalscience.com

美聯準在每月的第五個工作日公佈前兩個月分期付款消費信用的淨變化。消費者信貸分成三類：汽車、信用卡和其他周轉信貸，以及其他。這些資料從對銀行、消費性金融公司、信用合作社、儲蓄貸款機構的調查中獲取。

消費者信用指數勉強評級一顆星。原因之一是，它們波動太大，經常需要修正。原因之二在於，這項報告總是在消費者資料，如客貨車銷售額、消費者信心、零售額、個人消費等消費資料之後公佈。第三個原因是，有時消費者支出強勁，消費者信用增長卻很疲軟；有時消費支出不振，消費信用卻大增。因此，這個指標不算同步指標，甚至連落後指標都算不上。

在消費之後，接著要談的是 GDP 公式中第二個重要的部分，即投資，

以及投資帶來的生產。

投資和生產——以小搏大

　　投資支出占 GDP 的 20% 不到，與消費支出的 70% 相比差距很大。不過，觀察投資情況，對巨波投資者而言依然極其重要，因為投資支出的波動極為強烈，並且對經濟週期的影響也很大。事實上，經濟擴張階段，投資增長率往往快於 GDP 的增長率，但經濟衰退階段，投資卻會突減。

　　各種投資指標包括：企業庫存和銷貨、耐用品、工廠訂單、全美採購經理人協會發佈的採購經理人指數。我們先談採購經理人指數，它最重要。其他三項指標隨後談，主要是為了提醒你：它們對金融市場的影響有限，並不是要說明它們怎麼引導你的投資操作。

採購經理人報告——五星上將

　　　　在達拉斯的 Oryx Energy Co. 公司，拉爾夫‧高夫曼在 2 月分察覺到經濟正在走下坡路。那時，鋼管供應商主動降價促銷，對他的服務也越來越週到……說來矛盾，供貨塞車是經濟活力旺盛的信號，因為這表示供應商的業務繁忙。這就是為什麼全美採購經理人協會會編制一個指數衡量供應商的狀況，並由商務部每月發佈的原因。

　　　　　　——《美國新聞與世界導報》（US News & World Report）

　　全美採購經理人協會的報告，對美國全部 50 個州二十餘種行業 300 多家公司的採購經理人進行調查，編制一份最綜合和及時的指數，供巨波投資者參考。該報告重要程度為五顆星，投資者和交易員對此都十分關注，理由有兩點：每月的第一個工作日公佈該報告，因此，每月開始便有一份內容廣泛的資料可資參考；該指標是美聯準主席認為十分重要的少數指標之一。

　　採購經理人指數是一個綜合指數，包括五個專案：新接訂單、生產、雇工、存貨、延期交貨。新接訂單是經濟成長的領先指標，因為有新接訂單，生產才會增加。生產和雇工是同步指標，反映製造部門的現狀。存貨則是滯後指標，因為存貨的增加通常出現在經濟週期走低之後。經濟擴張增速，存貨則會耗減。最後，延期交貨則反映供應商交貨或賣方表現，是採購經理人指數的重要組成部分。觀察該項目非常有用，因為正如《美國新聞與世界導報》描述的那樣，當廠商不能接單後迅速供貨，表示他們非常忙碌，出現供應斷貨。供貨速度如果加快，則說明經濟增速的腳步逐漸放慢。

　　採購經理人使用這五個專案編制出所謂的景氣動向指數（diffusion index）。各項目在總指數中所占的權重為：新接訂單 30%，生產 25%，雇工 20%，延期交貨 15%，存貨 10%。景氣動向指數和《華爾街日報》發佈的資料很不一樣，它的計算方式是將正面回應的百分率和表示狀況不變的一半人加起來。比如，如果 60% 的採購經理人認為狀況未變，而 21% 的人認為情況變好，那麼採購經理人指數就是 51。數值超過 50 的話，表明製造行業處於擴張階段，並且，數字越大，擴張力度越強。指數介於 44.5 到 50 之間時，表示製造行業停止成長，但經濟可能繼續擴張。如果指數跌到

44.5 以下，即出現經濟開始衰退的信號。

　　除了觀察總體指數，精明的巨波投資人也會仔細分析其中的組成部分。前文提及，採購經理人指數的五個組成部分中只有兩個是領先指標——新接訂單和延期交貨。認識經濟週期和市場變化趨勢，必須注意分析這兩個指標。

　　再談幾點，作為採購經理人指數的結束。第一，該報告還包括一個價格指數和一個新增出口訂單指數。價格指數對監控通貨膨脹早期萌芽有幫助。這是因為製造部門的價格可能先漲，之後，下游的消費品才會顯現出通貨膨脹的壓力。同樣，觀察新增出口訂單指數，有助於瞭解對出口依賴度高的企業的業績表現，藉以預測更廣泛的經濟趨勢。這是因為出口在整個 GDP 中所占的比重日益提高。第二，採購經理人報告和耐用品訂單、工業生產指數、就業報告通常相符。如果所有報告的指標都指向同一個方向，則經濟趨勢便十分清楚。

　　最後，注意，指數變化的大小遠不及指數變化的實際趨勢重要，所以，務必仔細觀察該指數向上或向下變動的態勢。

耐用品訂單——曇花一現

　　　　耐用品訂單是全美投資支出和工業生產的領先指標，但該指標很不穩定。經濟學家對今天公佈的耐用品訂單的非預期增長，表現出謹慎樂觀，因為這預示著經濟重新陷入衰退的危險降低，僅僅在幾個月前，經濟才開始恢復增長。

——《紐約時報》

商務部在每月結束後的第三到第四週發佈耐用品報告。它包括使用期三年以上的製成品。

由於耐用品的生產占 GDP 的 15% 左右，所以該報告看來很重要。然而從實務上來看，耐用品資料極不穩定，而且經常大幅度修訂，因此這份報告大部分時間幾乎無任何價值。這和耐用品訂單的「大雜燴」性質有關。問題就出在民用飛機和軍事訂單上。例如，當波音公司與中國簽訂一筆 10 餘架大型噴氣式客機訂單時，耐用品訂單猛增數十億美元──這一切都發生在一個月內！下個月，這個資料就會急速下降。

儘管金融市場對這份只有一星的報告很少作出反應，但作為巨波投資者，你有時還是可以利用這個資料的。最好的方法就是排除國防和運輸工具的訂單，然後對其資料進行移動平均，以剔除其波動性。

工廠訂單 ── 老調重彈

> 昨天，是道瓊工業指數在連續四天內的第三次大挫，今年指數僅存的一點上漲幅度也幾乎全被消滅殆盡……昨天，唯一重要的經濟消息就是工廠訂單在 2 月分增加了 0.8%。
>
> ──《誠懇家日報》（The Cleveland Plain Dealer）

耐用品報告發佈後大約一週左右，商務部又發佈了工廠訂單資料，這是生產廠商交貨、存貨和訂貨報告的一部分。儘管工廠訂單的絕大部分只是對耐用品報告的老調重彈，這份報告也包括了非耐用品訂單、交貨的新資訊，以及生產廠家一些庫存的有用資訊。

這份報告中的非耐用品部分，或許會引起華爾街的一點興趣。畢竟，食品、香菸等非耐用品在工廠總訂單中大約占了 50%。問題是，這份報告的評級為什麼還超不過兩顆星？是因為非耐用品的成長率十分穩定，即使缺少新資訊，它們也還是很容易被預測。

報告中的存貨部分更有意義一些，因為它們首次展示了本月存貨的狀況。更重要的是，在經濟週期可能的關鍵轉捩點，應高度關注存貨資料資訊。此時，如果經濟正在成長，需求正在增加，存貨累增意味著更大的成長。但如果經濟正在萎縮，需求也在下降，則存貨累增是非常明顯的不良信號。

企業庫存與銷售——貨架上的情況

> 美國政府報告，經濟有進一步減緩的跡象。11 月分，企業庫存增加了 0.4 個百分點，經季節性因素調整後為 104 萬億美元，連續 17 個月不見減少，企業銷貨減少了 0.2 個百分點，為 7581 億美元……
>
> ——《紐約時報》

商務部每月 15 日左右發佈企業庫存和銷售報告，這是生產企業和銷售企業庫存和銷售報告的一部分。該資料每月調查生產商、批發商和零售商而取得。該報告包括製造過程三個階段——生產、批發和零售——的庫存和銷售資料。

從理論上講，華爾街應當對企業存貨的增加或銷貨的減少非常感興趣，

把它們作為經濟週期的信號。這是因為經濟衰退存在連鎖反應：第一步，當銷售下滑、庫存增加時，企業開始減產降低庫存，並裁員；第二步，失業人員可供開支的錢減少，因此，隨著銷售的進一步下滑，庫存積壓更多；第三步，引起企業更多的減產和裁員，衰退的惡性循環就這樣持續下去。

　　然而在實務中，企業庫存和銷售報告與耐用品和工廠訂單報告一樣，只有一顆星或兩顆星的評級，華爾街對它們的興趣相當低。為什麼會這樣？很簡單。這份報告除了零售存貨外，沒有任何其他新的資訊。事實上，等到這份報告遞到華爾街，其中的三類銷售資料和兩種存貨資料都已經在耐用品、工廠訂單和零售報告中提供過。

　　最後，對更為機敏的巨波投資者而言，這份報告還有一點必須提到：看這些資料的時候，應將零售業存貨總額與扣除客車和貨車的零售業存貨進行區分。如果你發現經銷商的客車和貨車庫存大增，這可能預示著客車和卡車的生產會減少，當然，我們已經知道，這是經濟衰退的領先指標。

工業產值與產能利用率——也有極限

　　今天政府公佈的資料顯示，6月分，全美國工業產值增長了1.1個百分點，這是連續第七個月的增長。經濟學家說，經濟活動的全面增長表明經濟恢復已處於完全復甦的早期階段，今年晚些時候，經濟很可能出現回落。

　　　　　　　　　　　　　　　　　　　　　——《紐約時報》

　　每月15日左右，美聯準同時公佈工業產值和產能利用率的資料。這兩

個資料緊密相關，但工業產值能更好地反映經濟增長，而產能利用率反映通貨膨脹更有用。從選擇行業的角度來看，如果選擇週期性行業的股票，這兩個指標對決策相當有用。另外，這兩個三星級指標對投資交易，特別是在經濟週期的關鍵拐點時，非常有用。

我們先看美聯準的工業產值指數，該指標包含製造業、礦業和公用事業，曾經一度按照實物量計量產出。該指標涵蓋了大約 250 種產品的資料，占 GDP 的四分之一還多。似乎占 GDP 的比重不夠大，但包括了週期性行業的絕大部分，如造紙、化工、機械和設備等。對於利用經濟週期來選擇進入某個行業或從某個行業撤出的決策，該指標能提供很有價值的資訊，畢竟，該指標包括很多週期性行業的資訊。

從更廣泛的意義來看，工業產值指數的起伏與經濟週期的變化非常一致。事實上，該指標就是美國諮商局定義經濟週期拐點的一個同步指標。因此，工業產值指數的下降可以確認就是衰退的開始。相反，該指標的上漲意味著進入經濟膨脹抑或膨脹的後期階段，甚至可能顯現出通貨膨脹的壓力。因此，該指標是反映週期的指標。

產能利用率指標又怎麼樣呢？很簡單，就是工業產值指數與相應產能指數的一個比率，反映全美國工廠開工生產產品的利用程度。例如，全美國的工廠都在滿負荷生產，產能利用率就是 100%。然而，如果我們處於經濟衰退期，產能利用率也許就僅僅只有 50%。顯然，產能利用率是反映經濟週期的一個信號。當經濟進入擴張的後期階段時，該指標更為重要，能夠對通貨膨脹產生「門檻效應」。

經濟學家認為，產能利用率達到 85% 以上，通貨膨脹的壓力就開始快速形成。在這個階段，需求的增加很快，會超過產能的增加速度，出現產

能增加的瓶頸。這是一個明顯的熊市信號，因為美聯準極有可能提高利率。

行業轉換的好處

> 市場週期的不同階段不同資產受市場週期的影響不同，成功的市場投資時機的選擇取決於你對這種影響的把握。將投資從一個行業轉換到另外一個行業是投資者最重要的決策。在整個投資過程中進行行業轉換的目的在於將投資集中在特定的市場類別，以取得該類別相對較高的收益。適時地行業轉換比一般的股票選擇具有獲取更高報酬的機會。
>
> ——喬恩‧葛列格里‧泰勒

本章結束時，再來看看股票市場週期與經濟週期的關係。表 14-2 對行業轉換進行了總結，通過這個表，對相應內容進行回顧，對你進行行業轉換很有幫助。

表 14-2　行業轉換和股市週期

股市週期階段	轉向行業	最佳選擇行業
牛市早期	交通運輸業	鐵路、海運
牛市早期向中期過渡	技術類	電腦、電子半導體
牛市晚期到頂部	能源	石油、天然氣、煤
熊市早期	各種消費品及醫療	飲料、化妝品、食品、健康醫療、藥物、菸草
走向熊市晚期時	公用事業	電、燃氣、通信
熊市晚期	金融及大額消費品	汽車、銀行業、個人信貸、住房產業、房地產、零售業

第 **15** 章

捕捉通貨膨脹之虎

　　厄尼拿著一杯熱氣騰騰的摩卡拿鐵咖啡，打開 CNBC 電視節目。早晨 8 點 32 分，厄尼登錄快速操作平臺，聽到 PPI 顯示通貨膨脹率急升。CNBC 的宏觀經濟資料分析女神凱薩琳・赫茲指出，油價上漲是其主因。

　　天哪！這一定會導致市場下降，厄尼心想。於是他當機立斷，賣空 1000 股 Cubes，也就是那斯達克指數追蹤股。幾分鐘後，他賣空的 Cubes 股票不跌反升，結果厄尼最終損失掉了幾乎 10000 美元。

　　兩天後，凱薩琳・赫茲報導了最新的 CPI。和 PPI 一樣，CPI 指數漲幅也很大。但是凱薩琳說，這次的成因不是油價上升，而是 CPI 的核心通貨膨脹率上升。

　　這又是怎麼回事？厄尼想。他不想再次受到愚弄。所以這次他買進 1000 股的 Cubes 做多。問題是，這次那斯達克因通貨膨脹消息而下跌……再跌，跌得更多。厄尼開始憎恨凱薩琳・赫茲。

· · ·

喂，厄尼，別轟了信使！僅僅需要你深入理解凱薩琳播報的消息。捕

捉通貨膨脹之虎時，巨波投資者必須首先知道，這種非常兇險的野獸分成三種。

　　第一種是需求拉動型，隨著經濟過度繁榮和過多的資金追求相對較少的商品而發生。這類老虎或許是最容易降服的——但對通貨膨脹來說，真的沒什麼事情是那麼容易的。第二種是成本推動型通貨膨脹，主要是在油價上漲、旱災導致食品價格飛升等供給面的震盪之後發生。這種通貨膨脹來得極快，造成很大的痛苦，總是引來美聯準快速反應。最後，是薪資性通貨膨脹。它是最危險的通貨膨脹，雖然它來得遲緩。薪資性通貨膨脹是由需求拉動和成本推動共同引起的。

　　最廣泛的意義在於：像本章開篇小故事中的厄尼一樣，如果你不能快速準確地區分這三種通貨膨脹的類型，那會很容易誤讀通貨膨脹指標，如PPI、CPI 等的真正含義。可能的結果是，其中一隻老虎會把你的投資本金當午餐享用，打個很響的飽嗝，不道聲謝謝就掉頭離去，繼續尋找下一個目標。個中道理很簡單：面對通貨膨脹消息，美聯準和華爾街採取何種對策，完全取決於他們面對的是哪種類型的通貨膨脹之虎。如果你的判斷錯了，你就倒大黴了。所以現在我們要卷起衣袖，深深挖掘一下通貨膨脹的深奧理論。

淺析複雜理論

　　大政府、大工會和大企業都接受這樣的觀點：通貨膨脹不應給每個人帶來傷害，包括一般工人、企業高管以及門口的保安。結果形成一系列的實務和慣例，把基本通貨膨脹率定為大部分薪

資漲幅的底線……

——《國家期刊》（The National Journal）

　　在美國等現代工業化國家，大部分經濟學家認為，存在一個核心或慣性通貨膨脹率，該通膨率往往傾向持續在一定水準，直到某種震撼性的事件發生，改變現狀為止。核心通貨膨脹思想的關鍵概念是「通貨膨脹預期」的概念。通貨膨脹預期非常重要，因為通貨膨脹預期對真正通貨膨脹的形成有重大的影響。還有，通貨膨脹預期心理會對企業、投資、勞工和消費者的行為產生強烈影響。

　　例如，在九〇年代，美國物價每年都以大約 3% 的速度穩定上升，大部分人也都預期這一通貨膨脹率會持續下去。這一預期慣性通貨膨脹率影響勞資合同等制度安排，最終成為核心通貨膨脹率。假設標準普爾的 DRI 等經濟預測機構預測，未來一年的通貨膨脹率是 3%，和上一年相同。再假設汽車工人聯合會的勞工代表相信勞動生產率會提高 1%。由於真實薪資的漲幅應和勞動生產率的提高保持一致，所以汽車工人經通貨膨脹因素調整後的薪資應當增加 1%。在這種情況下，汽車聯合會的談判代表會要求名義薪資最少提高 4%－1% 是與生產率提高一致應該獲得的真實薪資增幅，3% 是用來抵消預期中或將來可能會出現的通貨膨脹率。

　　如果福特、通用汽車和戴姆勒克萊斯勒都同意將薪資提高 4%，則通貨膨脹預期將導致薪資真實增長，進而引起汽車工業成本的真實增長，最終形成汽車價格上漲的壓力。通貨膨脹預期就是這樣完成了從預期到真實的轉變，慣性或者核心通貨膨脹率也就一直維持下去。

　　從這個小故事中你可以看出：一旦通貨膨脹預期在經濟中根深蒂固，

就很難消除它們。原因在於，人們總是假設通貨膨脹會按原來的速率持續下去，自然也就按照這種假設行事──這種假設被稱作「調適性預期」。從這個故事中，也可以看出零售層次（例如汽車銷售）的通貨膨脹和批發層次（例如汽車生產場所）的薪資型通貨膨脹之間的緊密關係。

　　由這個故事推而廣之：在任何時候，經濟的慣性或核心通貨膨脹率傾向於一直繼續下去，直到某種震撼性事件導致它上升或下降為止。接下來的問題是，什麼樣的震撼性事件能夠導致慣性或核心通貨膨脹率變動？答案是需求拉動型通貨膨脹或成本推動型通貨膨脹。

繁榮經濟和潘趣酒杯

　　　　格林斯潘已成為搖滾歌星一樣的名人，如果要感謝誰的話……這個人一定是威廉・麥克加斯尼・馬丁先生。他曾在五位總統（杜魯門、艾森豪、甘迺迪、詹森、尼克森）任期內擔任美聯準主席，而且對歷屆總統的經濟頭腦評價似乎普遍偏低。……1965年，他決定提高利率，平抑越戰引起的通貨膨脹。詹森總統在他得州的牧場召見了馬丁先生，痛斥他提高利率帶來的政治後果。馬丁先生立場堅定，他說，美聯準必須頂風面對通膨。他講了一句很有意思的話，說他的工作就是「在觥籌交錯之際，拿走酒杯」。

　　　　　　　　　　　　　　　　　　　　──《經濟學家》

　　六〇年代的對越戰爭之前，通貨膨脹被看作是由需求拉動的。也就是

說，當物價水準普遍上漲時，通常是總需求過多引起的——在經濟欣欣向榮之際，太多的貨幣追求太少的商品。從這個意義上來講，需求拉動型的通貨膨脹是前景非常好的一種現象。而且，正如凱因斯理論所講的那樣，利用緊縮性的貨幣政策和財政政策，很容易矯正這種類型的通膨。

的確，根據凱因斯理論，無精打采的美聯準為戰勝需求拉動型通膨壓力所需做的一切就是：拿走酒杯即可。怎麼做？很簡單，提高利率。如果一切順利，隨著需求壓力的減輕，經濟會非常順利地實現軟著陸。

或者，為了戰勝需求拉動型通膨，國會或總統可以通過削減開支或加重稅賦採取緊縮性的財政政策。但是，財政政策的效果顯現需要很長時間，有明顯的滯後期，並且其結果也具有相當的不確定性。戰勝需求拉動型通膨的重任往往落在美聯準的肩上，原因就在這裡。

石油輸出組織的油桶和聖嬰現象的拇指

> 美聯準提高利率六次……利率已達十年來的最高水準。經濟表現一直強勁，政策制定者已經開始擔憂通貨膨脹的到來……（但是）能源成本的上升，會產生和加稅、加息同樣的衝擊。所以，美聯準大可不必進一步加息。航空運費和天然氣價格上漲，一定會限制其他經濟部門的購買力。
>
> ——《投資者商業日報》

現在，我們將供給震盪或成本推動型通貨膨脹與需求拉動型通貨膨脹作個比較。下面利用七〇年代初有名的供給震盪來說明這一概念。那個時

期，由於阿拉伯國家實施石油禁運，導致油價暴漲，同時聖嬰現象現象造成天氣反常，使得食品價格上漲，全球經濟遭到重創。同時，尼克森總統採取彈性匯率制度，美元匯率重跌，加重了企業的經營成本。供給震盪或成本推動嚴重降低了美國經濟的生產能力。

　　我們用圖來說明成本推動型通貨膨脹最後如何演變為停滯型通貨膨脹，給經濟以雙重打擊。圖15-1顯示了供給震盪前後的經濟。左邊的圖中，橫軸表示經濟產出或國內生產總值（GDP），縱軸表示物價或通貨膨脹水準。此外，經濟的總需求用一條向下傾斜的曲線 AD 表示，經濟的總產出則用一條向上傾斜的曲線 AS 表示。產品價格越高，企業的產量越多，所以總供給線的斜率為正；但是價格越高，消費需求越少，所以，總需求曲線的斜率為負。

圖 15-1　成本推動型通貨膨脹

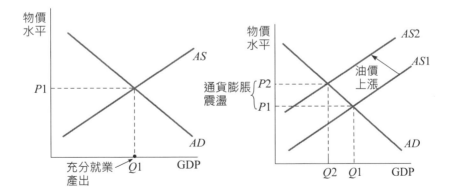

　　左邊的圖是供給發生震盪前的經濟狀況。它的均衡點在供給曲線和需求曲線相交的 Q1 點。在 Q1 點，經濟的物價水準處於相當溫和的 P1 點，

而且每個人都充分就業。但是，再看看右邊的圖，也就是油價上漲打擊經濟供給面後發生的狀況。供給震盪將總供給曲線從 AS1 向內推至 AS2，因為企業的經營成本升高了。還需注意，曲線的移動引起兩件事——而且都是壞事。

第一，經濟陷入衰退，產出降低到 Q2。第二，價格上漲到 P2。換句話說，經濟衰退和通貨膨脹並存。這是典型的成本推動型通貨膨脹，如果繼續下去，會演變成致命的停滯型通貨膨脹。

從這個角度來看，和需求拉動型通貨膨脹比較，成本推動型通貨膨脹更像是前景看壞的熊市型通貨膨脹。問題是，凱因斯經濟學派沒有什麼可以解決成本推動型通膨的方法。使用擴張性財政政策或貨幣政策減少失業、抑制衰退，只會導致更加嚴重的通貨膨脹；利用緊縮性政策平抑通膨，只會使經濟走向更糟的衰退。這也正是成本推動型通貨膨脹使美聯準束手無策的原因所在。的確，當發生成本推動型通貨膨脹時，美聯準經常像滾滾激流中的嬰兒一樣無助。更重要的是，美聯準還知道，這種通膨對經濟的影響與需求拉動型通膨非常不同。

2000 年發生的情況正好提供了這樣一個例子。那一年，美聯準突然發現，自己正同時和成本推動型與需求拉動型兩種通貨膨脹進行鬥爭。當然，需求拉動型通貨膨脹是由幾年來的經濟持續繁榮造成的，而成本推動型通貨膨脹，從表面看，主要是能源價格上漲的後果。究其根本，是石油輸出國組織。石油輸出國組織促使油價急劇上漲，每桶油價的成本升至 40 美元，汽油價格漲至每加侖 2 美元大關。

成本推動和需求拉動，兩股力量互相衝突，讓人覺得最有趣的是，美聯準主席格林斯潘非常聰明，他已經認識到，在某種意義上 OPEC（石油

輸出國組織）正在幫助他將經濟重新拉回控制之下。其原因是，就調整宏觀經濟而言，石油輸出國提高油價與提高稅收形式的緊縮財政政策具有相同的功效。油價上漲之後，消費者必須花更多的錢用於能源開支。但是，這也意味著他們用於購買其他經濟部門產品的開支會減少。結果，消費減少，持續繁榮經濟的刺激也會減少。因此，美聯準提高利率，平抑需求拉動型通膨的壓力也就減輕了。

我們回到前面厄尼的故事：需求拉動型通貨膨脹推高核心通貨膨脹率時，美聯準極有可能迅速提高利率，而供給面震盪，如能源價格上漲，增加了成本推動型通貨膨脹壓力的時候，美聯準提高利率的可能性卻大大減低。美聯準決定採取何種行動之前，它總是盡力識別推動經濟指標的到底是哪一種類型的通貨膨脹。巨波投資者在推斷美聯準採取何種行動時，也總是按照同樣的方法考慮問題。

薪資性通膨之巨龍登場

進一步討論第三種類型的通貨膨脹。薪資性通貨膨脹往往在經濟復甦的後期出現，是需求拉動的結果。在經濟復甦的這一階段，工會的談判力量可能極強。勞資談判的結果，可能是大幅提高薪資，隨後，其影響會波及其他行業。另外，隨著非工會部門的勞動力越來越緊張，企業為招募到員工競相提價，同樣會推升薪資水準。

然而，薪資性通貨膨脹也可能是由成本推動造成的。事實上，早在 20 世紀七〇年代，停滯型通貨膨脹極度猖獗，通貨膨脹率也高達兩位數，許多大的工會在與雇主的談判中獲勝，要求雇主在勞資合同當中增加生活成

本調整條款。這些所謂的「生活成本調整條款」造成成本推動型通貨膨脹率飆升，薪資也自然提高。矛盾的是，薪資的增長導致消費品價格上升，銷售量減少，裁員增加，衰退加深，進一步導致更高的失業率。

問題其實很簡單：不管是需求拉動，還是成本推動，任何薪資性通貨膨脹的徵兆都會招致美聯準強烈的反應和市場迅速而強烈的回應。這是因為美聯準和華爾街都知道，薪資性通貨膨脹通常發生在通貨膨脹週期比較靠後的階段，因此通常需要開出最猛烈的藥方，而且治療的時間遠遠長於單純的需求拉動型通貨膨脹。

從上面的討論可以得出如下結論：當通貨膨脹開始昂起它那醜陋的臉龐時，應立即考慮採取財政政策和貨幣政策進行應對。對於股票市場來講，這絕對是個壞消息。然而，到底是哪一類的壞消息，必須看美聯準、國會和白宮被迫應對的是哪一類通貨膨脹。因此，表 15-1 列示了一些重要的通貨膨脹指標，務必時刻注意。這些指標包括：消費者物價指數、生產者價格指數、GDP、GDP 平減指數、每小時平均薪資、雇傭成本指數。表中每一項指標都根據市場反應進行了評級，從 1 顆到 5 顆星，5 顆星代表股票和債券市場會有強烈的反應，1 顆星代表反應程度很低。

表 15-1　主要的通貨膨脹指標

通貨膨脹指標	市場反應	資料來源	發佈日期
消費者物價指數	*****	勞工部	每月 15 日到 20 日之間
生產者價格指數	****	勞工部	每月 11 日左右發佈前一個月的資料
GDP 平減指數	***	商務部	每季度結束第一個月的第三或第四週，發佈上一季度的資料
每小時平均薪資	***	勞工部	每月的第一個星期五
雇傭成本指數	****	勞工部	每一季度後第一個月月底發佈前一個季度的資料

深入瞭解消費品物價指數

　　3 月分，消費品物價飛漲，意味著從汽油到住房，所有消費品的成本都會更高。非預期的通貨膨脹消息，導致華爾街股價大跌，單日跌點創歷年來最高……讓投資者和經濟學家最為頭疼的是：別除波動最大的食品和能源價格，核心通貨膨脹率上升的幅度，為五年來最大。

　　　　　　　　　　　　　　——《南灣論壇報》（South Bend Tribune）

　　消費者物價指數是最終的通貨膨脹指標。主要通貨膨脹指標中，它是最受重視和最重要的一個，評級屬於五顆星。任何 CPI 的非預期變化，對股票市場和債券市場都會造成極大的影響。

　　最新的 CPI 資料，由勞工部在每個月的 15 號到 21 號之間發佈。和許多其他經濟指標一樣，該指標總是股市開盤前的東部標準時間 8：30 公佈。CPI 衡量的是零售層次的通貨膨脹，它是固定加權指數，反映一段時間內固定一籃子產品和服務的平均價格變化水準。圖 15-2 的圓形圖畫出 CPI 指標統計的主要的產品和服務類別，以及每一類別的相對重要性。遠遠領先的最大類別是「住房消費」，占了指數的 40% 左右。其次依序是「交通」、「食品」、「娛樂」、「教育」和「醫療保健」。

　　分析 CPI 資料時，華爾街的分析師都很小心，他們更關注剔除食品和能源之後的 CPI 資料。他們這麼小心，再次說明區分需求拉動型通貨膨脹和成本推動型通貨膨脹的重要性。需求拉動型通貨膨脹極有可能讓美聯準提高利率，但成本推動型通貨膨脹讓美聯準提高利率的可能性就非常小。

鑒於此，華爾街把排除食品和能源的消費物價指數 CPI 看作衡量經濟核心通貨膨脹率的最佳指數。如果這個指數上漲，通常意味著需求拉動型通貨膨脹的壓力在積聚，美聯準極有可能將酒杯拿走。在我們本章開篇的故事中，厄尼犯下大錯的原因就正在這裡。 他本應該將核心通膨率的上升解釋為壞消息，會引起股價的下跌——這是明顯做空的信號。相反，他卻做多，投資本金當然損失慘重。

圖 15-2　CPI 構成

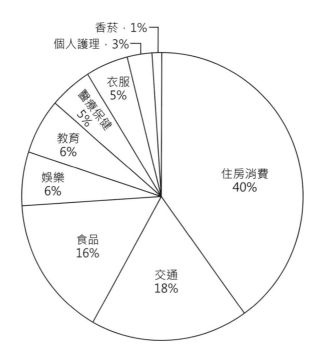

香菸，1%
個人護理，3%
衣服 5%
醫療保健 5%
教育 6%
娛樂 6%
食品 16%
住房消費 40%
交通 18%

至於 CPI 指數中食品和能源價格，你需要知道的就是，它們不但波動大，而且上漲經常是成本推動型通貨膨脹的徵兆。成本推動型通貨膨脹，無法用提高利率、降溫經濟的方法矯正，其本身就是經濟衰退和經濟衰退的徵兆。如果美聯準企圖用提高利率的方法矯正，將會帶來更大的衰退。

最後，關於 CPI 不大明顯，但同樣重要的一點是，和下文將要談及的生產者物價指數 PPI 一樣，它的計算包括進口商品。瞭解這一點非常有用，尤其是在美元幣值極為不穩的時期。因為，在那種時期，CPI 可能給出的是錯誤的通貨膨脹信號。問題很簡單：如果美元快速貶值，進口商品的成本就會增加，CPI 指數就會上升。但在美聯準看來，和國內產品類似的成本漲幅比較起來，這種通貨膨脹可能並不是那麼令人擔心。

更多地瞭解生產者價格指數

生產者價格指數（PPI）衡量批發層次的物價指數，6 月分上漲 0.6%──略高於預期，也比一年前上升了 4.3%。PPI 上漲的主要原因是由於這個月能源價格上漲了 5.1%。但是扣除食品和能源價格劇烈波動的因素，核心 PPI 指標實際上反而下降了 0.1%，比預期要好。核心 PPI 指標的下降，也許能夠讓美聯準對通膨保持高度警惕的神經稍加放鬆。

──《投資者商業日報》

CPI 衡量零售層次的通貨膨脹，PPI 衡量批發層次的通貨膨脹。PPI 的樣本包括三萬多種商品和一萬多種服務的報價。PPI 的資料同樣由美國勞工

部發佈，通常是每月 11 日左右發佈上個月的資料。

就華爾街的反應來說，PPI 至少比 CPI 少一顆星。然而對於巨波投資者來講，PPI 在許多方面都非常有趣。這是因為 PPI 的變化經常可以預測 CPI 的變化——至少從長期來講是這樣的。

為了瞭解這一點，我們需要知道，PPI 實際上是三個指標，而不是一個指標。第一個 PPI 指標反映穀物、牲畜、石油、原棉等原材料的價格；第二個 PPI 指標反映麵粉、皮革、汽車零部件、棉紗等部分中間產品的價格；第三個 PPI 指標反映麵包、鞋、汽車、成衣等最終產成品對外批發價格。

起始於原材料的每一 PPI 指標，都可以看作是下一個 PPI 指標的領先指標。例如，穀物等原材料價格的上升，很快就會在麵粉等中間產品的價格中得以體現，然後很快又會在麵包等最終產成品的成本中顯現出來。因此，當你常在報紙上看到，或者在 CNBC 看到有關 PPI 的討論，記者和分析師指的通常就是產成品 PPI 指標。產成品 PPI 指標在華爾街獲得更多的關注和反應。

圖 15-3 指出了 PPI 固定加權指數中每種產成品類別所占的權重。資本設備包括設備和機械、民用飛機；非耐用消費品包括成衣、電力、汽油等；耐用消費品包括小客車和貨車等高價商品。

這幅圓形圖最有趣的是，它表明產成品 PPI 的權重側重於消費品。鑒於此，華爾街上一些並不是很精明的投資者，喜歡從 PPI 的變化推測 CPI 的變化。但務必注意，這麼推測非常危險，至少逐月推算時是如此。尤其是，如果你試圖用這個月的 PPI 預測本月的 CPI 的變化，然後根據預測結果進行操作時，結果可能會很糟糕。

圖 15-3　PPI 統計包含的產成品類別及其權重

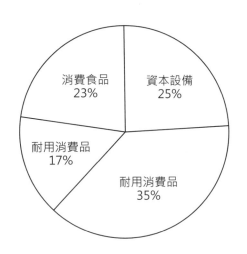

PPI 和 CPI 指標的相關性不是很高，至少利用本月 PPI 推算本月 CPI 時是這樣，基於這樣的假設進行交易，會使交易者的財富受損。PPI 的波動性高於 CPI，可能僅僅是部分原因，更主要的原因則是 CPI 和 PPI 的加權方式存在兩個重要的差異。PPI 對服務成本的反映極少，而 CPI 中服務幾乎占到了一半。另外，PPI 中各種產品的實際權數與 CPI 中的權數也大不相同。因此，至少在短期內，CPI 和 PPI 的差異非常大。

儘管如此，就長期而言，比如說幾個月或者一年，兩個指標的相關性還是很高的，所以 PPI 真的能比 CPI 更早預測到通貨膨脹的走向。在許多方面，PPI 是比 CPI 更好的通貨膨脹指標。放眼長遠的巨波投資者也發現，研究這個指標非常有用。

在我們討論下一個通貨膨脹指標之前，再從巨波投資者的角度談談 PPI 的幾個問題。第一，與 CPI 一樣，華爾街喜歡剔除食品和能源之後的 PPI，而且理由相同。PPI 中能源和食品價格的波動也很大，它們可能連續幾個月

增長，然後說跌就跌。所以，剔除食品和能源之後的 PPI，是衡量核心通貨膨脹率和需求拉動型通貨膨脹更好的指標。華爾街也知道，與能源或食品價格上升引起的成本推動型的通貨膨脹比較起來，美聯準對需求拉動型的通貨膨脹的反應，出拳既快又重。

這一點非常重要。把它和我們開篇故事中的厄尼聯繫起來，你會發現，在 PPI 上升的消息報出後，厄尼賣空股票，結果大錯特錯。這是由於通貨膨脹上升只是由於能源和食品價格飛漲造成的，而核心通貨膨脹率仍然很低。市場估計美聯準不會調高利率，所以是個利好消息，股價因而大漲。當然，厄尼不瞭解這一點，所以賠得很慘。

第二，即使剔除了食品和能源成分，PPI 指標有時也會很激烈地波動。比如，在新款車型推出的秋季，汽車的價格往往躍升，而香菸的價格，每年至少會上升好幾次。這種價格上升會使 PPI 指標發出錯誤的通貨膨脹信號。因此，你在觀察 PPI 指標時，千萬不要只看整體的產成品資料，也應該看看每一類別，進而判斷 PPI 上升是從哪個類別來的。如果是由於香菸價格上升導致 PPI 指標上升，格林斯潘和美聯準顯然會置之不理。

洩氣的經濟輪胎和 GDP 平減指數

> 由於債券價格和美元匯率的急跌，昨天股市下跌，成交量增加，進而引發集中賣盤……「GDP 平減指數的漲幅超過了預期，重創債券市場，接著重擊股票市場。」艾德華公司的市場分析師阿爾弗德·高曼說。
>
> ——《投資者商業日報》

　　GDP 平減指數是最廣義的通貨膨脹衡量指標。該指標幾乎涵蓋經濟中的每一個部門，總共超過 5 000 個項目的價格變動，從消費品到資本品，再到進口貨物和政府部門，無所不包。

　　總之，有三類 GDP 平減指數，即連鎖價格指數、固定加權平減指數和隱含平減指數。商務部在每季度結束後第一個月的第三或第四個星期發佈 GDP 報告，其中包含平減指數。

　　華爾街對 GDP 平減指數的興趣不大，其市場反應的評級只有兩顆星，也許可以給三顆星。重要程度評級不高的部分原因在於平減指數不是每月報告，而是每季度才報告一次。另外，華爾街普遍認為該指標是落後指標，不是領先指標。評估 GDP 平減指數對金融市場的影響時，一定要知道這些平減指數所反映的通貨膨脹率通常低於 CPI，原因是 GDP 平減指數包含的資本品價格沒有包含在 CPI 內，而資本品往往不如消費性產品昂貴。不過，CPI、PPI 和 GDP 平減指數這三個重要的通貨膨脹指標，長期來看通常往同一個方向波動。

　　另一個重要的巨波投資觀點是，在進口石油和其他進口商品的價格上漲之後，GDP 平減指數的反應相當不可靠，也有違人們的直覺。原因在於：所有不在美國生產的物品，如進口石油都從 GDP 中剔除——不要忘記 GDP 中的字母「D」代表的是國內。這裡的問題是，當進口價格上升時，從 GDP 扣減的進口貨物的金額越大，平減指數越小。坦率地講，這的確荒謬可笑，因為消費者和企業在進口貨物時必須支付更高的價格，但 GDP 平減指數卻不反映這一情況，但事實上任何通貨膨脹指數都應該反映這一事實才可靠。在評價 GDP 平減指數時，一定要注意這個問題。

警惕薪資性通貨膨脹

> 跟蹤勞動成本的一個通貨膨脹指標，突然出人意料地激增，發出了預警信號，在昨天給金融市場以很大的震驚……勞工部發佈雇傭成本指數從本年度的第一季度到第二季度上升了 1.1%，漲幅為八年來最大，股票市場和債券市場應聲急跌。
>
> ——《紐約時報》

　　雖然 CPI 和 PPI 是區分需求拉動型通膨和成本推動型通膨很合適的工具，但另外兩個指標絕對是判斷薪資性通貨膨脹是否存在必不可少的。這兩個指標分別是雇傭成本指數和每小時平均薪資。巨波投資人應該密切關注這兩個指標，但有件事情需要預先提示——兩個指標各有各的缺陷，不要輕率地下結論，也不要據此作錯誤操作。

　　勞工部在每月結束後的第一週內發佈就業報告，其中包括每小時平均薪資的資料。因為這通常是每月的第一份通貨膨脹資料，總是被華爾街翹首企盼。然而，這些資料至少存在三個方面的缺陷，不瞭解這些缺陷會讓巨波投資者的資本金遭受損失。

　　第一個問題是，任何時候，如果存在加班時間的激增，都會發出錯誤的薪資性通貨膨脹的信號。這是由每小時平均薪資的計算方式所致：每小時平均薪資 = 每個行業的薪資總數 ÷ 總工時數。這就意味著，如果一名雇員除了正常的工作時數 40 小時，另外再加班 5 小時，領一倍半的薪資，即使底薪不變，每小時平均薪資也會上升。第二個問題是，平均每小時薪資的計算並不隨工人組成結構的變化而調整。例如，廠商招募高技術等級、

高薪的人員替代了低薪的工人，顯然也會出現平均小時薪資的上升，但事實上，這僅僅是由於人員組成變化引起的。

由於加班和人員組成這兩個問題，每小時平均薪資波動很大，巨波投資者不應該僅僅看其表面現象，更不應該基於表面現象進行投資操作。然而，與每小時平均薪資相關的第三個問題也許最為嚴重。

每小時平均薪資這把尺子僅僅衡量薪資的變化，而忽略了福利的變化。然而，在現代勞動力市場上，休假、病假薪資、保險、退休福利等在總報酬中所占的比例越來越高。在實務中，這意味著，即使薪資增長很緩慢，各種福利的快速增長依然會對通貨膨脹增長形成很大的壓力。這是華爾街和美聯準將雇傭成本指數視為第二重要的薪資性通貨膨脹指標的原因。該指標同時包含薪資和各種福利。事實上，即使這一指標每季度只報告一次，自 1995 年美聯準主席首次稱讚它的優點以來，它已經被人們看作首要的經濟指標之一。

關於雇傭成本指數需要說明的最後一點是，雖然它的波動沒有每小時平均薪資那麼激烈，仍然會有誤導人的情況發生。因此，解讀這些資料必須結合當時的整體趨勢和經濟大環境。例如，經濟過熱時薪資激升和經濟轉冷時的薪資增長比起來，更有可能是薪資性通貨膨脹的真實信號。

解讀其他通貨膨脹經濟指標

上週公佈了一大堆經濟消息，最後看多股市的報告有 9 份，看空的有 4 份……9 份報告認為經濟在緩緩轉向溫和，通貨膨脹不是問題。4 份報告對經濟成長減緩的程度、通貨膨脹是否真的

像看起來那樣轉向溫和仍然持有懷疑態度。這些報告加上最近幾週發佈的其他報告，對美聯準是否再次提高利率影響很大。美聯準的決策委員會將於 5 月 20 日和 21 日開會商討。

——《亞特蘭大期刊》（The Atlanta Journal and Constitution）

上文討論的都是直接衡量通貨膨脹率的指標，也有其他不少經濟指標間接衡量通貨膨脹水準。事實上，在通膨壓力無處不在的過熱經濟中，華爾街也會注意很多其他的經濟指標，如零售額、工業產值、新屋開工數、耐用品訂單、產能利用率等。在經濟過熱時期，這些指標一有減緩的跡象，只要不會發出陷入全面衰退的信號，都被認為是抑制通膨的利好消息。「傻瓜基金」當然會感到失望。這也正是精明的巨波投資者會跟蹤其他所有不同經濟指標的原因所在。

市場對通貨膨脹消息的反應

現在我們討論股票、債券和貨幣市場如何對通貨膨脹消息做出反應。首先討論股票市場，這個相當簡單。

任何通貨膨脹消息，只要增加了美聯準提高利率或收緊銀根的可能性，都會導致股票價格、道瓊指數和那斯達克指數下降。這是因為利率提高後會導致企業盈餘減少。就這麼簡單，故事結束。

至於債券市場，則稍微有些複雜。這是因為美聯準調高利率會產生利率效應（interest rate effect）和股票效應（equity effect）。兩種效應對股票價格的影響方向相反，因此，通貨膨脹消息對債券市場產生的淨效應並不那

麼容易預測。兩種效應中，利率效應最直接。美聯準提高利率的行為會壓低債券價格，債券的真實利率會上升，向美聯準的利率漲幅看齊。另一方面，美聯準提高利率的預期，也可能導致投資人的恐慌，撤離股市，轉入相對安全的債券市場──所謂的「逃向高品質證券市場」行為。隨之而來的股票效應，一定會導致債券價格上升，因為債券需求增加。

　　事實上，在 2000 年 4 月 14 日那斯達克崩盤時，我們看到過這種情形的經典例子。早晨發佈的 CPI 指數大漲，對美聯準調高利率的擔憂導致債券價格立即遭受重挫──這就是利率效應。然而，隨著恐慌的股市投資者抽逃資金，轉向債市，債券價格大幅反彈，收市時反而高於前一日──這就是股票效應。巨波投資者必須深刻認識到這兩種力量的此消彼長，這很重要。

　　至於外匯市場，美聯準提高利率的預期通常會使美元匯率上漲，至少在短期內會是這樣。這是因為美國的高利率會吸引更多的外國貨幣進入美國債券市場。但在外國人購買美國債券之前，首先必須將手中的日元、歐元或者比索換成美元。如此一來，美元需求增加，美元匯率自然升高。

　　關於股票、債券和外匯市場我們前面已經有所討論。但我們還不知道下面這個問題的重要答案：對通貨膨脹的消息，哪些類別的股票反應可能最大？哪些類別的股票反應可能最小？表 15-2 給出了部分答案。這張表是我和加州大學的一位同事研究的結果。核心通貨膨脹率出乎意料變動的重要消息發佈之後，股票市場的反應情況如表所示。我們的樣本既包括通貨膨脹消息出乎意料的壞消息也包括出乎意料的好消息。我們發現各類股票對通膨消息的反應，事先很容易預測，也非常具有規律。

表 15-2　股票市場上若干類股票對通貨膨脹消息的反應

反應最大	反應最小
銀行	能源
證券經紀與投資	黃金
金融服務	工業原料
住宅金融	紙與林木產品

　　從表中，你可以看出，結果和直覺一樣。例如，反應最大的一類股票，銀行、證券經紀與投資、金融服務、住宅金融部門的產品，基本上價格都是以利率水準來衡量。預期利率走高時，這些部門的產品價格預期會上漲——不管銀行的貸款利率、證券經紀部門的股票融資利率，還是金融服務部門的信用卡迴圈利率，都是這樣。產品價格一上漲，貸款就會減少，股票成交量萎縮，信用卡購買金額下降，而且這些部門的利潤也會隨之減少，股價當然會跟著下降。

　　反應最小的一類股票又如何呢？請看表中，結果不言自明。比如說，黃金和石油通常被看成通貨膨脹時期最好的保值工具，也就是說，物價飛漲時，和不斷貶值的貨幣比起來，它們更能保有原來的價值。工業原料也具有保值作用，只是效果沒它們好而已。

　　表 15-2 很明顯地表明如何將種類資訊運用於巨波投資法。的確，有了這類資訊，等於在研究即將出爐的通貨膨脹消息時，已經有了很好的準備。比方說，最新的 CPI 資料很快就要發佈，但你擔心資料會高出預期。這時，也許你準備賣空銀行或證券經紀部門的一些弱勢股。另外，如果你持有反應最大類的股票，就必須出手，或者轉向反應最小的股票。我們要說的重點是，這類消息可以幫助你在股海中如魚得水，悠閒自在。

第 **16** 章

生產率天使

　　加布里艾拉在 CNBC 財經電視頻道聽到美國勞工部報告的消息說，生產率大幅下跌，單位勞動成本急劇上升。之後，她立即賣空幾千股銀行及相關經紀業的股票。為什麼？生產率的下降和單位產品勞動成本的上升，會引起薪資性通貨膨脹。無論在什麼時候，美聯準察覺到薪資性通膨的信號後，都會有提高利率的強烈願望。既然銀行業和證券經紀業對利率極度敏感，這個有關勞動生產率的壞消息一定會導致這些行業的股票價格下跌。因此，賣空這些行業的股票應會讓加布里艾拉獲得豐厚的回報。

　　實際上，在不到一年之前，加布里艾拉看到同樣糟糕的生產率報告後，使用同樣的邏輯賣空成功。當時，經濟仍然處於繁榮期，但是，現在的情況完全不同，經濟正滑向衰退。由於所處經濟週期階段不同，加布裡艾拉賣空的股票價格不降反升。問題出在哪裡？

• • • •

　　上一章是本書中最長的一章，本章是最短的一章。事實上，原本可以把比較緊湊的本章內容合併到上一章關於通貨膨脹內容的結尾部分，因為，

提高生產率是解決通膨的最好辦法，同時，美聯準也將生產率下降視為通貨膨脹增強的一個最危險的信號。儘管如此，把生產率的討論合併到上一章，就會導致一種錯覺，認為這部分內容很短，甚至不重要，但實際上生產率是決定經濟繁榮與否的最重要的因素——不僅對於美國如此，而且對於其他國家也如此。所以，我們在通膨內容之後，單獨安排一章。我們先討論為什麼提高生產率對股市非常重要。

首先，提高生產率讓 GDP 以更快的速度增長，且不用擔心通貨膨脹。就實際情況來看，這意味著美國經濟能夠持續地維持 4% ～ 5% 的增長率，而不是 2% ～ 3%。似乎每年看到的增長率的提高很小，但這種微小的提高會讓美國的經濟規模在不到二十年的時間內翻番，而不是三十多年。當然，對於為經濟增值增磚添瓦的各個公司來講，較高的生產率意味著較多的盈利，較多的盈利意味著較高的股價。

其次，生產率提高是工人獲得真實薪資增長的唯一途徑。顯然，如果工人想看到薪資單上收入金額的增加，他們必須在單位時間內生產出更多的產品，提高生產效率正是這樣一種方法。同時，這也對股票市場有很大影響。當工人口袋裡有很多錢的時候，他們的消費就會增加，之後，消費增加導致生產增加、銷售增加、利潤增加，最終，股票價格就會上升。

技術變革——決定經濟增長的荷爾蒙

為了探尋問題的根本，我們一起看看經濟領域的一項著名研究。該研究由布魯金斯學會的艾德華‧丹妮遜教授完成。他對美國經濟過去五十年內的增長源泉進行了研究，結果如表 16-1，表中列出了若干為經濟增長作

出貢獻的因素及其對 GDP 增長的貢獻百分比。

表 16-1　經濟增長的關鍵因素：生產率

增加工人和設備	
增加工人	34%
增加機械設備	17%
小計	小計
提高生產率	
工人受教育水準的提高	13%
經濟規模的增長	13%
資源配置的改善	8%
技術革新	26%
小計	55%
其他因素	-6%
合計	100%

從表中可以看出，生產率的提高是美國經濟增長的主要推動力，GDP 增長的 50% 以上源於生產率的提高。同時，也可以清楚地看到哪個因素在提高勞動生產率方面最有效。顯然，提高受教育水準、經濟規模增長、改善資源配置都很重要，但是，最為重要的因素是技術革新，它對 GDP 增長的貢獻比例達到了 26%。

的確，從蒸汽機、燈泡、汽車到電腦數位革命、光纖、半導體，工業革命的過程讓我們看到，通向經濟繁榮的道路一直都是由技術革新鋪就的。當然，美聯準主席也從來沒有忽視過技術對促進經濟快速、可持續、低通膨增長的重要作用。這裡，正好有一段格林斯潘關於生產率對經濟增長作用的精闢論述：

　　過去幾年的經濟發展越來越清楚地表明，經濟週期的變化模式與二戰後美國的經濟週期的變化大相徑庭。不僅經濟增長的持續時間創了紀錄，而且經濟增長的速度極快，遠遠超過預期增長速度。更為顯著的成就是，通貨膨脹一直保持在較低的水準，勞動市場的失業水準也很低，這些都比之前我們的預期要好得多。

　　取得這些傲人業績的關鍵因素是勞動率長期以來持續提高。自 1995 年，非金融公司每小時的產出平均每年增長 3.5%，幾乎是上一個 25 年內平均增長速度的 2 倍。的確，這樣的增長速度在這一時期幾乎持續不變。

　　美聯準當前的目標應是，創造有利於技術革新的經濟、金融條件；鼓勵有利於結構性生產率增長的投資。結構性增長率決定著生活水準提高的速度。結構性生產率的增長不同於隨著經濟週期各個階段變化的那種臨時性的提高或降低。

　　任何令美聯準主席感覺輕鬆愉悅的事情，很可能也會讓華爾街心曠神怡。就此而論，分析生產率資料對股市影響時最重要的事情是：生產率不僅僅受資本投資、良好教育、管理改善、技術革新等丹妮遜教授已經關注到的長期因素的影響，而且（上文格林斯潘暗示著）生產率水準也受經濟週期短期變動的較強影響。

　　對於巨波投資者來講，這是一個非常重要的發現。美聯準對生產率提高和下降會採取什麼樣的措施，需要根據經濟所處的經濟週期階段來判斷。加布里艾拉的問題就在於她未能理解這點，造成了巨大的損失。問題就出在這裡。

　　當經濟開始收縮，進入衰退時，生產率有下降趨勢，這是因為當經濟開始變壞時，企業減產的速度遠遠快於裁員的速度。同時，企業會出現越

來越多的剩餘的生產能力，但成本卻被分攤到更低的產量中。這兩個因素導致在產量調減的情況下，單位產品的勞動成本依然增加。

　　現在注意，在這種情況下，美聯準不可能將這種單位勞動成本的增加看作通貨膨脹壓力的一種信號。相反，美聯準知道，這種薪資的增長，僅僅是經濟所處經濟週期衰退階段的一種人為調整。因此，在這一階段，一個「壞的」生產率報告也不可能讓美聯準採取加息的政策。事實上，經濟滑向衰退時，採取緊縮性的貨幣政策，無異於火上澆油。對於這點，沒有人比美聯準的主席體會更加深刻。

　　現在，我們考慮一下相反的情況，即經濟處於走向繁榮和復甦的階段。當經濟進入這一階段時，單位勞動成本開始下降，生產率會促進經濟增長和繁榮。此時，工廠開始提高產能的利用率，提高運營的效率，同樣數量的雇工會產出更多的產品。

　　在這種情況下，只要勞動效率的增長快於勞動成本的增長速度，美聯準的高層管理者就會很高興，任其自然，不會考慮加息。然而，再向經濟週期的下一階段過渡，隨著勞動力短缺、能源和原材料成本提高，因為對通貨膨脹壓力的恐懼，美聯準就會開始密切關注任何有關生產力和勞動力成本的負面消息。的確，在經濟週期的這一階段，如果勞動力成本的增加快於生產率提高帶來的利益，美聯準很可能將其看作薪資性通貨膨脹的強烈信號，並很可能採取加息的對策。

　　本章開篇的小故事中，加布里艾拉沒能很好地理解這一點，而導致了投資的巨大損失。生產率的下降、單位勞動成本的增加，僅是經濟開始衰退階段的一個副產品，是企業進行調整的結果，不必提高利率；但是，在其他週期階段，生產率的下降、單位產品勞動成本的增加，就可能是美聯

準面臨的危險信號，需要採取收縮性政策加以應對。

生產率報告——天使之手

> 這個春天，美國工廠的生產率大大提高，人工成本下降，這
> 是美國經濟持續增長、企業利潤增加、工人薪資提高的強烈信號。
> 同時，也為美國經濟恢復低通膨、高增長提供了進一步的證據……
> 各項資料遠遠好於華爾街的預期。由於對通貨膨脹和美聯準政策
> 極為敏感，國債收入開始下降，也驗證了另外一個消息的效應，
> 即 8 月 22 日的會議決定美聯準不會對利率進行干預。道瓊工業指
> 數上漲了 109.88 個點，以 10976.89 收盤。
>
> ——《洛杉磯時報》

每季度第二個月的 7 號左右，勞工部公佈上一季度的生產率和單位勞動成本的季報。在報告中，生產率的計算很簡單，它是工人產出與工作時間的比值。然而，單位勞動成本的計算就稍微有點複雜。

首先，必須定義工人每小時獲得的報酬。報酬不但包括薪資薪金，而且還包括傭金、獎金、雇主貼稅以及各項福利。那麼，單位勞動成本就等於每小時的報酬除以每小時的產出。從它們的關係中可以得出，如果每小時的產出不變，報酬的增加會導致單位勞動成本上升。然而，只要生產率上升，就會使得計算公式中的分母增加，從而降低單位勞動成本，至少會抵消一部分單位勞動成本的增加。

現在，我將告訴你一件會讓你驚訝的事。由於生產率對經濟的長期增

長如此重要——的確，美聯準主席對此指標的關注近乎著迷——你也許會認為，生產率報告理當評級為五顆星。但是，對巨波投資者來說這個指標卻並不那麼重要！理由有三。在前面幾章我們花費了很長的篇幅討論了其他一些經濟指標，想必你對這些指標都很熟悉。第一個問題是資料會有很大的波動變化。第二，該資料僅僅每季度公告一次。第三，也許是最重要的，由於已經公佈了一些關於 GDP 的報告，且提供了生產率增長情況的測算基礎，等生產率報告公佈時也就不那麼新鮮。

　　討論至此，指出生產率報告中的單位勞動成本對股票市場的走勢有重大影響，依然很重要。當經濟處於經濟週期中擴張、繁榮的階段，美聯準對通貨膨脹極為關注的時期，單位勞動成本的上升就是魔鬼的號角，會促使美聯準迅速地提高利率，以防止薪資性的通貨膨脹。的確是這樣。不過上文我們摘自《洛杉磯時報》的引文也清楚地表明：在經濟週期的特定階段，一份好的勞動生產率報告的確可以推動股市價格上漲。

第 **17** 章

屠殺預算赤字之龍

上個月，美國財政部宣佈，聯邦政府在去年出現財政盈餘。這個消息令每個人感到驚訝。雖然僅僅只有區區 25 億美元的盈餘，但卻是 30 年來的第一次出現盈餘。並且，今年的財政盈餘有可能繼續擴大，達到 300 億美元到 400 億美元。

——《洛杉磯時報》

‧ ‧ ‧

這條消息摘自 1998 年《洛杉磯時報》。最有趣的是，就在幾年之前，幾乎這個星球上的每一個經濟學家都認同兩件事：美國的財政赤字對全球的經濟帶來了災難般的恐懼，並且不會有任何無痛方式宰殺這隻財政赤字之龍。

當然，現在我們知道了，令人難以置信的生產率的提高、技術驅動的新經濟的快速增長，的確破解了國家的財政困局。至少在可以預見的未來，美國會繼續出現財政盈餘。然而，同樣真實的是，在並不太遠的將來，赤字問題還會因為減稅和經濟蕭條而重新出現，財政盈餘又變得不復存在。因此，在這一章，我想討論股票、債券和貨幣市場面臨財政赤字的消息，會作出何種反應。為此，我們首先需要回答這些問題：

- 財政赤字問題的規模為何？計量相關公共債務的適當標準是什麼？
- 結構性財政赤字和週期性財政赤字的區別是什麼？為什麼結構性財政赤字對於股票、債券和貨幣市場更為危險？
- 政府應該如何為財政赤字融資？應當如何支配財政盈餘？他們的選擇又會如何影響市場？

你的計量尺是什麼？

首先，我們來看圖 17-1。圖中，按照總統執政期和年份，列示了每年的財政赤字和盈餘，從尼克森執政時期一直列到 1999 年出現財政盈餘的克林頓時期。注意，七〇年代開始財政赤字逐年上升，尤其是在八〇年代的雷根和布希時期。其基本原因在於：八〇年代早期，國會通過了雷根的供給學派減稅政策，但政府的開支幾乎沒有相應減少。這正是財政赤字爆炸性增長的原因所在。

現在，再來看看圖 17-2，它描述了幾十年來美國國家債務的規模。在圖中，你可以看出，該債務是如何以指數形式快速增長，以致達到將近 5 萬億美元規模的。但是，這個債務規模達到多大才真正算大？這是我們要問的另一個問題：這樣的債務規模對金融市場的危險程度如何？

為了回答這個問題，我們需要一個比較的標準，這裡有經濟學家慣用的一種方法。他們喜歡將一個國家的債務規模與 GDP 的規模進行比較。原因很簡單：5 萬億美元的國家債務的確是一個很大的數字。5 萬億美元債務，對於泰國這樣一個小國來講幾乎不堪重負，但對於美國就沒有那麼嚴重。

圖 17-1　美國預算赤字縱覽

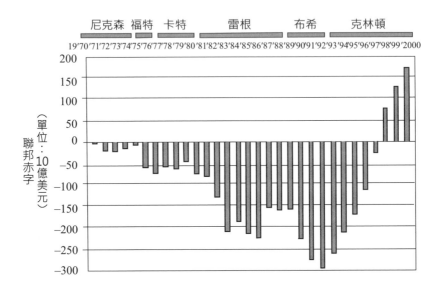

圖 17-2　美國預算赤字形成巨額公債的曲線圖

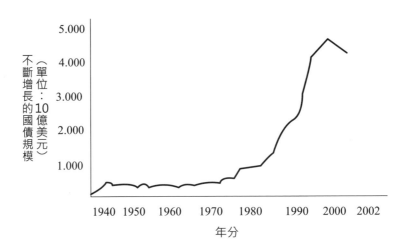

因此，債務與 GDP 規模的比較，可以測量一個國家的生產能力與償債能力（見圖 17-3）。這樣比較，似乎美國國家債務負擔也不是那麼嚴重了。從絕對數來看，美國的國家債務很大，但就相對數來看，美國排名靠後，只比澳大利亞、芬蘭和英國高，比比利時、義大利要低得多，它們的債務都超過了 GDP 的 100%。

圖 17-3　全球主要國家的政府債務規模（占 GDP 的百分比）

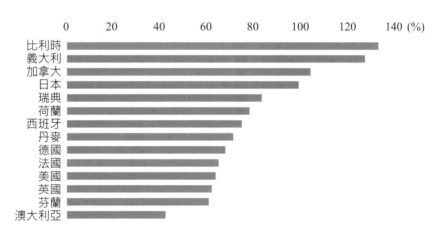

結構性赤字與週期性赤字——一個重要的區分

既然已經回答了第一個關於財政赤字規模的問題，現在我們轉向第二個問題：結構性財政赤字和週期性財政赤字的區別是什麼？哪一個更危險？

這個看似深奧的問題非常有趣，最有趣的是：如果你到華爾街上找 1000 名職業人士問他們結構性赤字和週期性赤字之間的區別是什麼，你最終看到的將是 1000 雙驚詫而茫然的眼睛。華爾街如此忽視這種差別，以至

於你可能會想，我是不是在區分一種原本並不存在的差異？然而，差別是的的確確存在的，對於華爾街的正常運轉，結構性赤字的危險遠遠大於週期性的赤字。我們下面仔細分析其原因。

結構性赤字是在經濟充分就業的情況下，也依然會存在的那部分財政赤字。它是由於現存的稅收收入結構和財政支出結構不匹配造成的。因此，財政赤字中屬於結構性赤字的部分是主動的，是由政策造成的。比如總統和國會施行減稅政策、增加國防開支或通過新的醫療福利方案都會造成結構性財政赤字。

相反，週期性或被動財政赤字是實際財政赤字中由經濟衰退造成的那一部分。政府的所謂經濟的自動調節平衡器是造成週期性財政赤字的部分原因。這些調節平衡器就是在經濟衰退時期各種不斷增加的政府轉移支付，如失業救濟金的支付、各類食品補貼支付以及其他的福利支付。導致週期性財政赤字的主要原因在於稅收收入在經濟衰退時期的短缺。在經濟週期向下的階段，經濟進入衰退，經濟資源沒有充分利用，稅源減少，稅收收入減少。所以，這種性質的財政赤字，我們就稱其為「週期性」財政赤字。

為什麼區分週期性財政赤字和結構性財政赤字非常重要？它便於美聯準和國會區分財政赤字是由經濟政策引起的長期變化，還是經濟週期引起的短期變化。這種區分為總統、國會、美聯準採取適當的應對政策提供了有用的指南。

例如，在結構性財政赤字出現時，如果國會或美聯準採取擴張性的財政或貨幣政策，無異於為通貨膨脹火上澆油。當點燃通貨膨脹之後，華爾街就會濃煙滾滾。相反，既然我們可以通過實現充分就業走出週期性的財政赤字，那麼擴張性的貨幣和財政政策在經濟衰退時期就是適當的。而且，

不採用擴張性的貨幣或財政政策也許會延長衰退的時間──這對於華爾街來講永遠都不是好消息。

我們回到艾森豪和布希兩任總統的執政時期，看看他們的政府是如何應對財政問題的。先重回 1957 年，看看艾森豪總統時期。

艾森豪的教條毀了尼克森的前途

那時，經濟正處於衰退的中期，艾森豪政府負擔著 100 億美元的財政赤字，從性質上看，完全是週期性財政赤字。副總統尼克森密切關注，在即將到來的 1960 年總統大選期，停滯不前的經濟和日益慘澹的股市很可能會成為選民攻擊他的理由。因此，尼克森極力主張擴張性的政策，進行減稅，以刺激經濟和金融市場的復甦。然而，艾森豪總統想在離任前平衡財政收支，因為擔心減稅會進一步擴大財政赤字，他拒絕了減稅提議。由於缺乏刺激政策，華爾街和美國經濟跟跟蹌蹌進入了總統大選期，甘迺迪提出了自己的口號「我將引領我們的國家再次走上發展之路」。甘迺迪在史上最激烈的總統競選之中擊敗尼克森勝出。

如果當初艾森豪總統聽取了尼克森的減稅建議，也許美國的經濟就會有很強的增長，股市就會走向繁榮；也許在艾森豪離任時就會有 50 億美元的財政盈餘──遠遠多於尼克森減稅帶來的損失。這是因為減稅帶來的經濟的增長能夠產生幾十上百億美元的額外稅金收入。

布希毀於自己的經濟顧問

　　現在，我們從五〇年代快速步入九〇年代，會看到共和黨總統候選人又一次敗給了民主黨，而失敗的原因是共和黨沒能及時地識別出財政赤字是週期性財政赤字。1990 年，共和黨人喬治·布希是在任總統，當時衰退已經開始，週期性的財政赤字也開始瘋狂增加，達到數千億美元。

　　在任何一個活躍的凱因斯經濟學家看來，經濟衰退的開始和週期性財政赤字的增加都是採取擴張性財政政策的明確信號。然而，在布希掌印的白宮內，保守的經濟顧問們拒絕了凱因斯抑制經濟持續衰退、減少財政赤字的所有經濟刺激方案。布希害怕財政赤字進一步猛增，或許是因為他沒有意識到這是巨額的週期性財政赤字，最後他採納了保守的經濟顧問們的建議。經濟下滑一直持續至 1992 年的總統大選，和 1960 年的尼克森一樣，布希輸給了民主黨，因為民主黨承諾將帶美國經濟走出衰退，走向發展。

為彌補財政赤字籌措資金

　　現在我們來看第三個問題，也是最重要的一個問題：政府在赤字時選擇什麼融資方式或財政盈餘時怎麼使用結餘？不同的選擇如何影響股票、債券和貨幣市場？

　　從理論上看，政府為財政赤字融資的方式有提高稅負、銷售國債和印鈔票。然而，在實踐中，提高稅收的方式很少使用，因為各國政府都不願意這樣做。這意味著政府只能採取銷售債券或印鈔票的方式來融資了。選擇哪種方式，對股票和債券市場有重大的影響，因為每種選擇不但影響私

人企業從資本市場融資的能力，而且也會對通膨有巨大影響。個中原理，我們仔細分析。

如果使用「借錢」的方式，美國財政部在資本市場上向私人發行國債，使用發債收入彌補財政赤字。注意，美聯準並不參與其中。還請注意，美國財政部在資本市場發行國債籌集資金，與需要在資本市場直接籌資擴建廠房、購置設備的私人企業形成競爭關係。資金稀缺，美國財政部為籌集到所需資金必須提高自己的報價利率。這是因為「借錢」的方式是一個零和博弈：政府彌補財政虧空需要借入的資金，也是私人部門用於私人投資想籌集的資金。在這種情況下，政府用私人資金彌補財政虧空就意味著「擠出」了私人投資。更具體地說，「擠出效應」就是政府銷售國債彌補財政虧空的擴張性財政政策對私人投資的抵消作用。

更重要的是，股票和債券市場都憎恨擠出效應，其原因非常簡單明瞭。對於股票，擠出效應是通過提高利率實現的，這也會使公司的收益減少；對於債券，資本市場的高利率意味著債券價格下降。

讓印鈔機飛速轉起來

「印發鈔票」籌措資金的選擇，至少從理論上講可以避免「擠出」效應。採用這種方式，美聯準需要配合財政部的擴張性財政政策。美聯準只需購買財政部發行的債券，而不讓這些債券在公開市場上銷售。為了支付購買國債的款項，美聯準只需「增印鈔票」，增加銀行系統的儲備金。

當然，這種方式也存在問題，貨幣供應量的增加會引起通貨膨脹——引起通貨膨脹或通貨膨脹導致的結果都不是我們希望看到的情形。而且，

如果通貨膨脹引起利率上升和私人投資減少——這很有可能——「印鈔」的最終結果也有「擠出效應」。現在，你是否明白了華爾街為什麼對財政赤字如此厭惡？

有錢也犯愁——如何使用財政盈餘

現在考慮一下，出現財政盈餘又怎麼樣呢——如何使用財政盈餘？儘管這似乎是令人最高興的一個事情，但它也是令華爾街頭疼的問題。實際上，有三種使用財政盈餘的方式：減稅、增加開支、回購流通的政府債券。

當然，你也許認為華爾街總是偏愛第一種選擇：減稅。畢竟，任何形式的減稅都屬於擴張性政策，當經濟蓬勃發展時，減稅一定會使市場看漲。錯！這裡需要注意的問題是，如果經濟已經處在充分就業狀態，任何進一步的刺激政策不但是擴張性的，而且也會引起高速的通貨膨脹。我們已經知道華爾街對於通貨膨脹預期的反應：大跌！

使用財政盈餘增加政府開支又如何呢？有趣的是，我們面臨的問題和減稅相同，且有過之而無不及。增加政府開支是比減稅更強的擴張性政策，因此，如果在經濟一派繁忙、欣欣向榮時採取增加政府支出的方式，顯而易見的危險會再次出現——通貨膨脹。

嗯……現在剩下的只有第三個選擇了：使用財政盈餘回購之前流通在外的國債券。儘管這個選擇似乎是最為保守的財政政策，但它同樣存在問題。理解存在問題的最好方式就是讓我們回憶一下 2000 年發生的一系列事件，那個時候，格林斯潘正在對過熱的經濟採取降溫的措施。他是如何給經濟降溫的？大幅提高利率。但是，極具諷刺意味的是，就在同一時期，

聯邦政府的另外一個部門——財政部，正在使用它不斷增長的財政盈餘大量從市場上回購國債。因為財政部在這一時期實現了債券的淨回購而不是淨出售，這產生了一個反作用——打壓美聯準的利率。因此，財政部和美聯準的政策效應相互衝突。

討論的結果是，儘管華爾街理所當然地偏愛財政盈餘而不是財政赤字，然而財政盈餘和財政赤字各有各的問題，都對股票、債券和貨幣市場有重要的影響。這也就是為什麼巨波投資者不但要關注財政赤字和盈餘的規模，而且要時刻留意彌補財政赤字的融資方式和財政盈餘的支配形式。

討論得已經夠多了，在結束這章之前，對如何跟蹤觀察財政資料作個簡單的回顧。

財政部的預算報告—應該與上年同期比較

由於強勁的經濟帶來了巨額的收入，美國預算赤字在 2 月分已經縮小——照此速度政府會在 30 年後出現第一次財政盈餘。

財政部公佈的資料顯示，2 月分的赤字總計為 410.75 億美元，比去年 2 月分的 440.1 億美元有所下降，由於 2 月分不像 4 月分，政府會有很多的稅收入帳，所以，預期 2 月分仍然會有赤字發生……

今天紐約交易臨近收市的時候，債券價格漲了 1.5 個點，它的收益跌了 2 個基點至 5 担 88%。股價創了新高，道瓊工業指數漲了 103 點……

——《彭博商業新聞》

　　美國財政部大約在每月第三週公佈前一個月的財政預算報告，該報告匯總了政府各個部門的收入和支出情況。正如圖 17-4 中一對餅形圖所示。

圖 17-4　財政預算餅形圖

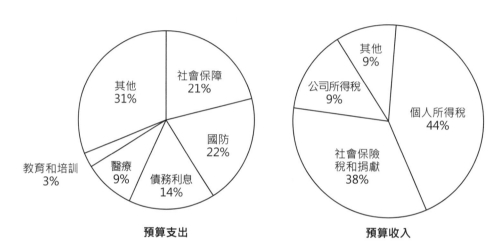

　　左邊的圓形圖列出預算支出，最大的開支專案中包括國防和社會保障；或許有點趣味的還有債務利息支出；另外，醫療開支占了預算的大約 10%；而包羅萬象的「其他」專案包括能源、環保、健康、教育和法律執行專案。

　　在右邊的圓形圖中，你可以看到山姆大叔最大的預算收入來源於個人所得稅，占到整個財政收入的將近 45%。憑藉其複雜的納稅和捐贈系統，社會保障納稅和捐獻緊隨其後，大約占 38%。至於公司所得稅，僅占政府預算收入的 9% 左右，而剩餘的部分主要是來自地產稅和關稅等。

　　關於財政預算報告，相當具有諷刺意味的是，儘管巨額的財政赤字或

財政盈餘對股票、債券和貨幣市場影響巨大，但月度財政報告很少引起華爾街的興趣，對其評級也就值一顆星。主要的問題在於政府的收入模式具有明顯的季節性。例如，在 1 月、6 月、9 月和 12 月，由於季度的納稅義務到期，這些月分的收入會增加。同樣，大部分人在 4 月分繳納個人所得稅，所以 4 月分的收入會激增。由於財政部既不會按年，也不會按季度平滑這些資料，所以在各月之間資料的起伏很大。

　　從巨波投資者的角度來看，至少有一個辦法可以規避預算資料的波動問題。這個辦法就是，將當月收入與支出同上一年度相同月分的資料進行比較──實際上，本部分開篇摘自《彭博商業新聞》報導中的記者就是這樣比較的。因此，如果本月的財政赤字比去年相同月分的有所減少，也許就是一個赤字正在下降的信號。

第**18**章

貿易赤字陷阱

　　假如總會讓理查感到煩惱的經濟報告只有一份，那麼這份報告就是關於國際貿易資料的月報。在過去的幾年當中，理查曾看到貿易赤字的非預期增長的消息導致美元匯率大幅上漲，但是，他也看到，幾乎完全相同的消息曾導致美元匯率急跌。與此同時，理查也絕不知道股票和債券會做出何種反應。他知道的僅僅是，當貿易赤字降低時，股票和債券的價格經常下跌；但是，這個規律也不是絕對靠得住的，有時情況正好相反。理查總是對貿易數字很警惕，在貿易報告公佈的前一天平倉出貨，大概就是這個原因。但是，他的這種警惕真的有合理理由嗎？

‧ ‧ ‧ ‧

　　絕對會有這樣的感覺。對我們每個人來說，預測貿易資料對股票、債券和貨幣市場的影響是最難的一件事情。在貿易資料公佈的時候，還有很多其他方面的因素也在影響著市場的走向。其中有些因素相當溫和，對華爾街的影響很小甚至沒有；另外一些因素卻會重擊市場，市場之牛受此恐嚇而夾著尾巴落荒逃走。

　　本章旨在幫你更好地理解貿易赤字的複雜特性及其對市場的影響。最

終目標是幫助你找出所有影響全球經濟和國際貨幣體系的因素，並將這些指示應用到你的投資實戰中。要想闡述清楚，的確有點困難，在此先給大家介紹一下本章的框架思路。首先介紹國際收支帳戶平衡及貿易赤字問題。區分經常帳戶和資本帳戶並瞭解其平衡關係是理解貿易赤字問題和讀懂貿易報告的基礎。

其次，我們要介紹匯率是什麼，更重要的要介紹主要貨幣，如美元、日元、歐元的價值為什麼會相對於另外一種貨幣發生變化。 在此，我們也能夠看到各個國家經濟增長、通貨膨脹、利率水準如何共同決定該國貨幣的幣值。

第三，我們解讀美國商務部每月發佈的貿易報告。必須認識到：其實貿易赤字本身並不是金融市場最重要的資訊，重要的是，華爾街金融市場分析師通過這些資料判斷是進口還是出口的變化引起了貿易赤字的變化。

為什麼有關進口和出口的資訊如此重要？我們在闡述第四個問題的過程中將予以回答。在第四個問題中，我們假設了一系列情景，每個情景下貿易赤字的產生都在人們意料之外，且原因各異。例如，在第一種情景中，貿易赤字增加，其原因在於歐洲經濟的衰退及其導致的出口下降。在第二種情景中，貿易赤字的增加是因為石油價格的暴漲。然而在第三種情景中，貿易赤字的增加是由於美國經濟的迅猛增長，儘管歐洲和日本經濟增長也很快，但其速度還是要稍微慢一些。

對同樣的貿易赤字消息，在每一種不同的情景中，股票市場和債券市場的反應都極為不同。當然，從這些情景中我們需要學到的一點是：市場對於資料的反應由當時的環境來決定。對於機敏的巨波投資者，這一點絕對重要。本章開篇中的理查先生就已經領悟到了這一點。

世界上最大的負債國

我們看圖 18-1，它描述了從 1929 年到現在美國進口和出口在 GDP 中占比的變化情況和趨勢。

圖 18-1　不斷膨脹的貿易赤字

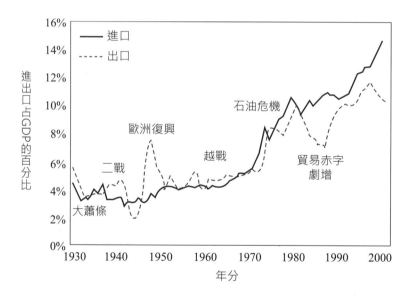

從圖中可以看出，美國進口和出口一直穩步增長，由此，美國經濟的貿易依存度也越來越高。注意，在 20 世紀三〇年代的貿易戰中，進出口都下降；在二戰後歐洲重建時期，出口大增；在七〇年代 OPEC 油價上漲時期，進口猛增；最後，你還會注意到在八〇年代後期，迅速出現的巨大貿易赤字。這時期巨大的貿易逆差使美國成為世界上最大的債務國，美國欠世界上其他國家的債務達到將近 2 萬億美元。為什麼華爾街如此關心這些債務

和貿易赤字？為探究原因，我們下面必須掌握國際收支帳戶的平衡原理。

收支平衡的確很難

表 18-1 是一個簡化的美國國際收支平衡的年度報表。在你讀這張報表時，注意三個方面：

第一，第一大項是經常帳戶，包括商品貿易、服務貿易和淨投資收入。第二，第二大項是資本帳戶，反映對美投資和美國對外投資。第三，資本帳戶和經常帳戶存在平衡關係。這點也是最重要的。也就是說，如果一個國家在經常性帳戶上存在貿易赤字，那麼資本帳戶上一定會有資本淨流入，以平衡經常帳戶的貿易赤字。這就是最基本的貿易恆等式。睿智的巨波投資者掌握這一概念非常重要，因為它解釋了國際貿易如何影響各國的貨幣幣值和利率水準。

表 18-1　國際貿易收支平衡表單位：10 億美元

	貸方	借方	餘額
經常帳戶			
商品貿易餘額 -			191
・美國商品出口	612		
・美國商品進口		-803	
服務貿易			80
・美國對外服務收入	237		
・美國接受服務支出		-157	
投資收入			-19
・美國對外投資收益	206		
・外國對美投資收益		-225	

（續前表）

	貸方	借方	餘額
資本帳戶			
・外國對美資產投資	517		
・美國對海外的投資		-387	
資本帳戶餘額			130

解讀經常性帳戶赤字

　　現在我們來仔細看看表 18-1。商品貿易餘額在經常帳戶中遠遠大於其他兩項，它反映的是商品貿易，諸如食品、燃料、製造品等，存在 1910 億美元的逆差。當你在報紙上讀到美國的貿易出現赤字的消息時，記者所指的貿易赤字僅僅是商品貿易赤字——這僅僅是整個貿易的一部分而已。

　　經常帳戶的第二個專案是服務貿易。這裡的服務包括船運、金融服務、國際旅遊服務等。儘管這個項目的金額比商品貿易小很多，但該項目的淨額近年來一直增長，美國也正從一個制造型經濟轉向服務型經濟。該專案的增長部分抵消了商品貿易上的巨大赤字。表中正是如此，美國對國外的服務費收入為 2370 億美元，支出為 1570 億美元，產生服務貿易淨盈餘 800 億美元。

　　經常帳戶還有第三個項目，即投資收入。表中顯示一個貸方餘額 2060 億美元，這代表美國持有海外資產賺取的淨額，借方的 2250 億則代表國外在美國的投資獲得的投資收益。從歷史上來看，美國在這個項目上獲得的淨收益不大。然而，隨著外國在美國投資的增加，這個項目已經變成了赤字，並且有進一步加大的趨勢。

　　將表中的三個項目綜合考慮，得到的是經常帳戶存在貿易赤字 1300 億美元。根據貿易平衡等式，該貿易赤字必須帶來一個資本帳戶的盈餘與其相抵。換句話說，一定有足夠的資本流入美國以抵消經常帳戶裡的貿易赤字。為了吸引足夠的資本進入美國，美國的利率水準必須提高到對外國資本具有足夠的吸引力才可行。這是非常重要的一點，因為我們知道，當利率發生變化時，股票和債券的價格就會變動。

資本帳戶 —— 未來會有盈餘

　　表 18-1 中資本帳戶反映的是一些實物資產和金融資產的購置，如賓館和工廠、股票和債券等。

　　外國在美購置資產意味著資本的流入，例如，德國基金購置美國的政府債券，荷蘭的基金購買美國股票，日本投資者購並美國賓州的工廠等。表中反映美國有 5170 億美元的資本流入。

　　同樣道理，美國購置海外資產，如連鎖酒店、股票等，導致美國資本流出。表中反映美國的資本流出額為 3870 億。美國的資本流出和資本流入合計，得出淨流入為 1300 億美元。當然，這個金額正好與經常項目帳戶的赤字金額相等。

匯率之謎 —— 日元對美元

　　歐元自 1999 年開始流通以來，對美元的匯率已經下跌 26%。這極大地損害了那些在歐洲做生意的美國公司，因為這些公司必

須承受將歐元利潤轉換為美元的匯率損失。美國盈利很好的藍籌

公司，如麥當勞、高露潔和吉列公司都因歐元走弱而蒙受損失。

——《今日美國》

我們從上文的討論中可以知道，當一國從別國進口的商品和服務多於

其出口的商品和服務時，就會出現經常帳戶赤字。同時我們也瞭解到，出

現經常帳戶赤字的任何國家，都一定會提高利率，以吸引足夠多的資本流

入本國，抵消經常帳戶赤字。由此帶來的下一個問題便是，提高利率如何

影響一國幣值？這個問題的答案在於更深入地理解在國際範圍內匯率是如

何決定的，比如美元和歐元間匯率如何決定。

簡單來說，匯率就是一種貨幣換成另外一種貨幣時的兌換比率。比如，

當歐元在 1999 年首次進入國際貨幣體系時，1 歐元大約可以換 1 美元 20 美

分。然而，到 2000 年時，歐元下跌，僅能兌換到大約 80 美分。從更為廣

泛的意義講，匯率變化的速度可能很快且幅度很大。比如，在 1997 ～ 1998

年的亞洲金融危機期間，泰銖、菲律賓比索和韓元在短短的幾個月之內，

相對於美元都貶值 40% 以上。為什麼匯率會發生變化，原因大概有以下三

個方面：

第一個原因和各個國家的經濟發展速度不同有關。例如，如果美國的

GDP 增長速度比日本快，則美元相對於日元就會貶值。這是因為美國經濟

的快速增長會引起日本相對較多的進口，從而導致美元相對於日元過剩，

產生美元貶值的壓力。

第二個原因和利率的相對變化有關。比如，假如美聯準提高利率，使

之高於英國的利率，那麼美元相對於英鎊就會升值。原因是高利率會吸引

更多的英鎊投資。但是為了投資美國，英國人首先必須用英鎊購買美元，這就導致美元的價值相對於英鎊上漲。

　　第三個原因與各國通貨膨脹率的差異有關。例如，如果墨西哥的通貨膨脹率高於美國，那麼墨西哥比索相對於美元就會貶值。這是因為貨幣市場上的匯率反映的是商品市場上真實的、經通貨膨脹調整後的價格差異。因此，如果由於通貨膨脹的存在，同樣一輛汽車在墨西哥的價格高於美國，那麼匯率必然會調整，使得同一輛汽車的真實的、經通貨膨脹調整後的價格在兩個國家一樣。順便提一下，經濟學家稱此為「同一價格原則」。

　　就此已經介紹完了相關的重要概念，為情景分析奠定了堅實的基礎。但是在進行情景分析之前，我們先看看貿易報告資料。

國際貿易報告

　　　華爾街道瓊工業指數在週二恢復上漲，創了 10 月分大跌後的新高……這一市場反應緣起於商務部的國際貿易報告，該報告稱貿易赤字降至三年來的最低，為 989 億美元，這比市場觀察家預期的 120 億美元低了很多。隨著報告公佈，債券價格上升，美元相對於其他主要貨幣也開始升值。

　　　　　　　　　　　　　　　　　　　　——《洛杉磯時報》

　　商務部在每月 20 日左右發佈貿易報告，該報告重要性等級為四顆星，包含很多有價值的資訊。該報告包括進口、出口、貿易赤字等詳細資訊，並且分類別和國家報告了貿易流動情況。

　　國際貿易報告的資料分季度、經通貨膨脹調整後，以當前美元來反映。經過通貨膨脹調整後的資料更為有用，因為可以避免美元價值和商品、貿易價格的月度變化對貿易趨勢的影響。在報告發佈時，媒體通常最關注的就是貿易赤字的增加或減少。然而，正如我們將要在下文的情景分析中看到的，分別分析進口和出口的資料也極其重要。

　　例如，透過分析出口資料，或許能夠評價美國公司在國際市場上是具有競爭優勢還是處於競爭劣勢。這些出口資料也能夠說明美國交易夥伴國的經濟是走強還是變弱。這兩個方面對於分析公司的盈利情況和股價變動都有重要的意義。同樣，進口資料是國內經濟狀況的一個關鍵指標。

　　除了從總體上分析進出口資料之外，按照行業大類分析進出口資料也相當有用。這些行業包括石油、農業、工業品、資本品、消費品和汽車等。基本的要點在於決定進出口變化是整體層面還是某個特定行業或部門。

　　最後，關於貿易報告還需要提醒的是，在分析商品貿易餘額時，一定要排除石油進口，因為，石油進口占整個商品貿易赤字的將近三分之一，即使油價有微幅變化，也會讓經常性帳戶中非石油的其他資料的變化趨勢難以判斷。

國際貿易中的四種情景

　　現在我們來分析貨幣、股票和債券價格如何對貿易報告作出反應。先分析貨幣的價格。簡單來說，貿易赤字的增加會導致美元走弱，而貿易赤字的減少會使美元走強。這是因為，當赤字增加時，外國人手中的美元持續增加。當外國人打算將美元兌換為歐元、日元或比索時，就會給美元走

弱的壓力。

　　然而，股票和債券市場的反應就很不明朗。這是為什麼？讓我們來分析四種情景。

情景 1：美國經濟高速增長，引起貿易赤字增加

　　在這種情景下，歐洲和日本經濟的增速適中且穩健。然而，美國經濟的增速非常快，進口也因此劇增。在這種情況下，美國股市不可能對貿易赤字的消息作出消極反應，也許反而會上漲。這是因為全球經濟的強勁發展預示著公司盈利的增加，此時不斷增加的貿易赤字一定是牛市的信號。

　　談及債券市場，如果不斷增加的貿易赤字會引起美元走弱，或者，經濟快速增長的消息被理解為經濟過熱，那麼投資者將會擔心通貨膨脹，債券的價格就會下降。否則，影響就會很小。

情景 2：歐洲和日本經濟衰退，引起美國貿易赤字增加

　　這裡，導致美國貿易出現赤字的也許不是進口的不斷增長，而是對經濟衰退的歐洲和日本的出口不斷減少。這對股票市場、尤其是對出口依賴很強的公司股票而言，一定是利空消息。隨著這一消息，我們能看到股票下跌，高度依賴出口的行業，如航空、農業、汽車、工業設備和通信業股票會領跌。

　　至於債券市場，因出口減弱、進口增加而產生的貿易赤字受到偏愛。原因在於，美國出口行業的減弱會導致美國經濟放緩，同時也減少對這些行業的信貸消費需求，進而產生降息的壓力。

情景 3：石油輸出國組織提高油價，引發美國貿易赤字

在這一情景下，包含貿易赤字的進出口的真實資料或許根本就沒有發生變化，赤字是因為緊張的石油市場上 OPEC 的成功調價及其對美國企業和消費者的不利影響造成的。股市從整體上不可能會為這個消息而感到興奮。但是，從行業或部門的層面看，能源股價格或許因為預期利潤的增長而上漲，同時防禦型行業如食品、藥品業的股票也會從資金流向它們的過程中受益。

債券市場參與者會盡力評判油價暴漲是臨時性的還是長期性的。如果是臨時上漲，這個消息也許會引起債券價格走高。這是因為油價的上漲可能阻止美聯準提高利率。另外，石油價格的暴漲會引起衰退，衰退一定會促成降息。如果油價上漲是相對長期的，債券市場參與者會擔心美聯準提高利率阻止高油價可能引起的通貨膨脹，這種擔心會導致債券價格下降。

情景 4：美聯準提高利率，引起貿易赤字增加

美聯準提高利率時，美元相對於其他貨幣就會升值。這使得出口商品變貴而進口商品變得相對便宜。這是解決貿易赤字增長的良方。它也帶來了很大的問題，不論是對美國出口行業，如航空和藥品業，還是對那些海外銷售和利潤占很大比例的跨國公司，如 IBM、吉列和麥當勞，都是如此。的確，對這些跨國公司來說，堅挺的美元使它們的利潤下降——至少以那些疲軟的貨幣比如歐元取得利潤會如此。這是因為，賺得的利潤最終要以疲軟的歐元兌換成堅挺的美元。因此，提高利率加強勢美元引起的貿易赤字不論對股票市場，還是債券市場都不是好消息。

然而，故事到這裡還沒有結束。事實上，金融市場對這一情景的最後

反應取決於華爾街預期外國政府在美聯準提高利率產生溢出效應後會做何反應。這就是問題的核心。當美聯準提高利率，美元走強時，尋求高回報的投資資本將會離開歐洲，進入美國。美聯準提高利率的消極影響是導致歐元貶值。因此，這也導致歐洲通貨膨脹的加劇。然而，也有積極影響，走弱的美元將會幫助歐洲的出口型行業，如化工產品、服裝、手機和紅酒等。這對於歐洲經濟具有刺激效應。

在這一情景下，對於華爾街提出的最後一個問題是：面對美聯準提高利率，歐洲人是否提高利率？問題的答案往往取決於當時歐洲經濟的情況如何。如果歐洲經濟疲軟，用提高利率的方法來對付美聯準的加息，對於歐洲來講，非常困難。另一方面，如果歐洲的經濟增長相當快，並且通貨膨脹問題也開始顯現，那麼，歐洲就極有可能配合美聯準的加息，也實行加息政策。

總體來看，華爾街更希望歐洲不要使用加息的策略反擊美聯準的加息。原因是，歐洲的加息只能進一步擴大美聯準加息的緊縮效應。的確，歐洲的加息對抗方式將會引起人們對全球經濟衰退的關注。因此，你再一次體會到我們曾經說過的那句話：美聯準主席打個噴嚏，歐洲經常會因此患上衰退的感冒。

彭博新聞摘選

剛才列出的四種情景很難窮盡所有情況。儘管如此，這種情景設定的方法將顯著提高你的巨波投資技術。因此，我極力推薦趕緊將這種全球視角的巨波投資思維方式融合到你對整體市場變動趨勢和行業市場變化趨勢

的評價過程中。最後,作為本章的結束,我們從彭博新聞中節選了一些經濟新聞。這些都節選自過去 10 年彭博貿易報告的封面文章,也能夠進一步說明市場資料的複雜性及對此各不相同的市場意見。

- 就在政府公佈 3 月分的進口和出口創下新高後,美聯準提高利率以防止通貨膨脹的預期迅速蔓延。股價下跌,債券也爆出兩週以來的最大跌幅。

- 貿易報告或許對政府債券的價格不會有大的影響,因為統計資料表明,美國經濟的增長速度將會繼續得到控制……出口,作為國內經濟的關鍵引擎,在 12 月分也出現下降。進口,作為度量居民和企業的消費支出的一項指標,由於石油價格的上漲而創下了近六年來的單月新高。這一切都說明美國經濟的增長得到了有效控制。

- 1 月分,美國貿易赤字增加 6%……由於國外經濟的衰退導致出口從最高紀錄跌至 5 個月來的最低……今天,美元對大多數貨幣的價格都出現下跌,對日元的價格創了新低,投資交易者對美國經濟的復甦力表現出強烈的關心。

- 得知貿易赤字的消息後,美元最初是猛跌,之後,在早晨的晚些時候,當投資者覺得對外出口因冬季暴風雪受到限制,針對波音公司的罷工事件也得以解決時,美元的價格又迅速恢復上漲。

- 美國商品和服務的貿易赤字下降了近三分之一……出口創了紀錄,進口同時也降到 797 億美元,因為幾乎沒有什麼新車從加拿大銷往美國……股票、債券和美元全部因這一消息而上漲。

- 4 月分,隨著出口和進口的下降,美國的貿易赤字創紀錄地增至 145 億美元……有信號表明海外需求的下降正在減緩美國經濟的步伐。美

國債券停止了兩天來的下跌，開始上漲。

　　● 進出口創紀錄的增長導致美國國債的下跌，同時也強化了人們對美聯準在未來幾個月將多次加息以抑制消費需求和控制通膨的預期。

第 **19** 章

塞翁失馬，焉知非福

　　作為巨波投資人，雷‧瓦拉的操作風格別具一格，而且這種風格非常重要。實際上，這位「災難黑暗王子」賺得的巨額財富，都和難以預料的災難有關。

　　一切都開始於 1986 年。當時，雷還是哈佛大學一位攻讀經濟學博士學位的窮學生，正在撰寫關於公共事業監管的論文。經過研究，他發現核電在美國的前景不妙，進而，嚴重依賴核電的任何公共事業公司遲早會陷入財務危機。基於這個發現，雷拿出一些學費，賣空了兩檔股票。一只是在核能計畫下苦苦掙扎的長島照明（Long Island Lighting），另外一只是為核電提供發電設備的主要供應商西屋電氣（Westinghouse）。

　　兩天後，車諾比（Chernobyl）核反應爐著火，核洩漏輻射至方圓 1000 多平方英里，甚至影響到蘇聯最肥沃的穀物種植區。接下來幾天，西屋電氣、長島照明，還有依賴於核電的其他美國公用事業公司的股價大跌，雷大賺一把。然而，對於雷來說，整個事件程序中最有趣的地方不在於公用事業股因核洩漏事件而大跌——這個結果是理所當然的。在雷看來，最有趣的是，因車諾比而進行的巨波投資法還有尚未被人注意的精妙之處。

尤其，雷注意到了，食品加工公司的股票也因核洩漏事件而大跌，比如通用食品、誇克燕麥、皮爾斯貝里等。雷經過思考，發現其中的巨波邏輯：俄羅斯穀物種植區受災，穀物供應預期短缺，世界各地的穀物期貨價格開始上升。不久，由於穀物價格上漲，食品加工公司的利潤就會減少，股價就會下跌。這期間，精明的投資人足以抓住機會，進行賣空操作。

對雷來說，這不僅僅是自己的高明發現，更是巨波投資的魅力。就從這時開始，雷開始專心尋找那些很可能因為意外事件而大漲或大跌的個股。

· · · ·

回憶本書第 1 章，我們曾經提到中文的「危機」一詞由「危」和「機」構成，即一方面存在危險，另一方面也存在機會。在本章我們將要提到的「危險」包括情形迥異的很多方面，包括天災，如地震、乾旱和洪災；也包括許多人禍，從血腥的戰爭、非洲政變到並未造成流血的其他各種形式的事件，如網路攻擊、歷時數年的石油價格的震盪等。當然，在我們提及長期存在的一些危險時，不能忘記疾病和瘟疫——比如愛滋病、小麥黴菌病毒變種、非本土種的白蟻入侵等等。

在這些危險中尋找機會時，需要非常特殊的一種巨波思維方式——像從事研究一樣要具備高超的預測能力。理解這種巨波思維方式，也許最好的方法就是來分析一下雷·瓦拉先生獲利豐厚的一些巨波操作。在我們進行分析時，注意貫穿於「災難黑暗王子」的每筆交易之後的巨波邏輯思維。

首先，每一筆巨波操作都是從出乎意料的災難開始的；其次，巨波

操作總是沿著迂迴曲折的事實與假像的路徑前進；最後，巨波操作抵達終點——一檔股票、一組股票或一個行業（或部門）的股票的大漲或大跌。

地震消息傳至整個半導體世界

臺灣發生芮氏 7.6 級的大地震，不僅已有 2000 多人喪生，而且導致電力中斷，許多臺灣工廠停產。

雷一得知這個消息，腦子裡立即開始盤算，出現以下各種情景：他知道臺灣動態隨機記憶體（DRAM）的產量占全世界供應量的 15% 左右，所以他馬上意識到這次地震將會造成全球 DRAM 的供貨短缺。基於這個假設，雷進一步推測，三星和現代等其他 DRAM 晶片的生產廠商會因臺灣廠商供貨短缺而受益，因為它們現在可以大幅提高價格。

與此同時，雷也知道，臺灣許多電腦生產廠商的停產，將會對電腦製造商，如蘋果和戴爾造成特別大的衝擊。這是因為，雷知道戴爾公司為了降低成本，存貨一直很少，因此處境極其危急。蘋果正要推出一款新電腦 G4 Power Mac，由臺灣廠商代工生產。

基於以上的一系列假設，雷立即購入，三星和現代公司的股票各 5000 股，一天後清倉出貨，各獲利 10%。雷也賣空 5000 股蘋果和戴爾股票，一個月內都跌了 20% 左右，賺了個心滿意足。

海珊的冬天

科威特是世界上最大的石油生產國之一，妄自尊大的伊拉克入侵科威

特，將其收為囊中之物。這位獨裁者不僅意在摧毀以色列，更想羞辱地球上最大的撒旦——美國。

年輕的雷那時任海軍上尉，目睹了戰爭的爆發。當時他想知道他所在的後備部隊會不會被徵用，同時腦海裡閃過幾種不同的情景。在雷看來，最好的巨波操作對象，當然是在油價飛速上漲的時候買賣能源股。然而，不太明顯的一面，是雷也知道戰爭會影響中東的私人航空旅行，可能損及法航和環球航空。不過，操作能源股和航空股，他覺得沒有多大興趣。事實上，直到 CNN 首次播報，伊拉克發射帶有致命細菌的飛毛腿導彈攻擊以色列，雷才真正找到了感覺。買進瑞森 5000 股股票，後來被證明是既簡單，又獲利豐厚的一次操作。他之所以會選擇瑞森，理由在於：瑞森是愛國者導彈的主要生產商，該導彈是抵禦伊拉克飛毛腿導彈攻擊的第一道防線。

在 CNN 報導了一枚又一枚愛國者導彈，摧毀一枚又一枚的飛毛腿導彈時，雷心裡不再懷疑，相信能從這筆操作中小賺一筆。他當然實現了這個目標。1 月 18 日第一次愛國者導彈發射後，三天內瑞森的股價上漲了 7%；兩個月之後，雷的獲利超過了 18%。他在這時軋平頭寸，清倉獲利，而且直到幾個月後的 6 月，戰爭結束，才再碰瑞森的股票。他憑直覺，拿上次操作賺得的利潤，沽空瑞森。有意思的是，短短兩個星期，沽空操作再淨賺 10 個點。

誰來為保險公司提供擔保？

當颶風「安德魯」襲擊佛羅里達州南部時，每小時的風速竟然高達 145 英里，很少有人經歷過這麼強烈的颶風。雷有時也會犯傻，硬是不肯跟

隨長長的車隊，一起撤離邁阿密。他蹲坐在自己的船屋裡，這艘船屋是他用上次操作賺的錢購置的，為了紀念那次操作，他給船屋命名為「愛國者」號。這次他差點犯下致命的錯誤。

隨颶風飛奔的椰子，重重地擊打在船的側牆上，就像加農炮轟炸軍艦一般。他那甜蜜的船屋小家，開始大量進水。他沒命似的用船下的抽水泵抽水，防止船屋下沉，當時他非常擔心葬身魚腹。不過，有兩件事情，讓雷感到一些安慰。

第一，他買了一份很好的保險。不管心愛的「愛國者」號船屋發生什麼事情，都能獲得理賠，免遭損失。第二，幾週前，就在颶風即將到來時，雷沽空了幾家保險公司 1 萬多股股票，比如安泰、信諾、葉可以及後來獲利最豐的大陸。隨著颶風「安德魯」造成的災害和索賠金額日益增加，所有這些保險公司的股價越跌越慘，其中大陸保險的股價跌得最快最慘——不到一個月，跌了 30% 以上。

把關公司的失敗

雷聽到巴勒斯坦示威群眾抓住四名以色列士兵，並且殺害了其中兩人的消息後，和其他美國人一樣吃驚。不過，儘管非常憤怒，他還是打開電腦，登錄交易系統，沽空了 5000 股 Checkpoint 軟體公司的股票。他知道，這樣操作很安全，理由有二：

第一，大盤可能會因為擔心再度爆發巴以戰爭和油價飛漲，而大跌一兩天。因此，僅僅根據平均律，Checkpoint 公司的股票很可能和其他大部分股票一起下跌。

第二，從巨波操作的觀點出發，雷也知道 Checkpoint 公司的許多業務都在以色列進行。也就是說，萬一衝突爆發，Checkpoint 公司的許多工程師和高管人員很可能會被以色列軍方徵召入伍，因此可能導致營業活動難以正常進行甚至停業，所以雷覺得沽空 Checkpoint 公司的股票，是相當好的機會。的確如此。這檔股票一天內下跌了 10% 以上。

非常感謝巨波操作

1994 年 12 月，墨西哥比索貶值，這成了獻給全世界最糟糕的一份聖誕禮物。雷知道，這對整個銀行業是個極壞的消息。他根據自己的判斷，認為墨西哥比索貶值可能引發拉丁美洲國家相繼跟進貶值貨幣──從哥倫比亞、秘魯到智利和阿根廷都有可能，因為這些國家都希望在全球市場上相對於墨西哥保持競爭力。但是各國貨幣紛紛貶值及隨之而來的貨幣體系不穩定，將使得在拉丁美洲放貸的銀行信用風險大幅增加。

根據這些推斷，雷當機立斷，沽空 10000 股花旗銀行和波士頓銀行的股票──這兩家銀行在拉丁美洲有大量放款。雖然不是獲利最高的一次操作，但短短兩天之內，他就賺了 3 萬多美元。

資訊公路上的破壞者

雷的電腦遭到了「I love you」病毒的攻擊，他是「I love you」病毒誕生地菲律賓以外的首批受害人之一。整個事件中最有趣的地方是，就在那隻瘋狂的「I love you」病毒從電子郵件中鑽出，開始攻擊電腦核心部件時，

雷正在和他的營業員通電話，準備買進三家知名軟體公司的股票。這三家軟體公司是美國的 Symantec、Network Associates，以及日本的 Trend Micro 公司。在雷看來，任何能夠拯救電腦的東西，都值得花大價錢投資。

後來發現，「I love you」病毒是有史以來攻擊力最強的病毒。世界各地的電腦系統和企業損失因此損失高達 80 億美元。Trend Micro 公司的股價大漲 50% 以上，Symantec 和 Network Associates 公司的病毒查殺軟體的銷量也猛增。

惡毒的石油輸出國組織巧遇冉冉升起的朝陽

雷在哈佛大學學的是能源經濟學。他自創一套理論，說明股市對油價波動的反應方式。在他看來，任何油價波動會以至少四種相互不同且往往互相衝突的方式影響股市。

第一，油價上升對美元形成下跌的壓力，並且可能造成通貨膨脹。這會造成黃金股和其他貴金屬股的上漲，因為它們被市場看成預防通貨膨脹的保值工具。

第二，油價上升時，航空公司、汽車、娛樂等依賴石油的行業，股價可能會因為成本增加、利潤減少而下跌。與此同時，能源股企業——從石油鑽探設備和石油服務公司到替代能源供應商——的股票，可能因為價格和利潤都看好而上漲。

第三，油價上漲往往預示著經濟週期的擴張階段已經到了強弩之末，隨之而來的是股市熊市初期。雷認為，這時正應該開始換股，將資金轉投醫療保健和製藥等防守型股票。

　　第四，雷也知道，油價大幅波動時，可能會顯著改變美聯準的行為。雷認為，一次或幾次股價波動可能阻止美聯準提高利率，對於證券經紀和銀行業等對通貨膨脹敏感的股票是利多。但是，油價持續上漲，導致核心通貨膨脹率上升，雷也知道，美聯準會迅速提高利率，以抑制通貨膨脹，對金融類股而言就是利空消息。

　　根據這套理論，雷在 2000 年夏秋能源危機發生時，進行了一系列巨波操作。雖然買進製藥和賣空金融證券股賺了一些錢，但最讓他引以為自豪的，仍然是對一家小公司天體動力（Astropower）25000 股的做多操作。天體動力公司規模雖小，卻是美國最大的太陽能電力產品生產商。在石油危機最嚴重的時候，股價就像大火一般熊熊燃燒。僅僅兩個多月，天體動力的股票就從雷買進時的每股 20 元漲到賣出時的 60 美元──足足賺進 40 元，合計達 100 萬美金的利潤。

第**20**章

政府和你的投資組合

在讀高中二年級時，班·格拉漢姆開始投遞《華盛頓郵報》。很少有報童像他一樣，在清晨完成早報投遞任務之後，還真的會仔細讀《華盛頓郵報》。在早餐桌上，班把體育版給他的哥哥，把卡通版給他妹妹。然後，他埋頭看自己最喜歡的兩個版面——商業和政治版——看發生了什麼事情。

沒過多久，年輕的班就發現這兩版面錯綜複雜，糾葛不清。的確，他最初發現這種交錯是克林頓總統試圖將醫療保健行業國有化，而為取得成功，導致主要醫藥股票價格大幅震盪。有了這次經驗之後，班開始放寬視野，關注國會議案如何導致一檔股票或一個行業的股票上漲或下跌，特別是食品和藥品管理局、聯邦貿易委員會等機構的利空消息如何導致某檔股票的價格暴跌。

根據這些觀察，班很快發現，政治事件確實會影響股市。他的發現如此之美，在於這和他的宏偉計畫搭配的恰如其分。他的宏偉計畫是在 35 歲之前，從股票市場上賺到 1000 萬美元。然後利用這些錢競選國會議員。在他 30 歲生日那天，班已經將這個財務目標實現了一半。最好的是，班發現自己找到了一種方法，能把他對商業和政治的喜好，結合成一種操盤風格。班專注於政治

新聞的巨波操作。

．　．　．

在我擔任加州大學教授的職業生涯中，我有很多時間都是和那些攻讀
MBA 的企業高管共同度過的。他們中的大多數人認為，只要精通會計、財
務和行銷，就會搖身變成更優秀的經理人。當然，他們的看法是對的。

不過，最好的經理和高管，也應當相當熟悉他們的公司營運所處的政
治和監管環境。事實上，我一開始就告訴學生的許多事情的其中一件就是：
瞭解政治，否則遠離生意。

道理很簡單。政府不僅透過補貼、稅收、監管和承諾協定等方式取於
民，用於民，而且政府的行動與否，對一家公司利潤的影響，遠遠大於 10
個競爭對手的影響。我相信，這種看法不但能幫助每一個 MBA 學生畢業後
成為更優秀的企業高管，而且也能幫助你成為一個優秀的交易人或投資人。
讓我們一起看看，當政府這只巨大的怪獸翻身時，對一檔股票或一個行業
的股票發生的好事、壞事和醜事，以及這些事情發生的方式及其原因。

反托拉斯的勇士和合併案的拆臺者

> 聯邦官員提議，將微軟公司這個軟體巨人一分為三。昨天消
> 息一出，微軟公司的股價就下跌 15%，並且拖累了那斯達克綜合
> 股價指數。
>
> ——《華盛頓時報》

　　從巨波的觀點來看，至少有兩種反托拉斯行動會影響股市。第一種如上面的引文所述，是當政府認為公司正從事壟斷經營時，就會將其分拆，如微軟。我們曾經談過，如何從這種政府的干預行動中賺錢——比如，買進從政府干預中受益的競爭對手的股票，如昇陽電腦或甲骨文公司——不過這種反托拉斯的巨波操作非常少。

　　第二種反托拉斯的行動卻不相同。每年都有超過 5000 件並購案，而且每一筆交易，都需要經過聯邦政府的審查。如果政府不希望看到這種並購情形，就會介入並阻止並購，這對股價會產生深遠的影響。

　　事實是，根據並購消息進行投機，既存在危險，也可能獲利很高。究其原因，我們必須瞭解，並購計畫往往經歷兩個階段的顯著的價格波動。這些波動正如下面兩段間隔數月之久的新聞引文所說。

　　　　史泰博（Staples）同意收購歐迪辦公（Office Depot）的消息傳出後，歐迪辦公的股價大漲 4.57 美元，達到 20.45 美元。史泰博的股價則下跌 0.75 美元，跌至 18.75 美元。

　　　　　　　　　　　　　　　　　　　　　　——《洛杉磯時報》

　　　　聯邦交易委員會報導：它將阻止歐迪辦公和史泰博的合併計畫，導致歐迪辦公的股價慘跌 5.5 美元，跌至 17.125 美元。史泰博下跌 1.83 美元，跌至 23.25 美元。

　　　　　　　　　　　　　　——《水牛城新聞報》（The Buffalo News）

　　如同第一則新聞，第一次價格波動出現在購並消息第一次傳至華爾街

時。合併交易中，收購方的股票價格通常下跌，而被收購方的股價通常上漲，有漲至收購價或交易價的趨勢——正如史泰博計畫收購歐迪辦公的例子一樣。有時，如果華爾街認為合併會導致雙贏，則兩檔股票的價格都會上漲。如果合併交易很爛，兩敗俱損，華爾街會同時懲罰兩者，這種情況也並非少見。

在每種情況下，試圖利用這種價格波動，都是非常危險的，因為第一種價格波動幾乎同時發生。這是因為內部人士比我們瞭解更多的資訊，交易更加迅速。因此，一種可能的情況是，你準備馬上行動，卻發現為時已晚。在你買進時，價格已經被合併消息引起的反應拉升得太高。所以我認為，在第一階段價格波動時買進，是非常危險的行動，通常應該避免。

第二階段的價格波動並非如此，它更像是一步關鍵之棋，蘊含著更大的獲利。當華爾街的分析師開始質疑合併計畫是否能夠獲批時，第二階段的價格波動就已經開始。當這種不確定性的陰雲彌漫在整個企業聯姻的上空時，價格波動也就可能轉向這個方向或那個方向。或者，第二個階段的價格波動直到聯邦交易委員會等監管機構實際行動時，才會全力發威——正如我們第二則新聞所言。事已至此，精明的巨波投資人應該站在聯邦反托拉斯主管機構的立場上思考問題：合併計畫對經濟是否不利？如果是，是不是應該予以駁回？下面是經濟學家們思考這些問題的方式。

一方面，行業中的合併對經濟非常有利，原因是規模可以帶來成本節約和效率提高。例如，美國富國銀行收購競爭者第一州際銀行（First Interstate Bancorp），可以關閉將近 300 處分支機構，從而節約成本。同樣，全美最大的連鎖超市克羅格（Kroger）買下競爭對手弗雷德麥爾 (Fred Meyer)，兩個公司都能夠節省大筆的廣告成本。這是因為公司合併後，可

以用同樣的廣告，向更多的顧客推銷代金券和特價商品。當然，還有思科收購倍耐力（Pirelli）或吉泰（Geotel），有利於思科進一步突出它的特長，並將業務拓展至光電信號和分散式呼叫中心領域。

另一方面，行業內的合併，也會對競爭構成威脅，並導致價格升高。當市場上只剩下幾家大的公司競爭時，就會出現這種情況。在這種情況下，這些所謂的競爭對手極有可能形成價格聯盟，而不是充分競爭。碰到這種情況，政府一定會介入，並強行拆散企業間的聯姻。這也正是利用第二個階段價格波動的大好機會。

要瞭解如何利用，回想一下我們的新聞摘選中兩家辦公用品巨頭──史泰博和歐迪辦公──之間的合併計畫。的確，正如第一個新聞片段中所述，華爾街立即做出反應，使得歐迪辦公的股價飛漲。這是第一階段的價格波動。

但是稍等。精明的巨波投資人稍加研究後就會發現，合併會提高行業內的集中度，對競爭不利。考慮到這一點，巨波投資人會賣空歐迪股票，靜等第二階段的股價波動。有趣的是，聯邦交易委員會果然覺得這項合併計畫有問題，也正如你所料，歐迪辦公的股票價格因此而重挫。

最後，利用這種合併消息進行巨波操作的真正漂亮之處是，它包含的向下的風險甚少。在這種情況下，一旦聽到合併的消息，歐迪辦公的股價即上漲，更重要的是，在合併計畫接受聯邦調查的過程中，它漲得不會太高。這意味著股價唯一的大走向是向下──當聯邦交易委員會使用規則作出決策時，一切皆如預料。

專利保護

專利的公共目的就是鼓勵科技創新。科技創新是一國經濟增長和繁榮的最大動力。公共目的的實現是通過向專利發明人——公司或個人——授予專利，即在某段特定時間內對技術或程式的排他使用權或獨享權。當然，專利期越長，公司就有更長的時間可以使用專利獲利。相反，專利期縮短，或者更糟糕的是，專利被推翻，公司就會失去專利及從專利中的獲利。

根據這些分析，你馬上就會明白為什麼法院關於專利的判決對股價有很大的影響。以下有三個例子，說明巨波操作的可能範圍。

> 必治妥施貴寶公司（Bristol Myers Squibb）今天透過法律手段保住了抗癌藥物泰素的專利權，股價因此上漲 1.875 美元，漲至 52.5 美元。一般藥品製造商安維世公司，本來正在準備生產一種普通便宜的泰素，結果其股價下跌 13 美元，跌至 29.375 美元。
>
> ——《華盛頓郵報》

> 今天晚些時候，美國某上訴法庭裁決，比預期更早撤銷了禮來抗憂鬱藥物百憂解的專利保護，它曾打通了俗名藥進軍市場之路。禮來公司認為這項裁決將會衝擊未來兩年的財務業績，預測每股收益只有個位數。股價隨之下跌 32 美元，跌至 76.5 美元。
>
> ——美國有線電視新聞網（CNN）

> 法院裁決撤銷禮來公司抗憂鬱藥物百憂解的專利保護後，

Sepracor 的股價慘跌 11.63 美元，跌至 94.5 美元。Sepracor 和禮來

簽訂過聯合開發和銷售衍生藥品的合同。

——《紐約時報》

　　在第一個例子中，我們有相當簡單的走一步算一步的巨波操作機

會——贏家是必治妥施貴寶公司，最大的輸家是安維世。想從這種巨波操

作中賺取利潤非常困難，因為價格波動極其迅速。

　　在第二個例子中，我們有一個不甚明顯的巨波操作機會。這個例子中，

禮來的股價由於喪失關鍵專利權的消息而重挫。但是，該例中不曾提及的

是，默克和強生等其他幾家大型的藥品股也在不久後同樣受到重挫。成功

賣空禮來的股票幾乎是不可能的，因為其價格下跌得非常快，加之有上檔

放空規定的限制。沒有機會賣空禮來，但精明的巨波投資者有機會賣空默

克和強生，或者賣空交易所的買賣基金 PPH。

　　最後，在第三個例子中，我們來看全域的棋招。這裡有一家小型的藥

品公司 Sepracor，在法院裁定禮來之後，其股價暴跌 10 點以上。但是注意，

Sepracor 的下跌是在法院裁決兩天之後才發生的。這正是華爾街的生命機

遇，機智的巨波投資者一定會抓住這個大好良機。

　　利用專利保護的消息進行巨波操作時，還需要回答一個更寬泛的問題：

在判決消息公佈之前，是否可能事先預測專利裁決是有利還是無利。如果

能夠預測，就有可能更好地利用這種機會；或者，在某些情況下，可以保

護你的投資免受不利專利裁決的影響。的確，有些專利裁定可以事先預測，

但這需要具備非常重要的條件。

　　第一，專利諮詢資訊很難獲得，經常埋藏於每年企業向證監會提交的

文檔資料中；第二，即使你能找到這些資訊，公司幾乎不會對專利之爭的最後結果做什麼預測性的判斷。這使得你判斷專利之狼是否就蹲在門口非常困難。

因此，最後要說明的是，如果你操作的股票依賴於一種或幾種專利產品，那麼你尤其需要勤於研究──包括研究任何新聞報導和分析師關於該公司的研究報告。如果那家公司真的面臨嚴峻的專利挑戰，請將這些風險作為你交易決策的因素加以考慮。和假日旅館一樣，依賴專利的股票最好的驚奇就是一點驚奇也沒有。

政治事件巨波操作

> 幾家投資公司曾經推出一些股價指數，並認為會因布希或高爾當選而收益……ISI 的布希指數給予製藥商、國防承包商、香菸、微軟和共同基金更多的權重……而戈爾指數則偏愛環境諮詢公司、微軟的競爭對手、政府資助的機構如聯邦國民抵押貸款協會和藥物效益管理公司。
>
> ──《商業週刊》

國會和總統徵稅或補貼、管制或解除管制、提高或降低政府支出的權力十分強大，因此當國會在開會或總統簽署命令時，股票市場都會有大的震動。2000 年總統和國會選舉前的幾天內，華爾街出現的各種投機行為也許最能說明這一點。的確，這些投機提供了很好的研究案例，用來分析說明市場如何預先反映國會和總統可能做出的事情。

當共和黨主席布希越來越有可能擊敗民主黨的高爾時，某些類別開始上漲：

- 當聽到布希政府將撤銷對微軟提出的反托拉斯訴訟時，微軟股價暴漲，而其競爭對手 Linux 和 Red Hat 的股價則下跌。

- 當預期布希錢尼政府更為傾向於鷹派，會在國防方面增加更多的預算時，通用動力和諾思洛普格魯曼（Northrop Grumman）等國防類公司的股價開始上漲。

- 預期布希政府不會積極指控或限制大型香菸公司，菲力浦莫里斯（Phillip Morris）和雷諾茲（Reynolds）等香菸公司的股價開始止跌反彈。

- 總統和副總統都曾在「石油帶」賺錢發跡，所以對石油工業會比較友善，所以，石油股價開始上漲。

- 預期布希政府不可能對「醫療護理計畫」採購的藥品價格實行管制，強生、默克和輝瑞等製藥公司的價格漲得很好。

同樣有趣的是，在高爾對選舉結果向法院提起訴訟並可能勝訴的那些動盪不安的日子裡，這些行業的每一檔股票都大出血，跌得很厲害。當然，對於巨波投資者的重要意義在於：如果能仔細跟蹤聯邦立法和監管動態，就有機會賺不少錢。

完美的電力風暴

　　聖地牙哥三個最大的能源供應商昨天報告盈餘大增，反映出從加州能源市場能夠獲得豐厚的利潤回報。休士頓的瑞裡安能源

公司獲利 319 億美元……奧克拉荷馬威廉姆斯公司也從能源行銷和交易中獲利頗豐……從 1999 年第三季度的 1030 萬美元，躍升為上一季度的 1 億 4350 萬美元。聖荷西的卡豐公司第三季度表現不俗，因此在昨天宣佈股票分割，一股變兩股。

——《聖地牙哥聯合論壇報》

不是只有聯邦政府的立法和管制會推動或者壓低一檔股票的價格。各州政府的施政行為——從實施保險費率控制、修改《侵權行為法》到重大建設項目債券發行——也會對一家公司或一個行業的股票產生重大的影響，因此，這為精明的巨波投資人帶來了有望獲利豐厚的投資機會。要證明這一點，最好的例子就是加州解除電力管制大災難期間，損害這個黃金州納稅人權益的「完美電力風暴」事件。這次特別的巨波操作最有趣的一點是，或許像陳年老酒一樣，越陳越香，這種好機會不是幾天、幾週醞釀出來的，而是需要幾年的醞釀。

1996 年，能言善辯的遊說人士拜會加州議員，就解除電力費率管制達成一致意見，但內容破綻百出，不但電力批發價格易被操控，而且電力零售市場的價格也因壟斷而致消費者受到損害。由於管理不善，再加發電量不足，導致天然氣價格暴漲，如此一來，「完美電力風暴」真是萬事俱備。

聖地牙哥是電力費率完全放開的第一個城市。當風暴襲擊這座小城時，力量大得驚人，納稅人看到費率漲為兩倍，接著漲到 3 倍。許多小企業不堪電費猛漲的重負，紛紛倒閉。許多靠吃社保的老年人，為了節約開支不開空調，在酷熱難耐的夏季中暑病倒。許多發電公司的利潤和股價卻飛漲。不過，有趣的是，即使卡豐、瑞裡安、威廉姆斯這樣的公司從這次危機中

大賺，參與遊說實施電費費率自由化立法的加州三大公用事業公司，自己卻陷入一片混亂之中。這是因為，根據協商，它們已經賣掉了大部分的發電廠，現在反而深受市場缺陷之害。

精明的巨波投資者仔細觀察著這一切，一方面買進卡豐和瑞里安的股票做多，另一方面沽空南加州埃迪森和太平洋煤電，從中大賺一把。

最後，但願我在本章已經說清楚：如果你忽視政府對股市的影響，那你不僅會危害自己，而且會錯失很多賺大錢的操作機會。經常閱讀《洛杉磯時報》、《紐約時報》、《華爾街時報》、《投資者商業日報》、《華盛頓郵報》等日報，以及《巴倫週刊》、《商業週刊》、《富比士》、《財富》、《錢》、《價值》等雜誌，可以密切關注政府監管的動向，避免受到政府政策的傷害。

附錄

巨波投資者的參考資料

有大量的優秀書籍、報紙、雜誌、選股服務和網站可供巨波投資者參考，以下僅列舉其中的一部分。

優秀報紙

· 《巴倫週刊》（*Barron's*）：每週都會提供關於市場的一流觀點，不看的話，一定後悔。

· 《金融時報》（*Financial Times*）：放眼全球進行組合投資的巨波投資者必定會把這份國際報紙放入自己的報箱。

· 《投資者商業日報》（*Investor's Business Daily*）：要想成為大師級巨波投資者，必須讀這份日報。該報的「大畫面」（Big Picture）專欄和關於類股的綜合分析，以及新股特寫和基本面分析，都極具參考價值。

· 《華爾街日報》（*Wall Street Journal*）：雖然不是很實用，但還是值得一讀，其文筆的確不錯。

· 《洛杉磯時報》（Los Angeles Times)、《紐約時報》（*The New York Times*）、《華盛頓郵報》（*Washington Post*）：根據你的居住地和品位來定，其中定有一份報紙適合你隨時掌握最新的政治事件。

優秀書籍

- 《金融怪傑》（*Market wizards*）和《新金融怪傑》（*New Market wizards*）：傑克‧史瓦格（*Jack Schwager*）透過採訪金融界中傑出的交易員，寫成強而有力的操作哲學。不讀這兩本書，你會錯過搭乘巨波投資之船。

- 《股票作手回憶錄》（*Reminiscences of a Stock Operators*）：愛德溫‧勒斐佛（Edwin lefevre）所著的這本書，是 20 世紀二〇年代操盤最為成功的投機者、極富傳奇色彩的傑西‧李佛摩（Jesse Livermore）的傳記。最為重要的是，該書強調了投資時把握宏觀經濟走勢和市場大勢的重要性，並且很有趣味。不過，切記，書中的傳奇主人公最後破產，在破爛不堪的酒店房間裡結束了自己的生命。

- 《投機客養成教育》（*The Education of a Speculator*）：維克多‧尼德霍夫在華爾街上可謂最為出色，但也是操盤失敗最慘的人之一。他在這本書中透露了其投機風格，讀來令人如入其境。

- 《全球投資漫談》（*Investment Biker*）：頗具傳奇色彩的全球投資人吉姆‧羅傑斯，利用駕車環遊全球之旅的娛樂方式，把十分寶貴的巨波投資經驗傳授給我們。對在全球範圍進行投資的人來說，這本書必讀。

- 《歐尼爾投資的 24 堂課》（*24 Essential Lessons for Investment Success*）：《投資者商業日報》發行人威廉‧歐尼爾（William O'Neill）的著作，對於置身操盤戰場的你來說，這是必備的經典工具書之一。

- 《*How to Get Started in Electronic Day Trading*》：大衛‧納撒（David Nassar）的這本暢銷書，給廣大讀者詳細介紹了當日交易的操盤藝術。對於剛

剛入門、對操作尚不熟悉的當日交易員來說，這也是一本非常好的書。

· 《*A Beginner's Guide to Day Trading Online*》：托尼・特納（Toni Turner）的這本書專為當日交易新手量身訂制，內容簡潔且具有趣味性，是交易新手們絕佳的入門讀物。

· 《*Tools and Tactics of the Master Day Trader*》：奧利弗・瓦萊士（Oliver Velez）與格瑞戈・卡普拉（Greg Capra）經營一家網路交易諮詢服務公司—普里斯汀當日交易諮詢公司（The Pristine Day Trader），他們的經營表現世界一流。本書披露了他們的許多成功秘笈，適合中高級交易員閱讀。

· 《*Strategies for the Online Day Trader*》：如果你要找一本好書，幫助你在變幻無常的線上當日交易的大海中自由暢遊，費爾南多・岡薩雷斯（Fernando Gonzalez）和威廉・李 (William Rhee) 的這本書不容錯過。除了極力表現巨波觀點的重要性之外，清晰的結構與細膩明快的文筆也值得讚賞。

· 《*ChangeWave Investing*》：托賓・史密斯（Tobin Smith）之於科技類投資，就像荻帕・邱普拉（Deepak Chopra）之於心靈啟蒙—他們是綻放智慧火花的一代大師。如果你想知道如何在正確的時間、地點找到正確的股票，也希望賺到一倍的錢，這本書可以幫助你上路。

· 《*Using Economic Indicators to Improve Investment Analysis*》：艾弗里拿・特納爾（Evelina Tainer）在該書中詳解了宏觀經濟指標。要閱讀這本巨著，你定會感覺十分乾澀，所以建議你邊讀邊喝水。不過，這本書絕對有參考價值，建議你把它放在自己的書架上。

與巨波投資相關的優秀雜誌

· 《活躍交易人》（*Active Trader*）：顧名思義，這本雜誌是活躍交易人最好和最有價值的雜誌，簡單易讀。

· 《彭博個人理財》（*Bloomberg Personal Finance*）：給身經百戰的投資者和交易人高水準的建議。

· 《商業週刊》（*Business weekly*）：利用政治、經濟的透鏡過濾篩選，提供商業世界的大畫面。

· 《經濟學家》（*The Economist*）：這本刊物既談微觀經濟，也談宏觀經濟，本身就帶有巨波思想，而且具有不同於美國一般的觀點。

· 《富比士》（*Forbes*）：反映了「共和美國」心跳的這本雜誌，依然十分清新怡人。

· 《財富》（*Fortune*）：正如其中的文章報導，「值得……」

· 《公司》（*Inc*）：閱讀該雜誌，可以避免發生赤字。

· 《個人投資者》（*Individual Investor*）：以扎實且獨立的眼光看市場。

· 《錢》（*Money*）：經久不衰，極具價值的一本刊物。

· 《紅鯡魚》（*Red Herring*）：這本雜誌的厚度幾乎和曼哈頓的電話簿一樣，但極其實用，一字千金。

· 《*Technical Analysis of Stocks and Commodities*》：適合技術迷閱讀，物超所值，但別忘記分析基本面噢！

· 《時代》（*Times*）／《新聞週刊》（*Newsweek*）：至少要閱讀其中一本，以緊隨時代思想和文化潮流。

· 《價值》（*Worth*）：名符其實，在我們這個時代的獨一無二。

商業電視

- 彭博電視（Bloomberg TV）：在電視界的定位，猶如《金融時報》在報界的定位。它對市場發表令人耳目一新，且頗具深度的國際觀點。遺憾的是，針對大多數市場，每天只有幾小時的播報時間。
- 多與空（Bulls and Bears）：這個福克斯新聞頻道（Fox News channel）針對年輕的交易人和投資者，而且做得非常棒。
- CNBC：優秀的評論員。出色的市場報導。再多買一台電視，鎖定該頻道，就好像把巨波觀點放置在了自己案頭。
- CNN錢線（CNN Moneyline）：精彩的晚間市場報導。
- 華爾街週（Wall Street Week）：老當益壯。不適合MTV觀眾看。

大師、高手和其他選股服務

　　除此之外，市場上的選股服務和新聞信數以千計。盲目地聽信它們，你遲早會發現自己陷入窘境。假如你堅信並遵守巨波投資的觀點，那麼這裡有幾項非常不錯的服務，提供寶貴的資訊。（注意，它們全是收費服務）

- 變波（ChangeWave）：在新經濟中尋找最好股票的絕佳地方。但是在市場趨勢向下與科技股重挫時，須特別小心。（www.changewave.com）
- 電子金鵝（eGoose）：我絕對喜歡的服務之一，原因有二：所有的推薦都是基於宏觀經濟的觀點，而且根據具體情況，經常建議訂戶改為現金頭寸，不像許多其他的選股服務，經常建議使用者不停地操作。（www.egoose.com）

- 市場利刀（Market Edge）：不包含其他因素的純技術面分析，對於列出做多和做空清單非常有用。但在根據它的服務進行做多或做空操作時，切記別忘記用你的巨波知識進行分析。（www.marketedge.com）
- 異類投資（Maverick Investing）：這是由道格‧法必昂（Doug Fabian）提供的服務。他是聰明基金 30 俱樂部（Smart Money 30 Club）的成員，該俱樂部列出了共同基金業最具影響力的個人名單。道格主張投資有趣的類股，也推崇籃子交易法。（www.fabian.com）
- 普裡斯汀（Pristine）：不僅只是網站，它提供綜合服務，為當日交易、短期波段交易和長期持股交易者提供選股服務。（www.pristine.com）

漫遊全球互聯網

　　互聯網上有許多不錯的網站，以供巨波投資人獲取資訊，這裡列出的僅僅是其中非常優秀的幾家。

- Best Calls：傾聽分析師和企業高管舉行的電話會議，避免掉進利潤陷阱。（http://www.bestcalls.com）
- Bigcharts：去哪裡找投資分析圖？這裡是你不錯的選擇。（http://www.bigcharts.com）
- CBS Market Watch：隨時掌握最新新聞的好地方。（http://www.marketwatch.com）
- CNET Investor：在一個友好的網路介面上，尋找網路留言板。（http://www.investor.cnet.com）
- The Dismal Scientist：巨波投資人尋找資料的聖地。針對本書討論過的幾乎每一個經濟指標，該網站提供頂尖分析師的即時分析評論。每天

必看。（http://www.dismalscience.com）

· Earnings Whisper/Whisper Number：在盈餘公佈時期，獲取小道消息最好的兩個網站。（http://www.earningswhisper.com,http://whispernumber.com）

· The Motley Fool：目標沉重，操作輕鬆。（http://www.fool.com）

· Online Trading Academy：這是一個非常優秀的資訊網站。你也可以註冊加入的投資訓練營。（http://www.tradingacademy.com）

· Quote Tracker：這家方便實用的小網站提供即時報價和圖形，對於Ameritrade、DATEK，或者不允許進入第二層報價的其他網路交易人，這家網站是個不錯的補充。（http://www.quotetracker.com）

· Redchip：獲取小盤股資訊的最佳網站。（http://www.redchip.com）

· Silicon Investor：優秀的專欄作家發表市場看法。（http://www.siliconinvestor.com）

· Smart Money：喜歡該網站的市場地圖。（http://www.smartmoney.com）

· TheStreet.com：建議整天打開這家網站的視窗，以隨時獲取資訊、評論、圖表以及詹姆斯・克雷姆（James J Gramer）、格瑞・史密斯（Grey B Smith）、亞當・拉辛斯基（Adam Lashinsky）等名家所寫的專欄內容。（http://www.thestreet.com）

· Wall Street City：利用基本面和技術面，對股票進行評價和篩選的最好工具。（http://www.wallstreetcity.com）

· Yahoo Finance：資訊非常豐富。（http://finance.yahoo.com）

· Zacks：分析師對數千檔股票所作的分析，在這裡得到很好的整理，當然，除此之外，也有其他不錯的資訊。（http://my.zacks.com）

結語

　　不管你的交易風格或投資風格如何，巨波投資法都可以幫助你成為一名優秀的交易人或投資人。這是本書的初衷和承諾，但願我已經兌現了這種承諾。

　　希望你在閱讀本書的過程中也享受到了快樂，正如我一樣，寫作過程讓我感到無比幸福。似乎沒有別的事情比用巨波投資的觀點研究市場更有趣。我自己感覺，思索和寫作這本書的過程其樂無窮。

　　談及這點，我還有最後一條忠告：專注於你的操作，不要總想著大賺一筆。這個忠告有兩層含義。

　　第一，如果你進入市場的目的是為了快點賺錢，那麼這種想法很可能會影響你的判斷力。恐懼會在犯錯的時候籠罩住你，貪婪最終會毀掉你。

　　第二，如果你把交易和投資方法看成一門藝術、技術和科學去掌握，而不僅僅是增加你的銀行存款的手段，你對市場神秘面紗和微妙之處的探究，就能做得更加深入。這麼做，當然也會讓你得到好的結果。

　　在本書行將結束之際，既然你聽了我在書中所講的內容，我也想聽聽你的意見。不僅是關於本書的意見，更希望聽你談談，幾年之後本書對你的幫助。

　　因此，請保持聯繫，登錄我的網站 http：//www.peternavarro.com 可以找到我。期待你的意見。

高寶書版集團
gobooks.com.tw

RI 370
如果巴西下雨，就買星巴克股票
If it's raining in Brazil, buy Starbucks

作　　者　彼得·納瓦羅 Peter Navarro
譯　　者　牛紅軍
責任編輯　吳珮旻
封面設計　林政嘉
內頁排版　賴姵均
企　　劃　鍾惠鈞
版　　權　張莎凌、劉昱昕

發 行 人　朱凱蕾
出　　版　英屬維京群島商高寶國際有限公司台灣分公司
　　　　　Global Group Holdings, Ltd.
地　　址　台北市內湖區洲子街 88 號 3 樓
網　　址　gobooks.com.tw
電　　話　（02）27992788
電　　郵　readers@gobooks.com.tw（讀者服務部）
傳　　真　出版部（02）27990909　行銷部（02）27993088
郵政劃撥　19394552
戶　　名　英屬維京群島商高寶國際有限公司台灣分公司
發　　行　英屬維京群島商高寶國際有限公司台灣分公司
初版日期　2023 年 02 月

國家圖書館出版品預行編目（CIP）資料

如果巴西下雨，就買星巴克股票 / 彼得. 納瓦羅 (Peter
Navarro) 著；牛紅軍譯 . -- 初版 . -- 臺北市：英屬維
京群島商高寶國際有限公司臺灣分公司, 2023.02
　　面；　　公分 .--（致富館；RI 370）

譯自：If it's raining in Brazil, buy Starbucks

ISBN 978-986-506-615-4（平裝）

1.CST: 股票投資　2.CST: 投資分析　3.CST: 投資管理

563.53　　　　　　　　　　　111020104